U0459716

国家社科基金西部项目（批准号：09XMZ024）

土族社会发展现状调查研究

胡芳　著

中国社会科学出版社

图书在版编目（CIP）数据

土族社会发展现状调查研究／胡芳著．—北京：中国社会科学出版社，2017.9

ISBN 978－7－5203－0664－5

Ⅰ.①土…　Ⅱ.①胡…　Ⅲ.①土族—社会发展—调查研究—中国　Ⅳ.①K283.1

中国版本图书馆 CIP 数据核字（2017）第 156603 号

出版人　赵剑英
选题策划　刘　艳
责任编辑　刘　艳
责任校对　陈　晨
责任印制　戴　宽

出　版　中国社会科学出版社
社　址　北京鼓楼西大街甲 158 号
邮　编　100720
网　址　http://www.csspw.cn
发行部　010－84083685
门市部　010－84029450
经　销　新华书店及其他书店

印刷装订　北京君升印刷有限公司
版　次　2017 年 9 月第 1 版
印　次　2017 年 9 月第 1 次印刷

开　本　710×1000　1/16
印　张　18.75
插　页　2
字　数　308 千字
定　价　88.00 元

序

在河湟流域繁衍生息着一个历史悠久却又人口较少的民族，这就是勤劳聪慧的土族。学界对土族的族源有不同的观点，但大多认为其主要的源头之一就是鲜卑吐谷浑。唐高宗龙朔年间，在吐蕃强大的军事攻击下，吐谷浑国除了部分贵族率部数千帐内附唐王朝外，辽阔的疆域被吐蕃彻底兼并，许多吐谷浑人成了吐蕃政权的新居民，其中一部分则牧耕在于河湟流域的山谷之中，这些人后来逐渐形成为一个族群，被史书称为“西宁土人”。从唐宋元明清的历史看，这些“土民”是该流域繁衍传承从未中断过的主体民族之一。正因为如此，他们拥有连续传承千年以上的丰富多彩的民族历史文化，具有包容多元却又独具特色的社会组织和运行机制。新中国成立后，被正式认定为“土族”，并迅速融入到了共和国的社会发展和社会管理体制之中，成为河湟地区不可或缺的世居民族，并以其鲜明的民族社会文化而彰显于中华民族之林。

关于土族的社会文化，早在19世纪末就引起了外界的关注，直到20世纪中叶的50年间，中外旅行家、传教士、记者、学者等对土民的语言、习俗、宗教、人口分布、土司制度等进行了不同侧面和深浅不一的描述记录，为我们了解旧中国时期的土族社会文化提供了弥足珍贵的资料。但这些除了对土语和土司的系统记录和深度梳理外，大多是走马观花式的印象和粗略的评介，还谈不上真正意义的系统研究。20世纪50年代后，国家重视民族社会文化调查的大背景下，相关政府机构和研究机构对土族社会历史展开了较为深入的调查，出现了《青海土族社会历史调查》等书籍，较为全面地勾勒和展示出了土族的社会文化，同时也出版发表了一批相关的著作和论文。但总体来看，由于早期社会学、人类学、民族学、民俗学的学术境遇，使得调查研究的理论方法在科学性系统性上有较多欠缺，加之群众式调研的局限性，这些成果或重于方方面面的介绍，或重于某一方面的个人见解，或重于散文式的采风想象，普遍缺少整体性的科学调查研究，无法全面系统而科学中观地进行内涵深描和文化诠释。同时，社会在近数十年的社会巨变中发展前进，60年岁月沧桑，主流文化和现代文化不断地冲击着土族的社会文化，方方面面的变化实所难免。另外学术研究也在不断创新发展中，从理论方法到资料都有着前所未有的提升和积累。真所谓今非昔比，不可以秦汉来论魏晋。这就需要有一部以现代理论方法科学调研后撰写的土族社会文化发展现状的厚重之作，这是学术的时代需求，也是民族的深情呼唤。适逢此时，我读到了胡芳研究员的这部书稿《土族社会发展现状调查研究》，其科学的表达和厚重的分量，令人欣赏，并使我想起了“春江水暖鸭先知”，“早有蜻蜓立上头”的诗句。

我对这部著作之能够先睹为快，是因为作者和我有师生之谊而索序。知人论事，理之使然。胡芳研究员是土生土长的土族学者，自从中央民族大学中文系本科毕业后，一直从事青海民族文化和土族历史文化的研究，论著颇丰，记得晋升研究员时，仅副高期间的成果量就多达80万字左右，其中专著多部，省部级奖项也不少。其间她曾考到青海师范大学跟我攻读民俗学硕士学位，后来又一起在同一单位共事数年，因而学业上接触较多。她的做人做事有三个鲜明的特点：一是不仅勤勉执着，而且恪守伦理。特别是接受专业规范训练之后，在一向勤奋科研的基础上，刻意学术品质，自觉遵循学术规范和学术伦理，加上扎实科学的理论运用和资料使用，学术上真正实现了品质升华。二是坚守公德原则，绝不趋势投机。无论在什么场合，都以一个良好的公民标准作为言行准则，不畏恶强，坦诚直言，把自觉维护学术环境和社会良俗看作是她应有的责任。即使在多次国际学术交往中，面对各类大咖，也总能挺身而出，力言学术应有的责任和边疆稳定的必要。而在地方上这样做，难免无意间会冒犯一些权势，个人利益当然会受到损伤，但她说只有这样才问心无愧，活着坦然。三是始终谦卑律己，不计个人得失。她既力求学术品质，又坚持伦理原则，但又虚怀若谷，且淡泊名利，不偏执，不计较，斤斤计较更是和她丝毫不沾边。她总是说自己研究能力有限，和有水平有贡献的人相比还很差，没有资格去争名夺利，因此一贯拙于言而勤于行。有此三点，我觉得一个优秀学者应该具有的品质在她身上已经满满地表现了出来。

我一直认为做人做学问是相辅相成的，而且在本质上是一致的。一个具有优秀品质的专业学者，做出像样的研究项目自然在情理之中。加之我还有幸从一开始就不时参与这个选题的策划研究经过，比较了解作者的研究思路和成书过程，所以初步判断此著质量不差。通览书稿，验证了我的预测不假。综观整个著作，至少有以下几方面是值得肯定的。

一、从宏观与微观两个维度整体观照，点面结合，探究规律，志在超越研究。作者首次把土族的经济社会发展作为一个整体系统来进行调查研究，从而对整体性认识土族社会文化发展现状不失为是一个不但新颖而且准确的视角，特别是把调查和研究视角瞄准在现代化转型时期的发展现状这一具有很强的现实性视域中，就更具有了不同以往学界的创新意义。但是，青海土族分布在互助、民和、大通、同仁等县，形成为“大杂居、小聚居”态势，分布地广，形态多样，就作者一人的调查是无法采取普查方式的。好在著作的立意并不在于普查资料或材料汇编，而是揭示其在现代化转型期间的发展现状特点和规律，是学理性社会学调查研究，所以作者选择各地具有代表性的土族乡镇和村落为田野调查点，深入调查和分析归纳，采取以点带面、点面结合的方式，对土族社会发展的各个领域进行了翔实而又细致的调研，并适当兼顾了民国时期、20 世纪 50 年代、20 世纪八九十年代以及 21 世纪以来土族社会发展与文化变迁的历史。同时对互助、民和与同仁 3 个土族传统聚居区在现阶段的分布、人口结构、社会政治、经济生产结构、婚姻家庭结构、民族教育发展、语言文字传承、非物质文化遗产保护、宗教信仰结构、民俗文化传承等进行了系统的比较分析，进而客观真实地展示和揭示了土族社会发展和文化变迁的现状和内在机制。所以这是一次对分布多地、形态各异的少小民族社会发展现状的宏观与微观相结合的综合实证研究，尤其是对土族社会现状来讲，无论是理论还是方法方面，都是一次具有创新意义的探索。

二、根据研究对象灵活运用具有针对性的理论方法，纵横捭阖，科学规范。从书稿可以感知，作者在理论层面上运用社会学、人类学、民俗学、人口学等学科的相关理论，对互助、民和三川、同仁“五屯”

三个具有代表性的土族聚居区进行了整体研究，全面反映了在现代文明的碰撞下，土族民族文化的自我调适与重构；而在研究方法上运用人类学的田野调查法，在对互助、民和、同仁等地土族的经济、社会和文化发展现状进行实地调查的基础上，系统整理、纵横比较，主题归纳，进行了定性分析；而就土族的婚姻家庭、经济生产、语言文字、家庭生活与消费、社会保障等现状的引证资料，是作者运用社会学的问卷调查与经典统计学 SPSS 17 统计方法进行问卷调查和户访、座谈得来的，并利用图表、数据等方式进行定量分析；对土族人口的数量变动、性别与年龄结构、生育水平与年龄别生育率、人口与可持续发展等状况，则运用人口学的研究方法进行统计与分析；同时运用比较研究方法，不仅对民国时期、20 世纪 50 年代至 90 年代以及 21 世纪以来不同历史时期的土族社会发展与文化变迁，也对互助、民和与同仁三个不同地区的土族社区的社会发展与文化变迁进行了比较研究。需要肯定的是，作者在使用多种方法时，并不是生搬硬套，而是根据实际综合考虑，不仅相互衔接，而且相得益彰，相互照应。这在方法论上富有内化多元、融为一体的特色。

三、扎实田野，系统梳理，丰富坚实的材料是本书的一大特色。对于研究者来说，丰富而准确的新资料是最坚实的基础，也是做学问的根本。为此作者首先在田野调查方面坚持亲历实录、客观公正的原则，遵循学术伦理和规范，长时间、多次赴田野调查点进行实地调查，获取了大量的第一手资料。为了使调查报告更加客观和翔实，作者还多次补充调查，对个别村落的调查次数多达十几次。作者还设计使用了“土族社会发展现状学校调查问卷”“土族社会发展现状家庭调查问卷”“土族社会发展现状村落调查问卷”三种调查问卷，亲自发放、指导填写或咨询、回收整理。获取了可感且可靠的具体数据。其中经历的种种酸甜苦辣，只有作者自己才能体会到吧。这些历尽艰辛得来的调查资料在著作中当然很自然灵活并且规范有序地得到了呈现，从而为书稿质量奠定了厚实可靠的基础。不仅如此，作者不唯田野调查，还下功夫全面细腻地梳理了有关土族社会文化的文献资料，如各时期的地方志、人口普查数据、民族民俗志和文人散记，并把这些文献资料与调查材料相互对比印证，发微其社会文化的发展规律。因此，这在书稿中有着非常丰满的呈现。可以说，本书在资料的调查、发掘和整理、应用上富有相当的深度和广度，为今后的进一步研究提供了大量可信的资料。

四、论证体系完整，观点新颖，结论可信。作者通过方方面的层层论述，对当下的土族社会发展和文化变迁提出了许多个人的观点，得出了真实可信的结论。比如通过对土族人口负担系数的分析得出了“当前土族的总人口中劳动适龄人口比例高，具有丰富的劳动力资源，且社会保障支出负担轻，处于财富积累和社会经济较快发展的黄金时期”的结论；通过对问卷调查中得到的数据分析，概括出了“当前，土族的生产方式仍以农业生产为主，工商业所占比重仍比较低，但其劳务经济发展迅速，已成为增加土族农民收入的一项特色产业，其养殖业、手工业等也有了较快发展，土族的产业结构日益呈现出多元化的趋势”的观点；通过对大量访谈资料的归纳总结，认为“传统靠天吃饭，家庭经营单一，或缺乏劳动力，依赖性强、自主创业性不够的家庭，收入普遍低；家庭经营多元化，从传统农业向特色农业、规模化农业和养殖业转型，特色经营或劳务经济开展较好的家庭，收入普遍较高”；而通过对家庭结构的分析，认为“土族家庭正在逐渐从居住于同一区域的直系扩大家庭向核心家庭转变，人数逐渐减少，家庭结构趋于简单，家庭规模小型化的趋势在不断加强”。全书中诸如此类来自田野调查研究的观点表达，可谓不胜枚举。正是这些源自扎实田野和科学研究的个性论述与鲜明观点，使得著作具有了不同于普泛之作的学术创新内涵。

我个人觉得，有以上四点，就可以称之为一部真正的富有含金量的学术著作了。而能有此四点，除了作者的学术质量追求、学科规范伦理、扎实田野和科学研究之外，还不能不强调的是，作者作为土族学者，本身就是土族社会文化中生长起来的，还是土族社会文化的研究者和守望者，对自己民族的社会文化十分熟悉，尤其是作为民族文化表征的土语，是作者日常生活中使用的交流工具，对其音律、词义、语法的细微之处也完全了熟于心。这就使得她在田野研究中能把母语和汉语、学术语言，口头语与书面语、学科表述准确而轻松地对接转译，成为了她调查研究的利器，从而保证了学术质量。当然，如果仅仅是熟悉一种民族语言，而对汉语不能熟练使用，就很难用汉语说清楚其民族社会文化，尤其是没有学科训练，就更不可能进行学术研究和学理表述。反之，也就不可能真正全面系统地了解和理解其民族社会文化，至多是从别人的汉语文章中揣测转抄而已，这种“二手货”在当下学界却较为泛滥。我曾经遇到一位教授，自称是研究海德格尔哲学思想的，且自视甚高，对他人总是嗤之以鼻。可是他既没去过德国，也没有经过科班训练，更要命的是别说德语，连英语的 26 个字母都背不出来，无非是买了一摞汉译本的海氏翻了翻，又读了几篇别人评介海氏的文章，于是乎就趾高气扬起来了。我实在不明白这位教授的底气是从哪里生成并膨胀起来的！两相比较，胡芳研究员的土族社会发展现状调查研究的确可能没有海德格尔研究高大上，但我更欣赏，因为她是精通土语及其民族历史文化、学科专业和学术表述、汉语写作的基础上，通过扎扎实实的田野调查和规规矩矩的学理分析而归纳、锤炼出来的。我们的社会和学术需要这种来自田野实践的得力之作！

赵宗福

2017 年 3 月 22 日于湟滨

目　录

绪　论

一　选题的缘由与研究状况

土族是我国西北人口较少的一个少数民族。土族主要聚居在青海省，少数聚居在甘肃省，为青海省五个世居少数民族之一。据全国第六次人口普查，2010 年，土族人口为 28.96 万人。其中青海省土族人口为 20.44 万人，占总人口的 70.58%；甘肃省土族人口为 30781 人，占总人口的 10.63%。土族主要分布在青海省互助土族自治县、民和回族土族自治县、大通回族土族自治县、黄南藏族自治州同仁县等地，其分布格局呈现出了“大杂居、小聚居”的特点。

土族是一个有着悠久历史文化的民族，从历史的纵向时空考察土族的形成、发展与变迁，我们发现土族所生活的河湟地区一直是中原文化、吐蕃文化与西域文化碰撞最为激烈的地区。作为中原与西北各民族及西域政治、经济、文化势力的中间地带，河湟地区在历史上一直是中原文化与周边文化、域内文化与域外文化双向交流与扩散、传播的桥梁。而世代繁衍生息在河湟地区的土族，自古以来是一个广容博纳的民族，其文化具有强烈的“多重文化时空层叠整合”的特征，始终是在不断整合其他民族文化特质的过程中形成和发展的，① 是中华民族传统文化多元一体格局的一个典型例证。

早在清末民初，土族作为一个独特的民族群体，引起了国内外学者的关注。中华人民共和国成立后，尤其是 21 世纪以来，土族研究日趋兴盛，其范围与主题不断拓展，研究方法和理论也日益多元化，成果不

---

① 李志农、丁柏峰：《土族——青海互助县大庄村调查》，云南大学出版社 2004 年版，第 1 页。

断增多，在一定程度上促进了土族文化的发展与传承。从总体上说，学界对土族的关注与研究可大致分为三个阶段。

（一）19 世纪末至 20 世纪三四十年代

近代对土族的研究，始于 19 世纪末外国学者对土族语的记录与关注。1885 年，俄国伊尔库茨克博物院副院长坡塔宁（G. N. PoTanin）在青海省民和县官亭地区收集土语三川方言，后在其 1892 年所著的《中国之唐古特吐伯特边地及蒙古中部》第二册中录有三川土语。1891—1892 年，美国驻华公使馆秘书柔克义（W. W. Rockhiee）在土族地区旅行时，也收集了一些土语方言材料，收录在其撰写的《蒙藏旅行家》卷末。1911—1922 年，比利时神父许让（Lep. L. Schram，中文名康国泰）在西宁地区传教，对土族产生了浓厚的兴趣，在传教之余对互助县土族的婚姻制度、民族历史、社会组织、宗教生活进行了系统的调查与研究。1932 年由上海徐家汇天主堂出版《甘肃土人的婚姻》，后来在美国费城出版《甘肃边境的土族》三大册，包括《甘青边界蒙古尔人的起源、历史及社会组织》（1954）、《土族的宗教生活》（1957）、《土族族谱》（1961）。1993 年，费孝通先生和王同惠女士翻译的《甘肃土人的婚姻》中文版由辽宁教育出版社出版。2007 年，李美玲教授翻译的《甘青边界蒙古尔人的起源、历史及社会组织》由青海人民出版社出版。20 世纪 30 年代，比利时天主教普爱堂神父德斯迈和孟塔尔，依据互助县沙塘川那林沟语言材料撰写了以《甘肃西部蒙古语蒙古尔方言》为题的三部著作：《音韵》［载《Anthroplos（人类）》杂志 1929 年第 24 期、1930 年第 25 期、1931 年第 26 期］、《文法》（1945 年北平单行本）、《土语字典》（1933 年北平辅仁大学单行本）。这三部著作从语音、词汇、语法方面初步确认土族语言属阿尔泰语系蒙古语族。1946—1949 年，瑞典人 Dominik Schroder 传教士居住在土族地区，对土族宗教与历史进行深入调查和研究。20 世纪 40 年代，德国学者施劳德在互助县威远镇向当地老艺人搜集了用土语讲唱的《土族格赛尔》史诗，首先用德文出版，1994 年由李克郁教授翻译为中文，由青海人民出版社出版。

这一时期，国内对土族的调查与研究也开始起步。如成书于 1926—1932 年的《互助县风土调查记》《民和县风土调查记》《大通县风土调查记》《乐都县风土概况调查录大纲》和《同仁县风土概况调查大纲》等政府档案与系列调查资料中保存有大量有关土族社会历史、宗教与文化等史料。当时，国内一些地方政府官员、记者、学者还从人口分布、民俗风尚、土司制度、民族族源和宗教信仰等方面对土族进行了调查，并撰写了大量的游记、报道文章。如马鹤天《西北考察记·青海》（1932 年铅印本）、乐天《青海之土人》（1933）、丘向鲁《青海各民族移入的溯源》（1933）、黎小苏《青海民族状况》（1934）、孟希元《互助县土人调查记》（1934）、张德善《青海种族分布概况》（1935）、庄学本《互助县塘巴堡土人》（1936）、祁世绩《西祁土司的今昔观》（1937）、陈万言《西北种族史》（1938）、卫聚贤《李克用后裔族谱》（1941）、陈秉渊《青海李土司世系考》（1942）、杨堃《甘肃土人的婚俗》（1943）、韩儒林《青海佑宁寺及其名僧》（1944）、陈寄生《青海土人为吐谷浑后裔考》（1945）、卫惠林《青海土人的婚姻与亲族制度》（1947）、童秀清《青海土司史略》（1948）等。上述论著虽然由于受社会历史背景等条件制约，尚停留在介绍叙述或研究的初期阶段，但为我们研究当时土族的分布、族源与社会发展现状提供了许多重要情况与线索，具有较高的资料价值。

（二）20 世纪 50 年代至 90 年代

中华人民共和国成立后，20 世纪 50 年代，国家有关部门在全国举行了大规模的社会历史调查。中央民族学院（现中央民族大学）陈永龄、汪公量、宋蜀华等组成的甘青地区民族调查组分别于 1953 年和 1958—1959 年赴互助县、民和县调查土族历史和社会情况，收集了大量丰富的资料，相继撰写了《青海土族的政治演变》《青海土族的经济生活》《青海土族民间信仰》《互助土族自治县东沟大庄地区土族社会历史调查》《互助土族自治县红崖子沟地区土族社会历史调查》等调查报告，以及一系列关于土族政治、经济、语言和宗教信仰方面的概述性文章。20 世纪六七十年代，中国的民族学科发展缓慢，土族研究基本停滞。十一届三中全会后，土族研究才有了新的进展。

20 世纪 80 年代，国家民族事务委员会组织编写了“民族问题五套丛书”，《土族简史》《土族语简志》《青海土族社会历史调查》及各土族自治县概况相继出版问世。这些民族调查为党和政府在土族地区开展民主改革和进行经济建设提供了不可或缺的重要依据，为土族研究搜集和积累了大量弥足珍贵的资料。此外，20 世纪 80 年代较有影响的有关土族研究的论著有《土族族源讨论集》和《吐谷浑史》。《土族族源讨论集》由青海民族学院民族研究所 1982 年编印，共分五部分，收录了从 1928 年到 1982 年 50 多年间有关土族族源探讨、土族社会概况论述、时人游记、家谱世系等，是百年来土族研究的汇总。周伟洲先生的《吐谷浑史》于 1985 年由宁夏人民出版社出版，在该书中，作者主张土族族源为古代活动在青藏高原一带的吐谷浑人，并对吐谷浑的来源、吐谷浑政权的兴衰、吐谷浑政治经济文化及其与当时周边政权的关系演变等进行了详尽的考证和论述。

20 世纪 90 年代以来，土族研究领域进一步拓展和纵深化，涌现了一批研究学者与论著。如李克郁的《土族源流考》又名《土族（蒙古尔）源流考》，于 1993 年 9 月由青海人民出版社出版，该书主张土族源于蒙古人，并从土族的语言研究入手，剖析土族社会，从中探索土族的历史渊源，得出“土族（蒙古尔）就是蒙古的一支，是从宋至明初先后来到河湟流域定居的蒙古人”的结论。马光星的《土族文学史》于 1999 年 6 月由青海人民出版社出版，该书梳理了土族文学发展的历史脉络，对不同时期的土族文学进行了深入细致的分析，特别是对土族民间文学中代表性的作品进行了深入的阐释，并对当代土族作家文学、音乐创作、歌手等进行了介绍，该书是一部全面系统地论述土族文学历史发展的论著，填补了土族文学史研究的空白。

（三）21 世纪以来

进入 21 世纪以来，土族研究的范围进一步拓展，其研究范畴与主题呈现出多样化、多向化趋势，研究内容涉及土族的族源与历史、宗教信仰、民俗文化、社会经济、文学艺术、语言文字、社区发展与现代学校教育等，其理论趋于丰富与完善，文化人类学、民俗学、社会学、人口学、政治学与教育学等学科的相关理论与方法被运用到土族研究中，其研究方法也从个体研究趋于跨学科整合研究和团体合作研究，土族研究呈现出了百家争鸣、百花齐放的兴盛局面。

吕建福的《土族史》于 2002 年由中国社会科学出版社出版，该书主张吐谷浑为土族族源，以大量可靠的历史文献、口碑史料以及民族学资料为依据，详尽叙述了土族先民的迁徙与重组、建国及其盛衰、分布格局的演变及其文化传统，是一部系统论述和全面反映土族历史演变过程的通史性著作。李克郁、李美玲、李永翎主编的《土族婚丧文化》于2003年1月由青海人民出版社出版，该书介绍了土族的人口分布、语言文字、宗教信仰、民族来源、婚姻观念、婚俗特点、生死观念及丧俗特点等，是一本系统介绍土族婚丧文化的著作。

曹娅丽主编的《土族艺术文化》于2004年9月由中国戏剧出版社出版，该书分析论述了土族的历史、语言、服饰、婚礼、节庆、音乐舞蹈、史诗、绘画、法会等民族文化的渊源、变迁及功能意义，并提出了土族文化艺术旅游资源开发与保护的建议，具有一定的学术价值。李志农、丁柏峰主编的《土族——青海互助县大庄村调查》于2004年7月由云南大学出版社出版，该书以青海互助县东沟乡大庄村为调查点，在为期一个月的田野调查的基础上，对该村的概况与历史、生态环境、资源、人口、经济、社会政治、婚姻家庭、法律、文化、民族风俗、教育、科技卫生、宗教等进行了系统的介绍与论述。

李克郁、李美玲的《河湟蒙古尔人》于2005年由青海人民出版社出版，该书主张土族族源为蒙古人，全书分为回顾、研究、源流、语言四编，较为系统地介绍和论述了土族史研究概况、土族史研究中涉及的问题、土族的源流与形成、土族的语言与文字等内容。马占山的《土族音乐文化实录》于2006年由中国文联文艺出版社出版，该书首次系统地介绍了土族的音乐文化，收录了大量的土族民歌和曲谱，有一定的资料价值。郝时远、任一飞主编的《中国少数民族现状与发展调查研究丛书·互助县土族卷》于2006年12月由民族出版社出版，该书由“综合篇”“典型篇”“专题篇”三部分组成，较为全面、客观地反映了互助县自然、人文概况和政治、经济、社会、文教等方面的发展历程和现状，集中反映了改革开放以来该县在农牧业、工业、教育及宗教等方面的发展成效和存在的现实问题，具有重要的资料价值。

邢海燕的《土族口头传统与民俗文化》于2008年10月由甘肃人民出版社出版，该书较系统全面地梳理了土族口头文学作品的内容与形式，并将土族口头文学传统放回到相应的生活场域中，将其视为一种活的传统，考察土族口头传统与民俗生活的关系及变化过程。祁进玉的《群体身份与多元认同：基于三个土族社区的人类学对比研究》于2008

年1月由社会科学文献出版社出版，该书在对“族群”概念进行界定的基础上，通过对西北甘肃、青海地区几个土族聚居农村和两个城市土族散杂居社区历时近一年的实地调查研究的基础上，通过个案访谈和问卷调查，综合运用主位和客位的观察研究方法，以及共时性与历时性的对比，进行地域、民族、国家等角度的群体认同意识探讨。鄂崇荣的《土族民间信仰解读——地方性信仰与仪式的宗教人类学研究》于2008年12月由甘肃民族出版社出版，该书从信仰与仪式、文化内涵、社会功能、祭祀圈与信仰圈、民间信仰与社会控制等不同角度对土族民间信仰问题进行了审视与研究。

裴丽丽的《土族文化传承与变迁研究——以辛家庄和贺尔郡为例的研究》于2010年11月由民族出版社出版，该书以青海省民和县中川乡辛家庄和互助县五十镇的贺尔郡为考察对象，论述了从民国时期至21世纪初土族物质文化、语言文字、婚姻家庭、丧葬、宗教信仰、节日习俗等的文化变迁，并在此基础上探讨了土族文化传承与变迁的特征、影响因素及土族文化未来的发展走向。刘成明的《土族撒拉族人口发展与问题研究》于2011年9月由甘肃民族出版社出版，该书运用人口学的理论与方法，对土族、撒拉族人口的演变与空间分布、年龄性别结构、生育和死亡状况、婚姻家庭结构、文化教育及就业状况、人口与可持续发展等方面进行了分析与研究。张生寅、胡芳、杨军的《中华民族全书·中国土族》于2012年5月由宁夏人民出版社出版，该书从民族概况、物质文化、民间文化、社会文化、信仰文化、旅游文化、对伟大祖国的贡献、文化传承、族际交往、有影响的历史文化人物、重要文献等方面对土族进行了系统而全面的介绍与论述。文忠祥的《神圣的文化建构——土族民间信仰源流》于2012年10月由人民出版社出版，该书在广泛占有第一手田野调查资料的基础上，关注土族民间信仰的发生空间，论述土族民间信仰图景，解析土族民间信仰典型仪式的内容和各种象征，进而探析隐藏在民间信仰背后的土族人的观念与意识，阐释民间信仰在土族社会中的影响与发展趋势。

此外，21世纪以来，省内外学者发表了大量有关土族历史、人口、文化、语言、民俗文化、宗教信仰、经济社会发展以及文化变迁等方面的论文。其中，潘乃谷先生的《土族婚姻家庭的变迁》一文主要讨论了土族婚姻制度、婚姻方式、婚姻范围、家庭类型、家庭规模等方面的变化与发展。高丙中先生的《文化影响与文化重构——土族的例子》《土族生活方式的转变：青海五十村和鲍家村的例子》《现代化与时空观念及其设置的转型》等文章以土族为例探讨了民族之间文化影响的深度与广度，民族生活方式的变迁以及时空观念的转型。

综上所述，百年来，土族研究从无到有、从单一到多元、从平面到立体，正在向纵深发展，其研究的广度和深度是前所未有的，理念与方法上也多有创新。但就土族社会发展现状的调查研究来说，成果并不算多，且大都是关于若干土族村庄的典型个案研究，或是土族文化与社会发展的局部调查，缺乏系统而深入的调查与研究。而从土族的社会发展现状来说，20 世纪 20 年代、40 年代、50 年代，国内外学者对土族地区进行了局部的调查与研究，积累了丰富的人类学资料。如今，半个多世纪过去了，土族社会发生了巨大变迁，他们所记述的土族社会面貌已发生了翻天覆地的变化，尤其是进入 21 世纪之后，在全球化和现代化浪潮的冲击下，土族社会转型和文化变迁的速度加快，其服饰、民居、语言等独具特色的传统文化正处于濒危状态。在 21 世纪及时开展对土族地区的调查和研究，有利于保存和弘扬土族古老的文化和生活传统，有利于了解和把握土族在转型时期的社会生活和文化结构，从而探索土族民族文化转型和变迁的模式与规律。

二 调查点的选择与基本情况

本书旨在对正处于现代化转型时期的土族社会发展现状进行横向的调查与研究，真实、客观、系统地反映土族当下的发展状况。互助、民和三川、同仁是三个具有代表性的土族聚居区，保留有较多的民族文化传统与生产生活方式，且互助、民和与同仁三地的土族文化与社会发展有较大的差异性，因此，笔者选择了以这三个区域为主的调查与研究方案。在此基础上，根据典型性、代表性的原则，以及便于进入调查的实际情况，在互助与民和三川地区各选了城镇、川水、山区的三个土族村庄，在同仁选了一个土族村庄。

笔者在互助土族自治县选择的调查点为威远镇小庄村、丹麻镇东村、东山乡大庄村。其中，威远镇小庄村临近县城，基础设施建设较好，是青海有名的民俗旅游村；丹麻镇东村属于典型的浅山地区纯土族村落；东山乡大庄村是脑山地区纯土族村落。在民和回族土族自治县三川地区选择的调查点为中川乡胡李家村、官亭镇官中村与梧释村。其中，胡李家村是典型的川水地区的纯土族村落；官中村属于城镇地区，是土族和回族杂居的村落；官亭镇梧释村是脑山地区纯土族村落，经济发展较为迟缓。在黄南州同仁县选的调查点为年都乎乡年都乎村，该村为土族与藏族杂居的村庄，但以土族为主体，土族文化色彩较为鲜明。这七个土族村庄的传统文化保留较完整，具有一定的代表性和区域性。

互助土族自治县威远镇小庄村原属威远镇古城村的一个自然村，位于互助县县城威远镇南部，距西宁 28 公里。2013 年，小庄村有 161 户，总人口为 603 人，其中土族 595 人，占村总人口的 98.7%，汉族 8 人，占总人口的 1.3%。小庄村有 786 亩耕地，人均 1.3 亩。小庄村是青海有名的民俗旅游村，2013 年，全村有 90 户农家院，占总户数的 56%。小庄村的经济总收入为 547.6 万元，人均 8332 元。小庄的民营企业为金水消毒公司。

互助土族自治县东山乡大庄村位于东山乡中部，为东山乡乡政府所在地。全村现有 9 个自然社，253 户，928 人，共有耕地 4150 亩，人均 4.5 亩。9 个自然社中，3 社和 6 社处于脑山区。以我们所调查的 3 社为例，3 社地处半山坡，村里有马、本、张、席、赵等姓，28 户，109 人，其中，男性 60 人，女性 49 人。3 社的土族人口为 103 人，占总人口的 94.5%；汉族 6 人，占总人口的 5.5%，皆系外村嫁进来或入赘的人。该社的结婚对数为 25 对，夫妻皆为土族者 21 对，汉土通婚者 4 对。3 社耕地面积为 529 亩，人均 4.9 亩；山地面积 700 亩，人均 6.4 亩。

民和回族土族自治县中川乡胡李家村位于中川乡北部，距县城川口镇 88 公里，离乡政府 3 公里，是一个纯土族聚居的川水村落。该村为多姓村落，有胡、李、贾、赵、李、白、张等姓。2013 年，胡李家村户数为 404 户，人口总数 1664 人，其中，男性 839 人，女性 825 人。胡李家村分为 11 个社，各社的户数与人口数为：1 社 39 户，160 人；2 社 38 户，156 人；3 社 24 户，100 人；4 社 32 户，128 人；5 社 44 户，170 人；6 社 24 户，100 人；7 社 49 户，160 人；8 社 33 户，140 人；9

社33户，150人；10社49户，220人；11社39户，180人。胡李家村的土族人口为1648人，占人口总数的99.9%；汉族人口16人，占人口总数的0.1%，皆系近几年嫁进来的外地人。胡李家村的耕地有2400亩，人均1.5亩。2013年的人均收入为1600元。

民和回族土族自治县官亭镇官中村位于镇政府所在地，离县城川口镇90公里，是一个土族与回族杂居的村庄。2013年，官中村户数为297户，人口总数1321人，其中，男性701人，女性620人。官中村分为7个社，各社的户数与人口数为1社21户，110人；2社48户，211人；3社43户，189人；4社35户，154人；5社33户，145人；6社36户，158人；7社81户，354人。官中村的土族人口为925人，占人口总数的70%；回族人口391人，占人口总数的29.6%；汉族人口5人，占人口总数的0.4%。从婚姻构成来说，该村的结婚对数为421对，夫妻皆为土族者241对，夫妻皆为回族者180对，汉土通婚者7对，汉回通婚者3对。官中村的耕地为320亩，人均0.25亩。2013年，官中村的经济总收入为642.29万元，人均4900元。

黄南藏族自治州同仁县年都乎乡年都乎村为乡政府所在地，位于同仁县北部，距县城1.5公里，省道阿赛公路从村边穿过，交通便利，北与郭麻日村相邻，南与州县政府所在地隆务镇接壤。年都乎村内有一座古城，称为“年都乎城”，相传为明代移民戍边时所建，呈长方形，南北长310米，东西宽90米，墙体为土夯筑，高10米，宽4米。年都乎村是热贡艺术品的制作地，素有“堆绣”村之称。全村有8个生产合作社，385户（其中非农户137户），总人口为1338人，其中，男性657人，女性681人。各社户与人口数分别为：1社55户，202人；2社62户，225人；3社45户，164人；4社50户，182人；5社46户，167人；6社45户，182人；7社43户，108人；8社39户，108人。年都乎村的民族构成以土族为主，除土族外，有藏族7人，汉族6人，回族1人，皆系外村嫁入本村人口。年都乎村土族人口为1324人，占村总人口数的99%，其结婚对数为420对，其中夫妻皆为土族者406对，土藏婚姻7对，土汉婚6对，土回婚1对。年都乎村的耕地为941亩，人均0.7亩。2013年，年都乎村的经济总收入为963.76万元，人均收入为7203元。年都乎村村集体在年都乎市场有集体铺面。

三 调查工作的过程与取得的成果

2013年年底，笔者在进行实地考察和参考文献资料的基础上，确定了以互助土族自治县威远镇小庄村、丹麻镇东村、东山乡大庄村，民和回族土族自治县中川乡胡李家村、官亭镇官中村和梧释村为调查点，并在咨询专家的基础上，设计了“土族社会发展现状家庭调查问卷”“土族社会发展现状村落调查问卷”“土族社会发展现状学校调查问卷”三种调查问卷，这三种调查问卷所有的数据均以2013年数据为主。

2014年4月至12月，在长达大半年的时间里，笔者赴青海互助、民和与同仁等地的有关部门、乡镇和村落做进一步访谈与调查，并在各村信息提供人的帮助下进入村落、家庭和学校做问卷调查，共发放7份村落调查问卷、12份学校调查问卷和210份家庭调查问卷。其中，家庭调查问卷是由笔者与信息提供人协同完成，由于条件所限，没能做抽样调查，只做了随机调查。但在访谈家庭的选择上，首先请村干部根据村民们的家庭经济状况介绍了相关的访谈名单，尽量做到均选经济条件较好、一般和较差的家庭，以保证问卷的典型性，然后根据名单挨家挨户进行访谈。在调查过程中，笔者尽量收集各种文献资料和学者的研究成果、各部门以及调查点所在的乡镇2013年的工作总结，以及一些典型家庭和个人的访谈资料。

具体地说，调查问卷的发放和收回情况如下：在互助土族自治县大庄村发放了34份家庭调查问卷，有效收回32份；在互助土族自治县丹麻镇东村发放了30份家庭调查问卷，有效收回30份，但在这里需要慎重说明的是，由于笔者的疏忽，该村的村落调查问卷和30份家庭调查问卷遗失在出租车上，想尽办法也没能找回来，由于时间仓促，又来不及做补充调查，只好忍痛舍弃对这个村庄的介绍与描述，而在该村所做的1份村落调查问卷和30份家庭调查问卷也变成无效问卷；在互助土族自治县威远镇发放了30份家庭调查问卷，有效收回25份；在民和回族土族自治县中川乡胡李家村发放了30份家庭调查问卷，有效收回29份；在民和回族土族自治县官亭镇官中村发放了30份家庭调查问卷，有效收回29份；在民和回族土族自治县官亭镇梧释村发放了30份家庭调查问卷，有效收回25份；在黄南藏族自治州同仁县年都乎乡年都乎村发放了35份家庭调查问卷，有效收回31份。此外，在民和回族土族自治县中川乡和官亭镇、互助土族自治县东山乡、同仁县年都乎乡发放了12份学校调查问卷，有效收回11份。最后统计结果为：总共收回有效的村落调查问卷6份、学校调查问卷11份，家庭调查问卷173份。

从2014年年底开始，笔者开始整理调查问卷，并用经典统计学软件SPSS 17中文版录入“土族社会发展现状家庭调查问卷”的相关数据，这是一项极其烦琐的工作，但在一个数据一个数据录入的过程中，笔者对各村落及其173个土族家庭的发展状况有了更深入的认知。2015年1月至8月，笔者开始本书撰写工作，写了绪论、土族的概况与历史、人口、社会政治、经济生活、婚姻家庭、教育、文化、宗教生活、民俗生活、余论11个章节，完成了整部书稿的写作。

四　研究方法、重点与难点

（一）研究理论与方法

1. 在理论层面上，本课题运用了社会学、人类学、民俗学、人口学等学科的相关理论，对互助、民和三川、同仁三个具有代表性的土族聚居区进行田野调查与学术研究，对转型时期土族地区的经济社会发展现状进行横向的调查与剖析，及时、真实地反映土族当下的生活状况，反映在现代文明的碰撞下，土族民族文化的自我调适与重构。

2. 在研究方法上，运用人类学的田野调查法，对互助、民和、同仁等地土族的经济、社会和文化发展现状进行实地调查，然后整理、归纳、作定性分析；运用社会学的问卷调查与经典统计学SPSS 17.0统计方法，对土族的婚姻家庭、经济生产、语言文字、家庭生活与消费、社会保障等现状进行问卷调查及户访、座谈，然后利用图表、数据等进行定量分析；运用人口学的研究方法，对土族人口的数量变动、性别与年龄结构、生育水平与年龄别生育率、人口与可持续发展等状况进行统计与分析；运用历史学的文献查阅法和考据法，查找学术界已有的研究成果，调查和研究前人尚未涉及的问题；运用比较研究方法，不仅对民国时期、20世纪50年代至90年代以及21世纪以来不同历史时期的土族社会发展与文化变迁进行比较研究，还对互助、民和与同仁三个不同地区的土族社区的社会发展与文化变迁进行了比较研究。

（二）重点与难点

重点：1. 调查方面，本课题重点调查和研究21世纪第一个十年中土族的人口、社会政治、经济生活、婚姻家庭、文化、教育、宗教生活、民俗生活等方面的发展现状。

2. 研究方面，重点探讨土族的社会转型和文化变迁问题。如21世纪以来土族人口结构、经济结构、婚姻家庭结构等的调整与转型以及文化教育、宗教生活、民俗生活等的现代变迁与文化重构等。

难点：1. 互助、民和三川、同仁地区是三个较有代表性的土族聚居社区，这三个社区各有特色，有各自在文化地理上的特殊性。要对土族地区进行全面而系统的调查与研究，必须兼顾这三个地区的实际情况，调查工作任务十分繁重。相对来说，互助土族自治县的几个土族村庄离西宁较近，最远的也不过五六十公里，而民和三川地区和同仁县年都乎乡地处偏远，均离西宁有200公里，信息闭塞，交通不便，调查工作面临诸多困难。

2. 在调查过程中，由于是以个人名义进行调查，对有关部门、乡镇及家庭的调查工作开展得十分艰难，受访者均较为忙碌，加上有些调查区域人生地不熟，入户调查工作开展极为困难。即使有些人勉强接受访谈，但由于存在诸种顾虑，给予的各种信息和数据的可信度有待梳理和辨别。而且，大部分家庭的土族男性出外打工，在家的土族女性，尤其是偏僻山区的土族女性听不懂汉语，难以进行交流与沟通。鉴于这种情况，笔者一方面采取了随机调查和个案调查的研究方法，选择较为友好、愿意接受访谈的家庭进行调查；另一方面利用熟人优势，聘请了本村的村干部或大学生参与调研活动，有效打开了局面，调查到了较为真实可靠的情况。

3. 笔者在实际调查过程中发现，部分受访家庭对自己的家庭收入有所保留，不愿意对外公布自己的经济收入，或少报经济收入，此时，笔者只能借助村里的信息提供人，而信息提供人的专业知识有限，调查所得的数据有的缺失，有的不真实，只好在录入时有选择地采用。

最后，本书不仅是在广泛收集土族研究的相关资料，以及断断续续延续了近半年的田野调查中获取的第一手资料为依据撰写而成的，更是在笔者多年对土族文化进行调查与研究的基础上撰写而成的，较为系统地介绍和论述了土族的概况与历史、人口、社会政治、经济生活、婚姻家庭、教育、文化、宗教生活与民俗生活等发展现状，真实地记录了在现代化浪潮的冲击下，互助、民和与同仁等地土族社区的社会发展与文化变迁的现状。

第一章　土族的概况与历史

第一节　自然概况

一　自然环境

土族是青海的六大世居民族之一，也是青海、甘肃特有的民族，主要居住在青藏高原东北部河湟流域和祁连山以南大通河两岸及与之毗邻的地方，青海省西宁市、大通回族土族自治县、海东市的互助土族自治县、民和回族土族自治县和黄南藏族自治州的同仁县、甘肃省天祝藏族自治县是土族主要聚居区。其中，西宁市地处青海省东部，黄河支流湟水河的上游，为青海省省会，是全省政治、经济、文化、科教和交通、通信中心。其地理坐标为北纬 36°31′—36°45′、东经 101°33. 1′—101°46′之间。东南临海东市平安区，南连湟中县，北与市辖大通县毗邻，东北部与互助县接壤，北接海北藏族自治州，东西长约 32 公里，南北宽约 25 公里，土地总面积为 7659 平方公里。西宁市平均海拔 2275 米，地势西北高东南低，东西狭长，呈现“四山夹三河”形势分布，即冷龙岭—大通河—达坂山—湟水—拉鸡山—黄河谷地—黄河南诸山脉。

大通回族土族自治县地处青海省东北部，位于祁连山之南、湟水上游北川河流域，属西宁市辖县，地理坐标在北纬 36°43′—37°23′、东经 100°51′—101°56′之间。东邻互助土族自治县，西接海晏、湟中两县，南与西宁市接壤，北与门源回族自治县隔山相依，东西最长 95 公里，南北最宽约 85 公里，土地总面积为 3090 平方公里，县城桥头镇离省城西宁约 36 公里。大通县地处湟水以北，为青藏高原与黄土高原的过渡地带，地势西北高、东南低，按地形可分为川水、浅山、脑山和高山四个地区，主要山脉有达坂山、娘娘山、元朔山、燕麦山、牦牛山等。川水地区主要为北川河及其支流宝库河、黑林河、东峡河两岸河谷阶地，海拔 2280—2600 米。浅山地区为河谷阶地往上的高原丘陵地带，位于县境中部和南部，海拔 2400—2750 米。脑山及高山地区位于县境东、西、北三面地势较高的地区，海拔 2600—3800 米。

互助土族自治县位于青海省东北部、祁连山南麓，地理坐标为北纬 36°30′—37°10′、东经 101°45′—102°45′之间。北依祁连山支脉达坂山与门源回族自治县相接，东北与甘肃省天祝藏族自治县和永登县毗邻，东南、西南与平安市乐都区和西宁市接壤，西邻大通回族土族自治县，东西长约 86 公里，南北宽约 64 公里，土地总面积为 3423.9 平方公里，县城威远镇离西宁市约 32 公里。互助县为黄土高原与青藏高原交错嵌接地带，地势北高南低，呈阶梯状分布。县境南端是海拔 2100 米的湟水河谷地带，向北是海拔 2400—3500 米的丘陵、中高山地带，其间山岭相连，峰峦叠嶂，沟壑纵横，山川相间，地形较为复杂，北部至东北部最高海拔 4384 米，属高山地带。青石岭自北向东南延伸，将县境分为前山和后山，前山主要为农业区，后山为林、牧区。互助县境内山峰众多，全县海拔在 3000 米以上的山峰有 68 座，海拔在 4000 米以上的山峰有 26 座，县境北部和东北部有达坂山和龙王山，东部有阿米多藏山、麻钱山、娘娘山和先克山，东南部有松花顶俄博，西北部有平顶山和扎坂山，南部有众多的土石山和土岭。①

民和回族土族自治县位于青海省的最东部，素有“青海门户”之称。该县土族主要居住在黄河北岸地区，被人们称为“三川”。三川地区位于民和县的东南部，地处北纬 35°08′、东经 102°08′之间，距县城川口镇 77 公里，距省会西宁市 190 公里。南部隔黄河与甘肃省临夏回族自治州积石山保安族东乡族撒拉族自治县相望，东南部与甘肃省永靖县相邻，西南部与循化撒拉族自治县和化隆回族自治县毗邻。三川地区海拔 1720—2000 米，地势北高南低，南边谷地沿黄河地区土地平坦，耕地成片，属川水地区，北边山峦起伏，属浅山地区。三川地区东边有接官岭、魏家山、头堆岭、八达山，北有陈家山、关地岭、黄土山、喇

① 《互助土族自治县概况》编写组、《互助土族自治县概况》修订本编写组：《互助土族自治县概况》，民族出版社 2009 年版，第 1—4 页。

家寺山，西有香忠山、杏儿山、朱家岭、大红山等，南面濒临黄河。

黄南藏族自治州的同仁县地处青海省东南部，其地理坐标为北纬35°01′—35°47′、东经101°38′—102°27′之间。东邻甘肃省甘南藏族自治州夏河县，南临泽库县，西接海南藏族自治州贵德县，北连黄南藏族自治州尖扎县和海东地区循化撒拉族自治县。南北长约85公里，东西宽约74公里，土地总面积为3275平方公里，县城隆务镇离西宁171公里。同仁县地势南高北低，海拔2160—4767米，按地形可分为河谷川地、低山沟壑浅山地、中高山脑山地、高山牧区四个区域，县境中部为隆务河河谷地区，东、西部为山区，主要山脉有夏琼山、阿合德隆山。

甘肃省天祝藏族自治县位于甘肃省中部，祁连山腹地，是河西走廊的东端门户，属武威市辖区。其地理坐标为北纬36°31′—37°55′、东经102°07′—103°46′之间，东接景泰县，南靠永登县，西与青海省的门源回族自治县、互助土族自治县、平安市乐都区为邻，北连武威市和古浪县。东西宽142.6公里，南北长158.4公里，土地总面积为7140平方公里，县城华藏寺镇距省会兰州市144公里，距行署武威市132公里。县境海拔2040—4874米，主要山脉有马牙雪山、雷公山、牛头山及祁连山的支脉代乾山、乌鞘岭、毛毛山等。

二　气候

土族聚居在青藏高原东北部和东南部，属于甘肃、青海交界的农牧地带，也是河湟谷地的边缘地带，其聚居区大都是位于2000米以上的高海拔地区，其气候属于高原大陆性温带半干旱气候，具有高寒干旱、年均气温低、降水量少、无霜期短、太阳辐射强、日照时间长、昼夜温差大、冬无严寒而漫长、夏无酷暑而短促等共同特点，但因海拔高度与地势、地形影响，各地气候有一定差异。

西宁市年平均气温为6.1℃，1月平均气温-7.3℃，极端最低气温-23.1℃（1998年1月19日）；7月平均气温17.4℃，极端最高气温36.5℃（2000年7月24日）。年内无霜期101—236天，平均131天，年平均日照数为2571.8小时，年平均降水量398.7毫米，降雨集中在每月6—8月，7月最多。大通回族土族自治县年平均气温5.4℃，1月平均气温-11.3℃，极端最低气温-33.8℃（1991年12月28日）；7

月平均气温14℃，极端最高气温35.6℃（1991年）。年内无霜期101—110天，最长可达119天，绝对无霜期仅80天，年平均日照数为2567小时，年平均降水量572.3毫米，降雨最多的月份为9月，夏秋季多东南风，冬春季多西北风，气象灾害主要有霜冻、冰雹、干旱、雨涝、洪水等。

互助土族自治县年平均气温3.8℃，1月平均气温-10.1℃，极端最低气温-31.9℃（1991年12月28日）；7月平均气温14.9℃，极端最高气温34.9℃（2000年7月24日）。历年平均霜期为159.5天，无霜期一般为100天左右，最长可达150天，最短为44天。年平均日照数为2635.4小时，年平均降水量502.4毫米，降雨集中在6—9月，7、8月降水较多，年均蒸发量为1171.3毫米。民和回族土族自治县年平均气温7.9℃，7月平均气温为18℃—21℃，无霜期170—200天，为青海省内无霜期最长的地区，年平均降水量340毫米，气候适宜，农业生产条件相对较好，气象灾害主要有干旱、冰雹和雨涝。

黄南藏族自治州同仁县年平均气温5.6℃，1月平均气温-7.3℃，极端最低气温-23℃（1975年12月14日）；7月平均气温16.2℃，极端最高气温35℃（2000年7月24日）。历年平均无霜期为134天，年平均日照数为2548.7小时，年平均降水量401.4毫米，年均蒸发量为1397.3毫米，降雨集中在5—10月。气象灾害主要有洪涝、干旱、阴雨、冰雹等。甘肃省天祝藏族自治县年平均气温4℃—8℃，相对无霜期90—145天，年均降雨量265—632毫米，主要气象灾害有冰雹、干旱、霜冻和春季大风雪等。

三 资源

土族地区的资源可分为非生物资源和生物资源两大类，非生物资源主要指土地资源、水资源和矿物资源，生物资源则包括植物资源和动物资源。

据有关资料统计，截至2011年，土族几个主要聚居区的土地资源为：西宁市的总土地面积中，耕地面积184.67万亩，可利用草地面积576万亩，林地面积212.74万亩，水资源总量30.79亿立方米/年，其中，所辖的大通回族土族自治县耕地面积68.5万亩，可利用草场面积

197.66万亩，林地面积98.12万亩，水资源总量6.78亿立方米/年。互助土族自治县的总土地面积中，可播种面积89.96万亩，林地面积217.05万亩，水资源总量6亿立方米/年，其中，自产地表水2.42亿立方米/年，地下水3.6亿立方米/年。民和回族土族自治县的总土地面积中，可播种面积67.45万亩，林地面积35.8万亩，水资源总量为2.58亿立方米/年，其中，自产地表水2.46亿立方米/年，地下水总储量为0.12亿立方米/年。同仁县可耕地面积11.35万亩，其中，水浇地2.64万亩，浅山旱地5.3万亩，脑山地2.06万亩，临时性耕地1.35万亩。同仁县的草场资源较为丰富，草地可利用面积450.98万亩，水资源总量3.54亿立方米/年。

土族聚居区的矿产资源较为丰富。如互助土族自治县境内已探明的金属矿种有铁、岩金、锰、钨、铅、钼、铜、锌等；建材及非金属矿有石膏、钙芒硝、石英岩、石灰岩、玄武岩、软质黏土、磷、石棉、石墨、闪透石、海泡石、硫铁、白云岩、长石、滑石、花岗岩、陶粒板岩等；燃料矿有煤、油页岩等。[①] 民和回族土族自治县的金属矿有锰、铁、铜、金等；非金属矿有石英岩、石膏、大理岩、白云岩、砂石、黏土；燃料矿有煤、石油等。大通回族土族自治县的矿产资源主要有煤、石英岩、萤石、云母、石膏、玄武岩、硅石、黏土及砂石等，其中，煤资源储量丰富，主要供给大通、西宁及附近州县群众生活及生产用煤，是青海省东部农业区的主要能源基地。[②]

土族聚居区地貌多样，有着丰富的动植物资源。以互助土族自治县为例，该县境内动植物资源垂直分布，特色分明，有“立体资源宝库”之称。据20世纪80年代林业部门统计，该县北山林区已定名的高等植物有981种，其中乔木31种，灌木143种；野生动物190多种；昆虫265种；中草药资源735种等。北山林区主要乔木树种有祁连圆柏、青海云杉、青杨、油松、山杨、白桦、红桦、小叶杨等；灌木树种有沙棘、沙柳、柠条、枸杞、多种忍冬、多种杜鹃等；野生名贵中药材有党

---

① 《互助土族自治县概况》编写组、《互助土族自治县概况》修订本编写组：《互助土族自治县概况》，民族出版社2009年版，第10页。

② 《大通回族土族自治县概况》编写组、《大通回族土族自治县概况》修订本编写组：《大通回族土族自治县概况》，民族出版社2009年版，第13页。

参、雪莲、猪苓、三七、大黄、半夏、黄芪、羌活、赤芍、贝母等；山珍野菜有蘑菇、蕨菜、柳花菜、鹿角菜、雪山木耳等。北山林区不仅植物丰富，还是野生动物的乐园。被列入国家一、二级保护的野生动物有雪豹、麝、马鹿、棕熊、金雕、白肩雕、斑尾榛鸡、雉鹑等。①

第二节　历史沿革

一　民族源流及形成

土族的称呼较为复杂，分为他称和自称。明清以来的汉文史籍称土族为“西宁州土人”；藏族和藏文文献称土族为“霍尔”“白鞑番”“朵朵”；汉、回等民族称土族为“土人”“土民”；民国时期国外学者著述中称土族为“甘肃土人”“蒙古尔”“达拉特”。土族自称因地而异，互助、大通、天祝一带土族自称“蒙古尔”“察汗蒙古尔”（意为白蒙古），民和土族自称“土昆”，甘肃卓尼土族则自称“土户家”。20 世纪 50 年代民族识别时，根据历史记载和本民族意愿，统一称为“土族”。

土族有自己的民族语言，属阿尔泰语系蒙古语族，主要分为互助、民和、同仁三大方言区，各方言区之间既有联系又在语音、词汇方面存在一定差异。由于民族间交往的需要和居住地区的不同，青海互助、同仁和甘肃天祝、卓尼土族一般都能讲汉语、藏语；大通土族一般通用汉语；民和土族除使用本民族语言外，也通用汉语。土族历史上没有文字，长期使用汉文和藏文。1979 年创制了以拉丁字母为基础、以汉语拼音字母为字母形式的土族文字，后在互助地区试行过，没有全面推广。

关于土族族源，学术界众说纷纭，从 20 世纪初国内外学者开始探讨土族族源起，到 20 世纪 80 年代，先后形成了五种具有代表性的观点：吐谷浑说、蒙古说、多源混合说、阴山白鞑靼说、沙陀突厥说等。之后，随着土族族源研究的逐步深入，进入 21 世纪之后，学界逐渐趋

① 《互助土族自治县概况》编写组、《互助土族自治县概况》修订本编写组：《互助土族自治县概况》，民族出版社 2009 年版，第 9 页。

向于两种观点，即吐谷浑说和蒙古说。

吐谷浑说最早见于1929年《蒙藏周报》刊载的《青海各民族纪略》一文，是民国时期较为通行的说法。80多年来，许多学者从土族的自称和他称、家谱世系、地名来源、民俗文化、民族关系等角度论证土族与吐谷浑的历史渊源，发表或出版了相关的学术著作，如《土族族源讨论集》《土族简史》《吐谷浑史》《土族史》等。持吐谷浑说的学者认为，源自慕容鲜卑的吐谷浑人于公元4世纪初（西晋永嘉末年）从东北迁到青海，建立了吐谷浑国，其政权延续了300多年，于唐龙朔三年（663）被吐蕃所灭。吐谷浑亡国后，其少部分族人随王室东迁至今宁夏、陕北和山西一带，融合到汉族之中，大部分降于吐蕃，留居于原地。留在原地的土族，除一部分被吐蕃同化外，一部分留居于凉州、祁连山一带、浩门河流域、河湟地区，这部分吐谷浑人成为土族的先民。土族是以这一部分吐谷浑人为主体，在长期的发展过程中吸收了藏、汉、蒙古等民族的成分而逐渐形成的。①

蒙古说最早是由比利时神父德迈斯和蒙塔尔等提出，后来陆续得到了许多学者的认可，他们从土族的自称、民间传说、语言、人口分布、文献记载进行研究论证，其相关著作有《青海通史》《甘青地区多民族格局形成史研究》《土族（蒙古尔）源流考》等。持蒙古说的学者认为："土族是一部分蒙古人与当地霍尔人长期相处逐渐发展而成的。"②又有学者进一步指出："土族自称'蒙古尔'。这是以蒙元时期入居青海河湟地区的蒙古族为主，吸收汉、藏诸民族成分及其文化因素而形成的一个新的民族共同体。"③

就这两种观点的社会影响来说，吐谷浑说在土族精英阶层占有较大比例，土族研究会也认可吐谷浑说，而蒙古说更多地得到了青海互助地区土族村民的认同，他们自称"蒙古尔孔"（意为蒙古人）或"察汗蒙古尔"（意为白蒙古）。21世纪初，吕建福所著的《土族史》出版，这是目前论述吐谷浑说最具权威和分量的著作，使土族族源问题逐步倾向

① 《土族简史》编写组、《土族简史》修订本编写组：《土族简史》，民族出版社2009年版，第20页。

② 李克郁：《土族（蒙古尔）源流考》，青海人民出版社1993年9月第1版。

③ 崔永红、张得祖、杜常顺：《青海通史》，青海人民出版社1999年版，第268页。

于吐谷浑说。目前，随着土族历史文化研究的不断拓展，土族族源研究显示出越来越强的族源认同倾向。

土族的先民虽然很早就在西北地区活动，但直到明代中后期，才在甘青地区形成了一个新的民族共同体。元末明初，除了不少留居于内地的蒙古部落归附明朝，又有数以万计的蒙古军民自塞外附居，汉人及不少汉文史籍将这些蒙古部众称为“鞑靼”“达达”“达民”“土达”“土民”“土人”等。从文献记载看，“土达”“土人”分布范围十分广泛，西北甘宁青地区的河州、凉州、永昌、山丹、庄浪、庆阳、岷州、西宁以及宁夏灵州、固原等地是他们分布比较集中的地区。在明代文献中，“土达”和“土人”是两个完全对等的称呼，两者可以通用互代。如河西庄浪鲁土司所属，既被称为“土达”，同时也被称为“土人”“土民”。明代中后期，西北各地的“土达”有些民族特征逐渐淡化融入汉、回等民族之中，而生活在河湟地区的“土达”在发展过程中开始以“土人”“西宁州土人”作为自己的固定称呼，汉文史籍也多将西宁卫土族称为“西宁州土人”或“土人”。“西宁州土人”和“土人”族称的最终形成，说明此时土族作为一个稳定的新的民族共同体已形成。[①]

二　土司制度及其衰落

土族历史上的政治制度主要是土司制度，此外还有地方政府管辖系统、土官管辖系统。自元末明初至清末民初，这三种政治制度并行存于土族社会。据文献记载，元朝时，当时在甘肃等处行中书省土族先民活动和居住的地方，元王朝先后授予祁贡哥星吉、李赏哥、朵尔只失结、李南哥、南木哥、贴木录、赵朵只木等少数民族首领不同的官职。明初，土族地区的土官率部归附明朝后，明代继续实行“封土司民”的政策，对他们“待之以礼，授之以官”，分别封为西宁卫的指挥使司、指挥佥事、千户、百户等世袭官爵，命他们继续统辖所属各族人民，并准其子孙世袭，不编户籍，不给薪俸，称为土司。清初，这些土司又归附于清朝，清政府采取同样政策，仍按其原职授为土司。《西宁府新

① 张生寅、胡芳、杨军等：《中国土族》，宁夏人民出版社 2012 年版，第 23 页。

志》中说“按宁郡诸土司计十六家，皆自前明洪武时授以世职，安置于西（宁）、碾（伯）二属。是时地广人稀，城池左近水地给民树艺，边远旱地赐各土司，各领所部耕牧。”①

《西宁府新志》所记载的十六个土司中，除循化的两个韩土司在撒拉族地区外，其他都是土族地区的土司。清初，青海土族地区的土司主要有西李土司、东李土司、东祁土司、西祁土司、甘土司、辛土司、朱土司、冶土司、纳土司、吉土司、赵土司等，甘肃天祝、卓尼等土族地区的土司有鲁土司、杨土司等。这些土司辖民数目多寡不同，有的数千户，有的仅数百户，他们依照品秩的高低，享受不同的特权。此外，这些土司的民族成分十分复杂，有蒙古族、土族、维吾尔族、汉族等，但其部属却多为土族，而经过若干年发展后，这些土司的后代也逐渐融入土族之中。

土司制度在土族地区推行之后，对土族社会的发展产生了巨大影响。明清时期，土族地区的土司曾多次被征调参加明清王朝的重大军事活动，涌现了像李英、李文、祁秉忠等一批战功卓著的土族将领和土司，为维护西北边陲的安定做出了贡献。土族地区的土司既受封建王朝册封和管辖，又是本辖区的统治者。一方面，他们须定期向中央王朝朝贡，其主要贡品有马、酥油、牦牛尾等，以示政治上的服从，而中央王朝对来朝贡的土司也予以一定的赏赐。另一方面，他们享受辖区产生的经济利益，担负着统治各自辖地的职责。土司在辖区设有衙门、监狱、刑具以及土差、土兵，掌管着辖区内的军事、民事、刑事诉讼、田地家人、钱粮赋税等事务。对土司的判决，土民不能反抗或违判。土司衙门是土司辖区内的政权机构，品秩较高、势力较大的土司下一般设千总二人，一为领兵千总，佐土司统练土兵；一为护印千总，辅助土司办理行政事务。千总下又设把总二人，一为军事把总，辅佐领兵千总，一为管家把总，辅佐护印千总。把总之下设有家长、总管、衙役、稿房（办理文稿）、老者等。其中，家长管理土司族户的诉讼、粮差、款项、婚丧等事务，总管代土司管理其属地较大村庄的各项事务。

---

① （清）杨应琚纂修，李文实校注：《西宁府新志》卷二四《官师志》，青海人民出版社1988年版，第618页。

清代中后期，随着国家政权对土族社会控制的不断强化，尤其是罗卜藏丹津反清事件平定后，清廷在河湟地区大力推行府县制，采取各种措施，不断削弱土司的势力，使其日趋没落。咸丰以来，河湟地区回族、撒拉族的反清斗争也在一定程度上削弱了土司的政治势力。“河湟事变”后，清廷于光绪二十三年（1897）明令废止了甘、朱、辛、喇等几家土族土司。清末民初，土族地区的土司制度更加衰落，只剩下东李、西李两家，土司制度已名存实亡。1931 年，南京政府正式下令废除土司制度。至此，在土族地区沿袭了数百年的土司制度被正式废除，土族人民从此归地方政府直接管理。

值得一提的是，明清时期，今青海互助土族地区还施行与土司制度并行的土官统治系统。明朝末年，聚居在今互助县一带的土族共有 13 个部落，都信仰藏传佛教格鲁派。万历三十年（1602），13 个部落的头人前往西藏谒见四世达赖喇嘛，请求建寺。佑宁寺建成后，达赖封这 13 个头人为昂锁、杨司、官尔、尼日湾、尕尔哇、博勒混等不同的土官名号，统称为“十三昂锁”，其中，除尕尔哇为僧官外，其余皆是俗官。土官辖有一定的土地和百姓，其所辖百姓对其有纳粮义务，并承担各种杂役。1930 年，互助设县后，沿袭了 300 多年的土官制度被废除，土官统治下的百姓和土地一律归当地政府直接管辖，但寺院仍承认土官旧日的地位，如佑宁寺每三年选换法台时仍请 13 位土官来寺参加典礼，这种联系一直持续到 20 世纪 50 年代。

第三节　地域分布

一　分布状况

明清之际的土族，主要聚居于今青海的西宁、民和、乐都、互助、同仁、门源，甘肃的天祝、永登、甘南、临夏、武威等地，基本形成了今天土族“大杂居、小聚居”的分布特征。据《秦边纪略 · 西宁卫》记载，“土人所居，悉依山傍险，屯聚相保，自守甚严，莫敢犯其疆域者”。西宁“西川口，土司西祁之所居也”。“巴州堡，土人所居”。“上川口，土司李氏所居也”。“老鸦城，庄浪之驿递也，汉土之所杂居”。“冰沟堡，在小山之巅，土人所居”。《秦边纪略 · 河州卫》记载，河州卫“且不特地利也，卫之兵虽少，其民甚强，其土人甚盛”。保安堡“堡皆土人。距捏工川一百五十里。今其兵皆土人，无一汉人者”。“保安堡（今青海省黄南藏族自治州同仁县）……堡皆土人……其兵皆土人”。“归德堡（今青海省海南藏族自治州贵德县）城中皆土人……兵皆土人”。《秦边纪略·庄浪卫》记载，“庄浪卫……土汉之所杂居，黑番之所出入”。连城“土司姓鲁，自明至今，皆赐职，凡庄浪之土人皆属焉”。① 随着历史的发展，杂居于西宁、永登、甘南、临夏、武威等地的部分土族，逐渐融合到了汉族之中，但土族的分布基本稳定，至今仍分布在甘青河湟地区。中华人民共和国成立后，尤其是20世纪90年代以来，随着经济和社会的迅速发展，土族人口迁移与流动较多，在中国（大陆）31个省区都有分布。目前，土族主要分布在青海、甘肃两省，广东、云南、贵州、新疆等省区也有零星分布。

就分布区域而言，土族的传统聚居区主要为两大块：一是祁连山南麓、青海湖以东的大通河沿岸地区，包括青海的互助土族自治县、大通回族土族自治县和甘肃的天祝藏族自治县、肃南裕固族自治县、永登县等；一是青海民和回族土族自治县、乐都、黄南藏族自治州同仁县和甘肃积石山保安族东乡族撒拉族自治县、卓尼县等地，这两地都是土族分布高度集中的地区。

从乡镇分布来说，互助土族自治县的土族主要分布在该县的东沟、五十、东山、丹麻、加定、松多、红崖子沟、台子、东和、威远等乡镇；大通回族土族自治县的土族主要分布于逊让、青林、宝库、多林、西山、青山、城关、极乐、景阳等乡镇；甘肃天祝藏族自治县的土族主要分布于地处大通河流域的天堂、天门、西大滩、东坪、东大滩、朵什、大红沟、哈溪、华藏寺、炭山岭等乡镇；肃南裕固族自治县的土族分布于泱翔、雪泉等乡；永登县土族分布于武胜驿、坪城等乡镇；民和土族主要分布于官亭、中川、甘沟、前河、杏儿、川口等乡镇；乐都土族主要分布于达拉土族乡、同仁土族主要分布于吾屯、年都乎、加查玛、郭麻日、尕撒日、脱加、卧科等乡镇；甘肃积石山保安族东乡族撒

---

① （清）梁份著，赵盛世、王子贞、陈希夷校注：《秦边纪略》，青海人民出版社1987年版，第34—96页。

拉族自治县的土族分布于石源、刘家集、关家川、柳沟等乡镇；卓尼县的土族分布于勺哇、康多等乡。此外，青海的西宁市、格尔木市、平安县、贵德县、湟中县、湟源县、乌兰县、共和县和甘肃临夏市等地也有一定数量的土族分布。

二　行政区划沿革

青海省互助土族自治县、大通回族土族自县、民和回族土族自治县的行政区划沿革如下：

1930 年，从西宁县析置互助县，省直辖。1951 年划为 8 个区 49 个乡镇。1952 年划为 12 个区 69 个乡镇，同年成立北山藏族自治区、峡门回族自治区及和平回族自治区。1953 年成立加定、巴扎、松多三个藏族乡。1954 年，原大通县管辖的丰稔上乡、丰稔下乡和隆旺乡被划归互助县管辖，原属于互助县管辖的长宁、清水、浑水、苏家堡、新政、峡门划归大通县管辖。1955 年，改为互助土族自治县。1956 年，互助县的下鲍堡、高寨、和平被划归西宁市管辖。1956 年撤区并乡，原 12 个区、69 个乡镇撤并为 29 个乡镇，同时建立中共乡（镇）党委。1958 年 5 月，29 个乡镇被缩编为 12 个乡（镇）。1958 年 8 月全县人民公社化，12 个乡镇被合并为 5 个农村人民公社。1959 年，又调整为 9 个公社。1960 年，红崖子沟和哈拉直沟公社下半部归平安县管辖，上半部合改为东源公社。1961 年，全县又调整为 18 个人民公社。1962 年互助县由西宁市辖县改为省辖县。1962 年划为 21 个人民公社，同年又划为 20 个农村人民公社。1963 年，红崖子沟公社和哈拉直沟公社的下半部又归互助县管辖。1977 年撤销李丰公社，其所属生产大队、生产队分别划归城关公社和东和公社。1978 年，恢复加定、扎巴、松多 3 个藏族乡的名称，同年，互助县归属海东行署管辖。1983 年，21 个公社改为乡镇人民政府，城关公社改为威远镇，大队改为村民委员会，生产队改为农业合作社。1985 年，全县有 20 个乡，1 个镇，288 个行政村，2137 个生产合作社，1005 个自然村。1996 年，全县辖 21 个乡镇，294 个行政村，县人民政府驻威远镇。2001 年，撤销高寨回族乡、加定藏族乡、南门峡乡和丹麻乡，分别设立高寨镇、加定镇、南门峡镇和丹麻镇。2006 年，互助县撤销边滩乡，并入林川乡；撤销五十乡，设立五十镇；撤销五峰乡，设立五峰镇；撤销双树乡、沙塘川乡，合并设立塘川镇。截至2011年年底，全县有8个镇11个乡、294年村民委员会，11个社区居委会。其中，8个镇为威远镇、丹麻镇、高寨镇、南门峡镇、加定镇、五十镇、五峰镇、塘川镇，11个乡为红崖子沟乡、哈拉直沟乡、东山乡、东和乡、东沟乡、林川乡、台子乡、西山乡、蔡家堡乡，以及松多藏族乡、巴扎藏族乡。

大通设县历史悠久，早在雍正三年（1725），设大通卫，乾隆二十六年（1761）裁卫设县。1949年9月，大通县解放，县人民政府成立，县治在今城关镇，全县设4个区、26个乡、1个镇。1956年，撤区并乡，8个区公所被撤销，原属大通的元朔、长宁、黄家寨、新城4个乡及平乐乡的古城、陶家寨村划归西宁市，全县合并为20个乡、2个镇。1963年，原属西宁市的长宁、后子河、润泽3个公社被划归大通。1966年，大通县划归西宁市管辖。1985年11月，经国务院批准，大通县改建为大通回族土族自治县。2001年，进行行政区划调整，完成撤乡建镇工作。撤销新庄乡，设立新庄镇；撤销多林乡、设立多林镇；撤销长宁、后子河乡，合并设立长宁镇；撤销清平乡，并入黄家寨镇；撤销岗冲、景阳乡，合并设立景阳镇；撤销药草乡，并入塔尔镇；撤销新城乡和元朔镇，并入桥头镇；全县共辖9个镇、13个乡、289个村委会、1071个自然村。2006年，穹沟乡被并入朔北藏族乡，西山乡并入青山乡，形成9镇11乡的行政区划格局。截至2011年年底，全县辖桥头镇、城关镇、塔尔镇、东峡镇、黄家寨镇、长宁镇、景阳镇、多林镇、新庄镇9个镇，青林乡、青山乡、逊让乡、极乐乡、石山乡、宝库乡、斜沟乡、良教乡、桦林乡9个乡，向化藏族乡、朔北藏族乡2个民族乡。

1930年，民和县建立。1949年，全县设6个区辖22个乡镇。1956年，成立5个民族乡：杏儿藏族乡、官亭土族乡、中川土族乡、塘尔垣回族乡、大庄回族乡，同年，49个乡镇合并为28个乡镇。1958年，全县实现人民公社化，撤销乡、镇建置，成立人民公社。1984年，取消人民公社，改为乡镇，全县划为29个乡镇，其中有6个民族乡。1985年，经国务院批准，成立民和回族土族自治县，除杏儿藏族乡外，其他民族乡取消民族称谓。1996年，全县辖4镇25个乡。2002年，撤乡建镇，全县19个乡镇撤并为23个乡镇，撤销塔城乡并入转导乡，撤销峡口乡并入中川乡，撤销塘尔垣乡并入李二堡镇，撤销东沟乡并入西沟乡。2005年，撤销联合乡并入巴州镇。截至2011年年底，全县辖川口、古鄯、马营、官亭、峡门、李二堡、巴州、满坪8个镇，马场垣、北山、核桃庄、新民、松树、西沟、隆治、总堡、大庄、转导、前河、中川、甘沟和杏儿藏族乡14个乡。

第二章　土族的人口

第一节　人口的数量变动

一　人口演变及增长情况

土族自形成一个新的民族共同体后，其民族人口经历了一个曲折的历史发展过程。清初，土族主要聚居于甘青各地，其中西宁、民和、庄浪等地最为集中。据《秦边纪略·西宁卫》记载，“西宁李土司所辖仅万人，祁土司所辖十数万人，其他土官吉、纳、阿、陈、辛等，所辖合万人”。“西川口，土司西祁之所居也。东西二祁所辖之土民，各号称十万”。民和上川口“今其精锐土人，尚以万计”。《秦边纪略·庄浪卫》鲁土司“所部精锐有三万余人”“土司之人十万”①。据《平番县志》记载，清乾隆年间，“平番有土民三千二百四十户，二万一千六百八十六人”②。从这些资料看，明末清初，土族人口较多，如西宁土族有20多万人，庄浪土族有10万人，民和土族数万人，武威土族有2万多人，合计近40万人。此后，土族人口在历次政治斗争和民族纷争中不断消耗、衰减，而有些杂居于汉族聚居区的部分土族逐渐为汉族所同化，其分布地域缩小，人口减少。据《甘肃青海土司志》记载，西宁土族至清末时为1万余户、4万余人，几乎减少了十分之九。据《大通县志》记载，清末民初时，大通县土族有1234户，约有7000人。庄浪土族只有3000余户、2万余人③。有学者根据这些数据推测，“清代末

① （清）梁份著，赵盛世、王子贞、陈希夷校注：《秦边纪略》，青海人民出版社1987年版，第50—87页。

② 《土族简史》编写组：《土族简史》，青海人民出版社1982年版，第31页。

③ 吕建福：《土族史》，中国社会科学出版社2002年版，第500页。

年土族人口在 10 万—12 万人，其中大都集中于河湟流域的西宁、庄浪两地及洮岷地区的岷州一带。”[①]

民国时期，由于甘青地方统治者实行民族压迫和歧视政策，不承认土族是一个民族，强迫土族改变本民族的风俗习惯，禁止土族妇女和学生穿本民族服装，讲本民族语言，使许多土族人或隐瞒自己的民族成分，或背井离乡，土族人口也因此锐减。据民国二十一年（1932）的不确切统计，青海诸县土族不过 4 万余人。其中，互助县约有 1000 户，7639 人，主要分布在塘巴堡、朵思代、白咀堡、斜吉崖、华林、梭布滩、那家、东沟以及老幼庄以上、佑宁寺以下等地区；乐都县土族有 312 户，6330 人，居住在老鸦堡、胜番堡一带；民和县 2000 余户，1 万余人，分布于享堂、三川、泉里上庄口、米拉沟、美都川；大通县 5000 多人，分布于多洛、阳化逊让三堡。[②] 1949 年，互助、民和、大通等地的土族仅 4 万人左右。同一时期，甘肃境内的土族人口一度不足 5000 人。

中华人民共和国成立后，在党和政府的关怀下，民族地区经济发展，社会稳定，人民生活水平提高，尤其是医疗卫生事业的普及，使土族人口的死亡率迅速下降。与此同时，20 世纪 50 年代初，党和政府进行民族识别，承认土族是一个独立民族，并在民族地区实行民族平等、团结、共同繁荣的民族政策，土族的社会地位与我国其他少数民族一样得到提高，从而为其人口增长提供了良好的社会环境，土族人口增长很快。根据六次全国人口普查资料，土族人口 1953 年为 5. 33 万人，1964 年为 7. 73 万人，1982 年为 15. 96 万人，1990 年为 19. 26 万人，2000 年为 24. 12 万人，2010 年为 28. 96 万人，57 年间增长了 4 倍多。

与全国人口、汉族和少数民族整体的人口变化相比，中华人民共和国成立至今，土族人口的数量变化及年均增长率如表 2 - 1、表 2 - 2[③] 所示。

---

① 吕建福：《土族史》，中国社会科学出版社 2002 年版，第 502 页。

② 同上书，第 511—516 页。

③ 根据国家统计局人口和就业统计司、国家民族事务委员会经济发展司：《中国 2010 年人口普查分民族人口资料（上、下）》编制。

表 2-1　　1953—2010 年土族人口的变化及比较　　单位：万人；%

	人口数量					
	1953 年	1964 年	1982 年	1990 年	2000 年	2010 年
全国	57785.61	69122.01	100391.39	113051.06	124261.22	133281.09
汉族	54282.41	65129.64	93667.49	103918.75	113738.61	122084.45
少数民族	3503.21	3992.37	6723.9	9132.31	10522.61	11196.35
土族	5.33	7.73	15.96	19.26	24.12	28.96

表 2-2　　1953—2010 年土族人口年均增长率及比较　　单位：%

	人口数量					
	1953—1964 年	1964—1982 年	1982—1990 年	1990—2000 年	2000—2010 年	1953—2010 年
全国	1.64	2.09	1.50	0.95	0.70	1.48
汉族	1.67	2.04	1.31	0.91	0.71	1.43
少数民族	1.20	2.94	3.90	1.43	0.62	2.06
土族	3.44	4.11	2.38	2.28	1.85	3.01

从这两个表格看，土族人口的增长经历了五个阶段。

第一阶段，1953 年至 1964 年为土族人口快速增长时期。中华人民共和国成立初期，土族地区经济、文化教育、医疗事业得到了初步发展，土族群众的生活水平提高，人口迅速增长，从 1953 年的 5.33 万人增加到 1964 年的 7.73 万人，11 年间净增 2.4 万人，年均增长率为 3.44%。需要特别指出的是，20 世纪 60 年代初期，中国还遇上了三年困难时期。这三年期间，跟全国其他地区一样，土族人的死亡率上升，自然增长率下降，其余年份土族的人口增长率应高于 3.44%。

第二阶段，1964 年至 1982 年为土族人口高速增长时期，其人口总数从 1964 年的 7.73 万人增长到 1982 年的 15.96 万人，人口净增 8.23 万人。18 年间，人口数增长了 1 倍多，年均增长率为 4.11%，年均增长率比全国平均水平 2.09% 高了 2.02 个百分点，比少数民族平均水平 2.94% 也高了 1.17 个百分点。

第三阶段，1982 年至 1990 年为土族人口继续增长时期。这一时期，土族人口从1982年的15.96万人增长到1990年的19.26万人，人口净增3.3万人，8年的年均增长率为2.38%，增长速度比第二阶段相对减缓，但其年均增长率仍高于全国平均水平1.50%和汉族平均水平1.31%，但比少数民族平均水平3.90%少1.52个百分点。

第四阶段，1990年至2000年为土族人口继续增长时期。这一时期，土族人口从1990年的19.26万人增长到2000年的24.12万人，人口增加了4.86万人，年均增长率为2.28%，增长速度基本与第二阶段相近，但其年均增长率仍远远高于全国平均水平0.95%、汉族平均水平0.91%和少数民族平均水平1.43%。

第五阶段，2000年至2010年为土族人口平稳增长时期。21世纪初的第一个十年，土族人口从2000年的24.12万人增长到2010年的28.96万人，人口净增4.84万人，年均增长率为1.85%，增长速度相对放缓，但其年均增长率比全国平均水平0.70%高1.15个百分点，比汉族平均水平0.91%高0.94个百分点，比少数民族平均水平1.43%高0.42个百分点。

总之，从1953年至2010年，土族人口从1953年的5.33万人增加到28.96万人，57年来净增23.63万人，人口总数整整增加了4倍多，年均增长率为3.01%。这57年来，土族的年均增长率比全国平均水平1.48%高1.53个百分点，比汉族平均水平1.43%高1.58个百分点，比少数民族平均水平2.06%高0.95个百分点，一直保持着较高水平的增长率。

二 人口发展变化的主要特点

从土族人口的历史变化看，土族人口经历了一个由盛而衰、由衰而盛的曲折发展过程。明清时期，尤其是清初，随着社会稳定，甘青地区经济社会的发展，土族人口达到了其历史最高值。之后，随着社会动荡的加剧，统治阶层民族歧视政策的实施，到民国时，土族人口衰减到其历史最低点。中华人民共和国成立后，土族人民获得了新生，与其他民族一样，其人口经历了快速增长时期。这一时期，土族人口的发展跟国内的其他民族一样，既具有一般性，又具有自己的特点。

1. 人口增长速度较快

从纵向发展来看，根据表 2－1 和表 2－2 的数据，我们可以看出，从 1953 年至 2010 年，土族人口的增长经历了由低到高的过程，其年均增长率经历了由低到高、再从高到低的发展过程，土族人口总数从 1953 年的 5.33 万人增加到 2010 年的 28.96 万人，57 年来净增 23.63 万人，人口总数整整增加了 4 倍多，而其年均增长率从 1953 年的 3.44% 到 1982 年的 4.11%；从 1982 年的 4.11% 到 1990 年的 2.38%，从 1990 年的 2.38% 到 2000 年的 2.28%，从 2000 年的 2.28% 到 2010 年的 1.85%，57 年的年均增长率为 3.01%。从这些数据上看，现今土族人口的增长已进入了一个相对较缓、平稳的阶段。

从横向比较看，就全国而言，土族人口的增长速度一直较快。从 1953 年至 2010 年，这 57 年来，土族的年均增长率比全国平均水平 1.48% 高 1.53 个百分点，比汉族平均水平 1.43% 高 1.58 个百分点，比少数民族平均水平 2.06% 高 0.95 个百分点。从具体的发展阶段看，土族的人口增长速度一直高于全国和汉族平均增长率，除了第三阶段（1982—1990）低于少数民族平均增长率外，其他阶段一直高于全体少数民族人口的平均增长率。

青海省是土族人口的主要聚居地，其土族人口呈现出了从快速增长到逐渐减缓的发展趋势。如青海省土族人口 1953 年为 5.33 万人；1964 年为 6.93 万人；1982 年为 12.92 万人；1990 年为 16.29 万人；2000 年为 18.76 万人；2010 年为 20.44 万人，57 年间增长了近 3 倍。其中，1953—1964 年的年均增长率为 2.42%；1964—1982 年的年均增长率为 3.52%；1982—1990 年的年均增长率为 2.46%；1990—2000 年的年均增长率为 1.42%；2000—2010 年的年均增长率为 0.86%。21 世纪初的第一个十年，受国家在民族地区实施计划生育政策以及人口流动等因素影响，青海省土族人口增长速度明显减缓，其年均增长率为 0.86%。

2. 人口年龄结构较为复杂

人口年龄结构是指按照一定标准，将人口总体区分为不同的类型，一般分为年轻型、成年型和老年型三种类型，其通用的人口年龄类型划分标准如表 2－3 所示。

表 2－3　**通用的人口年龄类型划分标准**　单位：%；岁

类型名称	少年系数	老年人口系数	老少比	年龄中位数
年轻型	40% 以上	5% 以下	15% 以下	20 岁以下
成年型	30%—40%	5%—10%	15%—30%	20—30 岁
老年型	30% 以下	10% 以上	10% 以上	30 岁以上

据 2010 年第六次人口普查，土族的 0—14 岁少儿人口数为 60918 人，少儿人口系数为 21.04%；15—59 岁的人口数为 215224 人，占人口总数比重为 74.29%；65 岁以上的老年人口数为 13523 人，老年人口系数为 4.67%，老少比为 22.20%，年龄中位数为 30.01 岁。与 2000 年第五次人口普查数据相比，少儿人口系数从 29.78% 下降了 8.74 个分点，老年人口系数从 3.52% 上升了 1.15 个百分点，年龄中位数从 25.2 岁上升了 4.81 岁。从这些数据看，土族人口的少儿人口系数已进入了老年型，其老年人口系数为年轻型，而其老少比和年龄中位数基本处于成年型，其年龄构成较为复杂。其中，土族少儿人口系数比重下降与国家实施计划生育政策有关，老年人口系数上升则与土族社会经济发展、医疗水平和条件的改善密切相关。综合分析来说，目前，土族人口的年龄构成类型仍属于成年型，但比起 10 年前成年型的初级阶段，程度有所加深，正逐渐向成年型的发展阶段转型。

中华人民共和国成立后，土族人口之所以持续快速增长有以下几个原因：第一，党和政府在民族地区实行民族平等政策，在 20 世纪 50 年代初进行民族识别时，承认土族为独立的民族，并统一称其为“土族”，许多之前被迫改称汉族和藏族的土族人主动恢复了自己的民族身份。第二，民族间的通婚也是土族人口增长的社会原因。由于国家在升学、提干、生育等方面对少数民族实行优惠政策，使得许多土汉通婚户所生子女均填报为土族。第三，土族地区社会经济的发展、生活水平和医疗水平的提高，使得土族人口的死亡率下降，而从 20 世纪 50 年代到 90 年代，国家计划生育政策实施前土族的出生率没有得到有效控制，也是土族人口增长的重要因素。

第二节 人口分布状况

一 全国及城乡分布状况

历史上，土族主要分布在甘青地区，青海是土族的主要聚居区。中华人民共和国成立后，尤其是20世纪90年代以来，随着经济和社会的迅速发展，土族人口迁移与流动较为频繁，其传统分布地区也发生了较大变化，在中国（大陆）31个省区都有分布。据《中国2010年人口普查分民族人口资料》统计，土族在全国的人口分布及性别如表2－4所示。

表2－4 2010年全国土族人口分布及性别 单位：人

地区	人口数	男	女
全国	289565	148055	141510
北京	554	285	269
天津	350	199	151
河北	598	259	339
山西	200	98	102
内蒙古	557	297	260
辽宁	264	135	129
吉林	128	60	68
黑龙江	101	60	41
上海	1009	545	464
江苏	2263	986	1277
浙江	4709	2539	2170
安徽	493	219	274
福建	4000	2268	1732
江西	576	272	304
山东	651	270	381
河南	576	236	340
湖北	1963	958	1005
湖南	5137	2544	2593

续表

地区	人口数	男	女
广东	10161	5629	4532
广西	1501	665	836
海南	399	220	179
重庆	715	351	364
四川	1333	639	694
贵州	5154	2755	2399
云南	5632	2988	2644
西藏	1068	634	434
陕西	499	265	234
甘肃	30781	15154	15627
青海	204412	104572	99840
宁夏	326	176	150
新疆	3455	1777	1678

资料来源：《中国2010年人口普查分民族人口资料（上、下）》。

目前，土族主要分布在青海、甘肃两省，广东、云南、贵州、湖南等省区也有较多分布，其占总人口比重如表2－5所示。

表2－5 **2010年土族人口分布较多省份、人口数及比重** 单位：人;%

地区	人口数	比重
全国	289565	100
青海	204412	70.59
甘肃	30781	10.63
广东	10161	3.51
云南	5632	1.95
贵州	5154	1.78
湖南	5137	1.77

资料来源：《中国2010年人口普查分民族人口资料（上、下）》。

从土族的城乡分布来说，2000年第五次全国人口普查时，土族的乡村人口有199000人，占土族总人口的82.5%；城镇人口有42198人，占土族总人口的17.5%。2010年第六次全国人口普查时，土族乡村人口为234322人，占土族总人口的81.70%；城镇人口为52493人，占土族总人口的18.30%。10年来，土族人口城乡分布的人数和比例变化很小，虽然城镇人口略有上升，但上升幅度不大，其80%以上人口仍分布于乡村，这与其传统的生产生活方式相关，即土族主要从事农业生产活动，而零星分布于青海西宁、海西、海北和海南等地的土族，主要是由于求学、工作和经商等原因留居在城镇。广东、浙江、湖南、新疆等地土族人口的增长，也与其工作、族际通婚、经商务工等有关，而北京市土族人口的主体，则是由在北京上学并留在该地工作及正在求学的土族学生组成。

二　青海、甘肃两省土族人口分布状况

就土族的分布而言，青海省一直是土族人口聚居的中心区域。青海土族人口1964年为6.93万人，占总人口的89.65%；1982年为12.92万人，占总人口的80.95%；1990年为16.29万人，占总人口的84.58%；2000年为18.76万人，占总人口的77.76%；2010年为20.44万人，占总人口的70.58%。其中，互助土族自治县、民和回族土族自治县和大通回族土族自治县是土族的传统聚居区，2010年，这三个地区的土族人口占全省土族人口的73.87%。这些数据表明虽然青海省仍然是土族的主要聚居区，但由于现代社会经济的发展，土族人口流动和迁徙变得频繁，青海省土族人口在总人口的比重正在逐渐降低。

据2010年第六次全国人口普查，青海省各县（区、市）土族人口的分布人数及比例如表2－6所示。

表2－6　2010年青海省县（区、市）土族人口分布人数及比例　单位：人；%

地区	人口数	男	女	占总人口比重
青海省	204412	104572	99840	70.58
西宁市城东区	3149	1645	1504	1.09
西宁市城中区	2726	1325	1401	0.94

续表

地区	人口数	男	女	占总人口比重
西宁市城西区	2665	1256	1409	0.92
西宁市城北区	2742	1375	1367	0.95
湟中县	1466	743	723	0.51
大通回族土族自治县	44333	21895	22438	15.31
互助土族自治县	63680	33247	30433	21.99
民和回族土族自治县	42243	21333	20910	14.59
乐都县	7209	3871	3338	2.49
同仁县	9737	4863	4874	3.36
门源回族自治县	5171	2798	2373	1.79
共和县	1278	662	616	0.44
贵德县	1574	796	778	0.54
格尔木市	3302	1843	1459	1.14
德令哈市	3272	1681	1591	1.13
乌兰县	1373	733	640	0.47
都兰县	1211	647	564	0.42

资料来源：《中国2010年人口普查分民族人口资料（上、下）》。

甘肃也是土族的传统聚居区。甘肃土族主要分布在武威市的天祝藏族自治县、临夏回族自治州的临夏市、永靖县和积石山保安族东乡族撒拉族自治县、甘南藏族自治州的卓尼县、兰州市、临夏市等地。

表2－7　**2010年甘肃省县（区、市）土族人口分布**　单位：人；%

地区	人口数	男	女	占总人口比重
甘肃省	30781	15154	15627	10.63
兰州市	2284	1135	1149	0.79
天祝藏族自治县	10525	5406	5119	3.65
临夏市	1467	640	827	0.51
永靖县	3250	1372	1878	1.12
积石山保安族东乡族撒拉族自治县	8495	4274	4221	2.93
卓尼县	759	378	381	0.26

资料来源：《中国2010年人口普查分民族人口资料（上、下）》。

第三节　性别与年龄结构

人口的性别和年龄结构是人口的基本结构，反映了不同性别、不同年龄的人在总人口中的构成情况。分析土族人口的性别、年龄结构状况，对于研究土族人口再生产、进行人口预测、制定其经济社会发展规划都具有十分重要的意义。

一　性别结构及其变动

所谓性别结构，是指一定范围和一定时间内，男女两性在人口中所占的比例关系。人口中性别构成对结婚率、妇女生育率、人口出生率、人口再生产以及经济发展和就业安排有一定影响。土族性别结构的变化，既受人口再生产自然属性的影响，也受社会环境、经济发展、传统文化、心理等社会因素影响。

从土族人口性别结构的历年变动来说，1982 年第三次人口普查时，土族男性人口为 82254 人，占总人口的 51.53%，女性人口 77378 人，占总人口的 48.47%；1990 年第四次人口普查时，土族男性 98905 人，占 51.36%；女性 93663 人，占 48.64%；2000 年第五次人口普查时，土族男性 123571 人，占总人口的 51.23%；女性 117627 人，占总人口的 48.77%。2010 年第六次人口普查时，土族男性 148055 人，占总人口的 51.13%，女性 141510 人，占土族总人口的 48.87%[①]。其中，青海省土族女性为 99840 人，占全国土族女性总人口的 70.55%。从土族总人口的男女性别比例来看，土族人口中女性所占的比例处于持续缓慢上升的态势。这说明随着社会的发展和进步，土族社会传统的重男轻女思想在逐渐发生改变，男女平等、生男生女都一样的现代婚育观念逐渐得到了土族群众的认可。

出生性别比是衡量性别构成的一项重要指标，对总人口性别比、分年龄性别比有着决定性的作用，它指的是某一时期内男婴与女婴的数量

① 根据国家统计局人口和就业统计局、国家民族事务委员会经济发展司：《中国 2010 年人口普查分民族人口资料》数据计算。

之比的反映，其数值为每 100 名女婴对应的男婴数，即：出生性别比 = 男婴出生数/同期女婴数 × 100。一般情况下，出生性别比应在 103—107 之间，超出这个范围，就说明出生婴儿性别比偏高或偏低。据人口普查资料统计，1990 年，土族人口的出生性别比为 103.34；2000 年为 125.00；2010 年则为 113.63。与全国平均水平、汉族相比如表 2 - 8 所示。

表 2 - 8　**土族出生人口性别比的变动与比较**

	1990 年	2000 年	2010 年
	出生性别比（女 = 100）	出生性别比（女 = 100）	出生性别比（女 = 100）
全国	111.5	119.92	121.21
汉族	111.93	121.10	122.03
少数民族	107.11	111.93	114.75
土族	103.34	125.00	113.63

资料来源：《中国民族人口资料（1990 年人口普查数据）》《2000 年人口普查中国民族人口资料（上、下）》《中国 2010 年人口普查分民族人口资料（上、下）》。

从表 2 - 8 看，1990 年第四次人口普查时，土族出生人口性别比为 103.34，处于正常区间范围。与同期全国、汉族、少数民族出生性别比相比，分别低 8.16、8.59 和 3.77，同比最低。2000 年第五次人口普查时，土族出生人口性别比为 125.00，高出正常区间上限值 18。尽管这一时期全国、汉族、少数民族出生性别比也持续上升，但土族出生性别比上升最快，比其分别高 5.08、3.9、13.07，处于同比最高之列，表明这 10 年间土族人口的出生婴儿性别比偏高。2010 年第六次人口普查时，土族出生人口性别比为 113.63，与同期全国、汉族、少数民族出生性别比相比，分别低 7.58、8.4 和 1.12，同比最低。这一时期，土族出生人口的婴儿性别比虽呈现下降趋势，但整体水平依然偏高，说明土族群众生育观念仍然较为落后，男孩偏好较严重，长此以往则会引发婚姻拥挤等一系列社会问题。

二　年龄结构及其变动

人口的年龄结构是指总人口中不同年龄人口的比例关系。一个民族的年龄结构，对其人口的再生产和社会经济发展具有重要影响，不仅反映其育龄婚配人口、劳动适龄人口、幼儿、学龄儿童、青少年和老年人口等的构成，同时还能反映人口再生产类型、劳动年龄和非劳动年龄人口在总人口中的比重，对民族社会经济的发展有着重大影响，并在一定程度上能预示、影响地区人口的未来变动方向与远期发展趋势。

据全国2010年第六次人口普查资料，土族分性别和年龄的人口构成状况如表2－9所示。

表2－9　**2010年土族分性别和年龄的人口构成**　单位：人;%

年龄组	总人口		男性		女性		性别比
	人数	比重	人数	比重	人数	比重	
0—4岁	19460	6.72	10445	3.61	9015	3.11	115.86
5—9岁	19773	6.83	10349	3.57	9424	3.26	109.82
10—14岁	21685	7.49	11345	3.92	10340	3.57	109.72
15—19岁	30961	10.69	15526	5.36	15435	5.33	100.59
20—24岁	29455	10.17	14809	5.11	14646	5.06	101.11
25—29岁	23404	8.08	11924	4.12	11480	3.96	103.87
30—34岁	25675	8.87	13252	4.58	12423	4.29	106.67
35—39岁	28654	9.89	14836	5.12	13818	4.77	107.37
40—44岁	26976	9.32	13721	4.74	13255	4.58	103.52
45—49岁	19947	6.89	10153	3.51	9794	3.38	103.67
50—54岁	11099	3.83	5690	1.97	5409	1.86	105.20
55—59岁	11097	3.83	5639	1.95	5458	1.88	103.32
60—64岁	7856	2.71	3913	1.35	3943	1.36	99.24
65—69岁	5913	2.04	2909	1.01	3004	1.03	96.84
70—74岁	3913	1.35	1889	0.65	2024	0.70	93.33
75—79岁	2390	0.83	1101	0.38	1289	0.45	85.42
80—84岁	893	0.31	384	0.13	509	0.18	75.44
85岁以上	414	0.14	170	0.06	244	0.08	69.67
总计	289565	100	148055	51.13	141510	48.86	104.63

资料来源：《中国2010年人口普查分民族人口资料（上、下）》。

从以上数据看，2010 年土族人口分性别和年龄构成呈现出以下几个特征。

1. 人口分布的基本态势较为复杂，不规则，期间有多次波动。具体地说，其变化可分为三个阶段：第一阶段为 0—19 岁，男女两性各年龄组人口所占比重呈递增趋势，到 15—19 岁年龄组达到了最高值，该年龄组的男性比重为 5.36%，女性比重为 5.33%，其数值均为各组最高。第二阶段为 20—39 岁，男女两性的比重数值波动都比较大，如 20—24 岁组男性比重为 5.11%，女性比重为 5.06%，都略低于上一个年龄组；25—29 岁男性比重为 4.12%，女性比重为 3.96%，男女两性比重比上一个年龄组下降约 1 个百分点，下降幅度都比较大，之后各年龄组男女两性比重呈递增趋势。第三阶段为 40 岁以上，男女两性各年龄组人口所占比重呈现出随着年龄增长而递减的稳步下降态势。

2. 各年龄组人口所占比重相差很大。总体情况是，15—44 岁年龄段男女两性各组的人口比重较高，而 9 岁及以下和 45 岁及以上年龄段男女两性各组的人口比重相对较小，并且向两端递减，即 9 岁以下年龄的人口随年龄的递减而递减，45 岁及以上年龄的人口随年龄的增加而递减，越往高年龄组人口数越少，尤其是 75 岁以上的比重更小，不足 1 个百分点。其中的原因主要是随着年龄的递增死亡率升高，高龄人口比重也随之下降，而低年龄组人口数的递减则与国家实施计划生育人口控制政策有关。土族男女两性各年龄组人口比重先增后减的变化表明土族人口类型已开始向稳定型过渡，今后人口增长的速度将放慢，但人口总量仍会继续增加。

3. 土族分年龄人口的性别比相差不大，且变化幅度较小。从男女两性的比重看，0—59 岁之前男性比重一直高于女性，60 岁以上则是女性比重高于男性，之所以出现这种态势是由于总人口及各年龄段男女两性的人口比重不同以及两性死亡率的差异导致的。

三　社会负担系数及其变动

人口负担系数也称抚养系数，是指人口总体中非劳动年龄人口数与劳动年龄人口数之比，用百分比表示。负担系数分为少年负担系数、老年负担系数和总负担系数。人口负担系数反映人口结构变化对社会经济发展带来的某些影响。国际上一般把人口负担系数≤50%称为“人口机会窗口”期。“人口机会窗口”开启期间，经济负担相对较小，劳动力资源相对丰富，且年龄结构较轻；少儿与老年人抚养负担均相对较轻，有利于社会财富的积累，促进经济快速发展。

表2－10　**土族人口负担系数的变动及比较**　单位：%

	1990年			2000年			2010年		
	少儿负担系数	老年负担系数	总负担系数	少儿负担系数	老年负担系数	总负担系数	少儿负担系数	老年负担系数	总负担系数
全国	43.45	13.46	56.91	32.71	10.15	42.86	22.30	11.98	34.28
汉族	42.30	13.61	55.91	31.95	10.31	42.26	21.02	9.76	21.12
少数民族	55.31	7.21	62.52	41.42	8.35	49.77	31.78	9.91	41.69
青海	46.47	4.64	51.11	39.02	6.65	45.67	28.75	8.66	29.62
土族	60.82	4.58	65.40	44.65	5.28	49.93	28.32	6.29	34.61

资料来源：根据刘成明著《土族撒拉族人口发展与问题研究》《中国2010年人口普查分民族人口资料（上、下）》编制。

1. 少儿负担系数

少儿负担系数是指每百名劳动年龄人口对应的少年儿童人数，其算法为0—14岁人口数÷15—64岁人口数×100%。由表2－10可知，1990年第四次人口普查时，土族少儿负担系数为60.82%，在表中各人口群体中同比最高，分别比全国、汉族、少数民族和青海省平均值高17.37、18.52、5.51和14.35个百分点，不仅远高于全国汉族总人口水平和青海省平均水平，与少数民族相比也有较大差距。2000年第五次人口普查时，土族的少儿负担系数有较大幅度下降，降至44.65%，比1990年低16.17个百分点，但仍高于全国、汉族、少数民族和青海平均水平，比其分别高了11.94、12.7、3.23、5.63个百分点。同期，全国、汉族、少数民族和青海省的少儿负担系数比1990年分别低了10.74、10.45、13.89、7.45个百分点，土族的少儿负担系数下降幅度同期最高。2010年第六次人口普查时，土族的少儿负担系数进一步下降为28.32%，比2010年下降了16.33个百分点，在表列各人口群体中同比数值居中，不再是最高。同期，少数民族和青海省的少儿负担系数比土族分别高 3.46、0.43 个百分点，土族少儿负担系数比全国和汉族平均水平分别高 6.02、7.3 个百分点。总之，从 1990 年至 2010 年的 30 年间，土族少儿负担系数呈递减趋势，其下降幅度同比最高。

2. 老年负担系数

老年负担系数是指每百名劳动年龄人口对应的老年人口数，其算法为 65 岁以上人口数 ÷ 15—64 岁人口数 ×100%。1990 年，土族的老年负担系数为 4.58%，在表列各人口群体中同比最低，分别低于同期全国、汉族、少数民族 8.88、9.03 和 2.63 个百分点，并略低于青海省平均值 0.06 个百分点。2000 年，土族老年负担系数为 5.28%，虽略有上升，但仍低于全国、汉族、少数民族和青海省平均值，分别低 4.87、5.03、3.07 和 1.37 个百分点。2010 年。土族老年负担系数为 6.29%，也是略有上升，与同期表列各人口群体相比，仍为最低，分别低于全国、汉族、少数民族和青海省平均值 5.69、3.47、3.62 和 2.37 个百分点。

3. 社会总负担系数

社会总负担系数又称为人口负担系数，是指每百名劳动年龄人口对应的少儿人口数与老年人口数，其计算为（14 岁以下人口数 +65 岁及以上人口数）/（15—64 岁人口数）×100%。从表 2 -10 中可以看出，1990 年，土族社会总负担系数为 65.40%，在表列各人口群体中最高，分别比全国、汉族、少数民族和青海省平均值高 8.49、9.49、2.88 和 14.29 个百分点，不仅远高于全国、汉族和青海省平均水平，也略高于少数民族平均值。2000 年，土族社会总负担系数比 10 年前有较大幅度下降，其数据为 49.93%，比 1990 年下降了 15.47 个百分点，但在表列各人口群体中仍为最高，分别高于全国、汉族、少数民族和青海平均值 7.07、7.67、0.26 和 4.26 个百分点。2010 年，土族社会总负担系数为 34.61%，仍有较大幅度下降，降幅为 15.32 个百分点，在表列各人口群体中位列第二，低于少数民族平均值 7.08 个百分点，分别高于汉族和青海省平均值 13.49、4.99 个百分点，并略高于全国平均值 0.33 个百分点。这些数据说明土族的社会总负担系数下降幅度较快，目前已接近了全国平均水平。

总之，通过第四、五、六次全国人口普查资料相关数据的分析可知，随着人口年龄结构的变化，土族人口的各种负担系数也发生了较大变化，其少儿负担系数不断下降，老年负担系数略有上升，社会总负担系数则亦呈下降趋势，且下降幅度较大。土族少儿负担系数的下降与国家于 20 世纪 80 年代在全国施行计划生育政策有关，而老年负担系数上升则与土族经济社会发展、生活和医疗条件有较大改善有关。据 2010 年人口普查数据资料测算，土族的社会总负担系数为 34.61%，低于国际人口学界认定的社会总负担系数≤50%，说明当前土族的总人口中劳动适龄人口比例高，具有丰富的劳动力资源，且社会保障支出负担轻，处于财富积累和社会经济较快发展的黄金时期。

第三章　土族的社会政治

历史上，土族社会的政治管理体系有三个系统，即土司管辖系统、地方政府管辖系统（流官）、土官（寺院与宗教上层）管辖系统。从元末明初到清末民初，这三种管理系统并行存在于土族地区。1930 年，互助设县，依附于佑宁寺的土官及土官制度也被废除。1931 年 8 月，南京政府正式下令废除土司制度，青海土司制度废除，土族地区实行区、乡（镇）、闾、邻制度，土族沿袭数百年的土司制度和土官被正式废除，土族人民归地方政府直接管理。中华人民共和国成立后，土族地区建立了中国共产党领导下的社会主义政治体制，党和政府在土族地区实行民族区域自治，土族人民迎来了新的历史发展时期，其政治、经济、社会、文化、教育、科技卫生等事业蓬勃发展，土族社会发生了翻天覆地的变化。

第一节　基层管理体制

一　民族区域自治政权的成立

民族区域自治是党和政府处理民族问题的基本政策和基本政治制度。20 世纪 50 年代初，随着土族地区各级人民政权的不断巩固和客观条件的逐渐成熟，互助、民和、大通等地区陆续建立了县、乡级别的民族区域自治政权。之后，在党的民族政策的正确指导下，土族地区的民族区域自治政权充分应用民族区域自治赋予自治地方的自治权，大力发展土族地区的经济和文化事业，使土族地区的社会经济文化面貌发生了深刻的变化。

根据党的民族区域自治政策，互助县从 1951 年开始在全县开展关于建立土族自治地区的宣传、筹备工作。1953 年 9 月，“互助土族自治区筹备委员会”成立。1954 年 2 月，互助土族自治区成立。1955 年，改为互助土族自治县。1956 年，青海省民和县成立官亭、中川 2 个土族乡，大通县成立宝库、逊让 2 个土族乡。1958 年 10 月，青海全省推行人民公社化，所有的土族乡建制被撤销。十一届三中全会后，取消了人民公社，陆续恢复和新建许多民族乡。1984 年，大通县恢复了宝库、逊让 2 个土族乡，新建西山、青林、青山、多林 4 个土族乡，乐都县建立达拉土族乡。1986 年 6 月和 7 月，民和回族土族自治县和大通回族土族自治县相继成立。按照同一民族的自治县内不再设立相同民族的民族乡的原则，大通与民和两县的土族乡均改为一般乡。

由于土族人口相对较少，甘肃没有成立土族自治县，而是根据实际情况陆续成立了几个土族自治乡。1954 年 4 月，积石山地区成立了区一级的“大河家回族保安族撒拉族土族联合自治区”，次年，该区被撤销。1986 年 10 月，甘南藏族自治州所属的卓尼县成立了勺哇土族乡。1988 年 3 月，天祝藏族自治县成立朱岔土族乡。2004 年，朱岔土族乡并入天堂乡。

根据民族区域自治制度的相关规定，历届土族自治县人大常委会的主任或副主任、县长均由土族公民担任，民族乡的乡长也由土族公民担任，而自治县人民政府和乡政府的其他工作人员，以及县政协、人大、法院、检察院等自治机关所属部门中也安排了较高比例的土族工作人员，以保障土族人民当家做主，行使自治权利。如 1952 年成立的“互助自治区筹备委员会”18 名委员中有 8 名为土族，其筹委会主任张进仁为土族。1954 年 2 月互助土族自治区人民政府成立，在当选的区政府主席、副主席和委员中，土族和其他少数民族干部占 60%。此外，互助县党政机关在召开党代会、人大会等各种代表会时，也十分重视代表构成中少数民族的比例。如 2011 的 8 月 9 日至 12 日，中共互助县委召开第十四次党代会，参加会议的正式代表共 211 名，其中少数民族代表 58 名，占 27.5%。2011 年 8 月 17 日至 21 日互助县召开第十六届人民代表大会第一次会议，人大代表 195 名，其中少数民族代表 67 名，占代表总数的 34.4%，会议依法选举产生了互助县第十六届人大常委会组成人员23名，其中，主任1人，副主任4人，委员18人，选举产生了县人民政府县长1名，副县长6名以及县人民法院院长、人民检察院检察长。

目前，现任互助县县政府的7位县级领导中有3位土族领导，如县委副书记、县长安永辉为土族，主管县政府全盘工作；土族副县长牛得海则负责发展改革、城市建设管理、房产、国土资源、拆迁安置、安全生产、金融、民族宗教、人民防空等方面的工作，并分管县发展和改革局、县住房和城乡建设局、县城市管理局、县房产管理局、县国土资源局、县城镇房屋拆迁安置管理办公室、县安全生产监督管理局、县金融办公室、县民族宗教事务局、县人民防空办公室，负责联系人民银行互助支行、中国银行互助支行、工商银行互助支行、建设银行互助支行、农业银行互助支行、农业发展银行互助支行、邮政储蓄银行互助支行；土族副县长宋剑负责农牧、科技、水利、新农村建设、招商引资、供销联社、气象、保险、玉树援建等方面的工作，并分管县农业示范园区管委会、县农业和科技局、县畜牧局、县水利局、县新农村办公室、县招商局、县供销联社、县援建办公室，联系县气象局、县农村信用联社、县人民财产保险公司、县人寿保险公司、县供电公司。

在自治法规建设方面，1985年，全国人民代表大会专门通过并颁布了《中华人民共和国民族区域自治法》。随着《自治法》的颁布，根据党的有关方针和政策，针对土族地区的特点，互助县第十届人民代表大会第一次会议通过了《互助土族自治县自治条例》，1988年4月20日由青海省第七届人民代表大会第二次会议批准。2005年5月和2011年11月又对该自治条例先后进行了两次修正。《互助土族自治县自治条例》颁布后，互助县还先后制定《互助土族自治县森林管护条例》《互助土族自治县市容和环境卫生管理条例》《互助土族自治县水土保护条例》《互助土族自治县人民代表大会立法程序规定》等地方性法规。自治条例和地方性法规的颁布实施，适应了当前经济社会发展的需要，保障了互助地区土族人民的自治权利，促进了互助土族自治县各项事业的发展。

二 自治县、乡管理组织

互助土族自治县是全国唯一的单一土族自治县，其行政管理体系跟其他县一样，设为县—乡（镇）—村三级管理组织。其中，县级行政机构主要有中共互助县委、县人大、县人民政府、县政协，即人们常说的“四大班子”。这四个机构之间的关系为“县委决策、人大通过、政府执行、政协监督”。中共互助县委为最高领导机构，管理全县的党组织建设、领导干部的人事任免、国家机构的设置、意识形态、宣传思想、政法、统战工作等，同时制定各个方面的方针政策，供全县党政机构执行。互助县人大为权力机关、立法机关，在县委的领导下制定地方法律法规，监督“一府两院”（政府、法院、检察院）的工作。互助县人民政府在县委的直接领导下，负责全县经济和社会发展方面的行政工作，执行县委制定的战略方针，领导全县的发展改革、工业经济、商贸、财税、农林水利、科教文卫体、公安、司法、国土资源、城乡建设、交通运输、人力资源、社会保障、民政、计划生育、民族宗教等事业的发展。互助县政协则在县委的领导下，负责政治协商、民主监督、参政议政工作。

中共互助土族自治县县委、互助土族自治县人民政府的机构设置如图3－1。

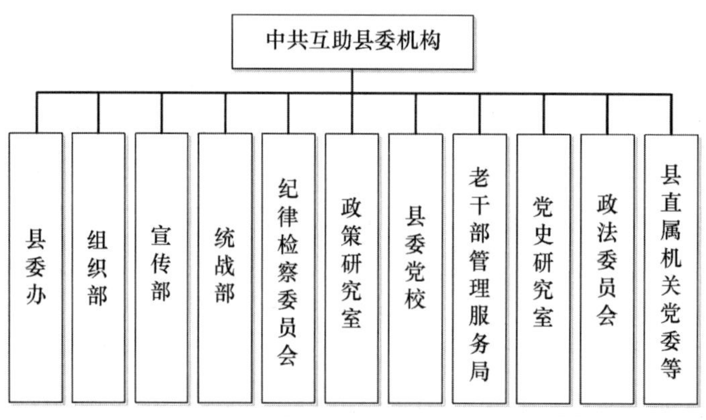

图3－1（a）

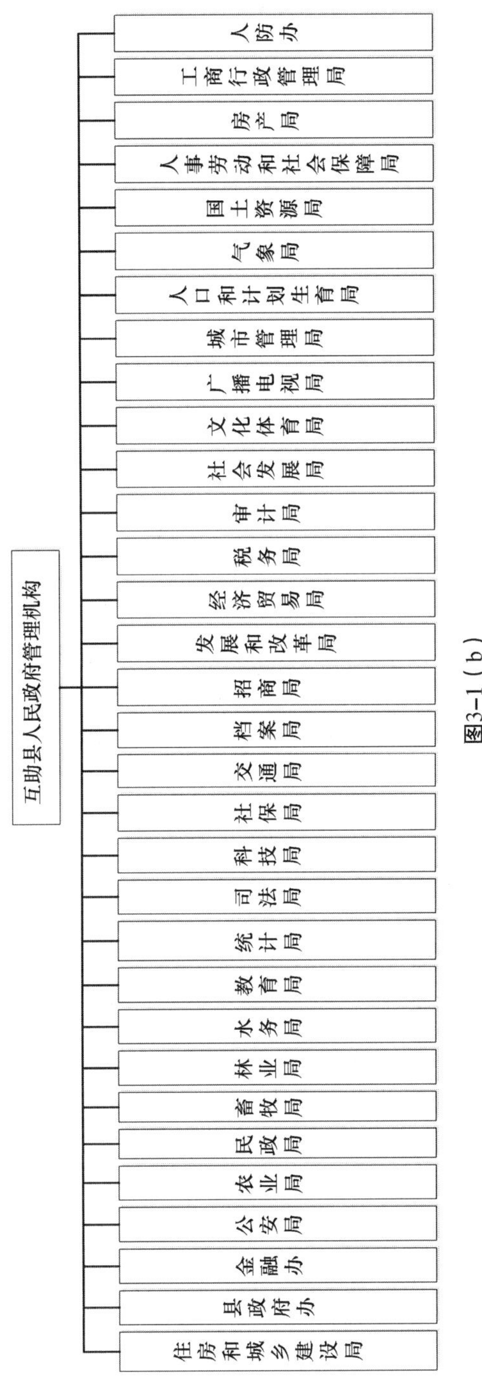
互助县人民政府管理机构
人防办
工商行政管理局
房产局
人事劳动和社会保障局
国土资源局
气象局
人口和计划生育局
城市管理局
广播电视局
文化体育局
社会发展局
审计局
税务局
经济贸易局
发展和改革局
招商局
档案局
交通局
社保局
科技局
司法局
统计局
教育局
水务局
林业局
畜牧局
民政局
农业局
公安局
金融办
县政府办
住房和城乡建设局

图3-1（b）

乡政府管理机构设置以黄南州同仁县年都乎乡为例，其机构设置由中共同仁县年都乎乡委员会、同仁县年都乎乡人大主席团、同仁县年都乎乡人民政府、中共同仁县年都乎乡纪律检查委员会、同仁县年都乎乡人民武装部组成。跟我国西部其他地区一样，受编制影响，土族乡镇政府的工作人员较少，却承担着繁重的行政管理工作。以民和县中川乡政府为例，截至2014年7月，乡政府机关有干部职工52人，其中男性31人、女性21人；公务员11人，在编事业干部16人，大学生村官、聘用干部、公益性岗位服务人员共25人，工勤人员2人；干部平均年龄33岁。

三　村级管理组织

土族村落的村级管理组织一般由村党支部、村民自治委员会、村妇委会、村民治安委员会构成。在管理体制上，村级管理组织由乡级管理组织管理，村党支部由乡党委管理，村民自治委员会由乡政府管理。土族村庄的这几个管理机构既有明确的分工，也有合作。村级管理组织在改善土族村落的生存环境、推动村落经济发展、丰富村民文化和精神生活、保障村子团结和谐进步等方面发挥了重要的组织和领导作用。

1. 村党支部

在土族村落的村级管理组织体系中，党的基层组织，即村党支部是核心组织。村党支部由1名书记和3—5名委员组成。村党支部与其他管理组织属于领导与被领导关系，村落中的所有事务都是在村党支部的统一领导下开展。其职责主要是抓好农村基层党组织建设，保证党的路线、方针和政策在农村的贯彻实施，同时保证村落的各项事务能够按照党的路线、方针和政策健康有序地开展。

2. 村民自治委员会

村民自治委员会是农村行政工作的执行机构，由1名村民委员会主任（村民们称为“村主任”）、1名副主任和3名村委委员组成。主要负责村庄中的行政工作，领导和组织广大村民开展生产劳动，负责村庄里的财务、公益事业和基础设施建设。重大事项要召开村民大会讨论决定。

3. 村妇委会

有些村庄称为“妇代会”。妇委会是村庄里的妇女组织，一般设主任1人，成员3人，主要管理村子里的计划生育工作，维护妇女的合法权益和妇女卫生保健工作。

4. 村民治安委员会

各地叫法不一，民和土族村庄称为“村治安联防队”。村民治安委员会是负责村庄治安和保护村民财产安全的村级组织，一般设有治保主任或治保队长1名，接受村委会和乡级派出所的双重领导。其工作职责有协助派出所和社会治安综合管理部门，组织联防、维护公共秩序，做好村庄里的防水、防盗、防治安灾害等工作，协助公安部门做好治安保卫工作等。

此外，民和等地的土族村庄还设有“村民经济委员会”“村民经济理财小组”或“村经济合作社”，一般由村会计负责具体工作。村民经济委员会是负责村庄经济发展和财务工作的村级组织，接受村党支部和村委会领导。

互助、民和等自治县的土族村落根据实际情况，其村级管理组织设置略有不同。如互助县威远镇设有村党支部、村民自治委员会、村团支部、妇委会、民兵组织、村民治安委员会；民和县中川乡胡李家村和官亭镇官中村则设有村支部委员会、村民自治委员会、村民经济理财小组、妇委会、村治安联防队。从村干部的人数、性别、民族成分和工资待遇来说，各村基本一致。如互助威远镇小庄村和民和县中川乡胡李家村的村干部均为4人，其中，男性3人，女性1人（担任妇委会主任），两村的村干部均为土族，其2013年的年工资待遇分别为村支书、村主任9800元，妇委会主任和会计约6400元。2014年，黄南州大幅度提高了基层村干部的工资待遇。据笔者调查：2013年，同仁县年都乎乡年都乎村村支书和村长年工资待遇为5088元，副村长3055元，队长为2035元。2014年，村支书和村长的年工资待遇提高到15935元，副村长提高到9561元，队长提高到6374元，均比上年增加了213%。此外，因民和县官亭镇官中村是土、回聚居区，其村主任为回族，村支书、妇委会主任、会计均为土族。从工作分工来说，村支书负责村里的全盘工作，主任则负责农业生产、水利、治安等工作，妇委会则负责妇女工作。

第二节 民主政治与村落管理

中华人民共和国成立之前，青海互助土族地区受土司和地方政府的双重管辖。土司从民政、军事、宗法三个方面实施对土族村庄的统治。从民政管理方面来说，土司统治下的土族村庄，按村庄的大小、地区的多少、户数的贫富，分为四班或五班。一般拥有田地最多的为一班，较少的为二班，最少的为三班，没有田地的贫雇农为四班。村里出杂役和供应土司的费用，按照班份来负担。分班之后，由群众推出总管、乡老。一个总管之下，设有乡老三人，一年一换或三年一换，人选一般由村里的富户充任，其主要职责是收款、催粮、收粮、支应杂役等。各村还有老者，每姓都推老者 1 人，为终身制。从军事管理方面来说，土司下设有千总或把总，其属下的土兵，由在土司田地内耕种军马田地的农户承担，耕种者按亩数来出土兵，土兵的军装、武器和粮草由土司按规定置备。从宗法管理方面来说，土司的舍房，由土司派宗族中的人做家长，家长管理族户内的诉讼、派粮差、款项、婚丧等事。家长解决不了的事件，才转交土司处理。①

土司管理下的土族村庄，虽然在总管和乡老的推选中有一些民主因素，但总管和乡老都是对土司负责，村民们没有太多民主可言，村落管理也处于松散、低级的状态。1949 年中华人民共和国成立之后，随着党和政府在土族地区实施民族区域自治政策，土族村民们翻身当家做了主人，成为社会主义社会的公民，土族村庄实行村民自治，土族村民享有参与民主选举、民主决策、民主管理、民主监督等各项政治权利，并通过大家选举产生的村民委员会进行自我管理和自我监督。新时期以来，土族村庄的民主政治与管理，具体体现在民主选举、村务公开、基础设施建设等方面。

一 公正公开的民主选举

过去，土族村落的村级领导人的产生基本是任命制，上级党委说了

---

① 国家民委民族问题五种丛书编辑委员会青海省编辑组：《青海土族社会历史调查》，青海人民出版社 1985 年版，第 62—63 页。

算，村级领导人必须并且也只需对上级负责。村民委员会作为群众性基层组织，既不隶属于乡政府，也不隶属于村党支部，它只代表村民管理村内公共事务。从 20 世纪 90 年代以来，为了加强基层的民主政治建设，国家逐步在基层党组织选举中实施“两推一选”“公推直选”等选举方法。“两推一选”是指在村党支部进行换届时，先由党员和村民代表投票推荐党支部委员候选人初步人选，再由乡党委依据推荐票数和村党支部委员任职的基本条件，经党委审查同意后，确定村党支部正式候选人，在党员大会上差额选举村党支部委员会委员，村党支部书记在新当选的委员中由全体党员选举产生。“公推直选”是指把党委直接提名和委任变为在党委领导下，由党员、群众公开推荐候选人，然后由全体党员直接差额选举产生村党支部书记和委员。目前，青海土族地区村党支部的选举方法，正处在从“两推一选”向“公推直选”过渡阶段。笔者所调查的互助、民和和同仁几个土族村落，在 2014 年 10 月至 2015 年 1 月举行的村党支部和村委会换届选举中，所采用的方法不太一样，如互助县威远镇采取的是“两推一选”，民和县官亭镇官中村、中川县光明村采用的是“公推直选”。

以民和县中川乡光明村为例，采用了“公推直选”的选举方法。光明村的选举主要有下面几个步骤：首先是村党支部上届支委述职，对上一届村党支部的工作进行总结和汇报；其次是推荐候选人，所推荐的候选人得到大部分党员的同意以后才能够确定；最后，党员要对确定的候选人进行最终选举，然后产生正式的村党支部书记和委员。一般来说，土族各村村两委会的选举，都是严格执行村级组织换届选举办法进行民主选举，村党支部召开党员代表大会进行选举，村委会召开村民选举大会进行选举。通过反复的民主选举，选举基本能达到目的，选出具备管理和组织能力、能够为群众服务的村干部。

二　贯彻村务公开制度

村务公开制度是我国基层民主监督的重要组成部分，是维护村民对村务知情权的重要途径。全国人民代表大会常务委员会于 1998 年 11 月通过了《中华人民共和国村民委员会组织法》，该组织法规定：“村民委员会实行村务公开制度。”[①] 村务公开是指村民委员会及时或至少每六个月公布一次涉及财务的事项，接受村民的监督。通过村务公开，村民们可以了解村务运行情况，积极热情地参与到村庄建设之中。

根据村民委员会组织法规定和上级要求，土族地区的各村庄实行村务公开制度。一般情况下，土族村庄的村委会门口设有村务公开栏。每年年终，村委会都要将村办重大事项，包括项目建设、选举、低保政策享受等进行公示，必要时还召开群众大会公布情况。因国家自2009年起全面取消了农业税，而笔者所调查的几个土族村庄均没有集体经济，因而，这几个土族村庄的村务公开主要是关于财务公开和村务公开方面的，涉及村基础设施建设、危房补助发放、低保评选、水电费收缴、退耕还林补助、救济粮发放、文化活动以及乡政府下达的救济物资分配情况等。

一般来说，如有大的投资项目，各村还会在村广场附近立彩色公示牌，详细写明公示的项目名称、实施时间、资金来源、项目进展情况等。如互助县东山乡大庄村广场柏油路边的大型彩色公示牌，明确地写有公示项目。

2014年互助县东山乡大庄村村级公益事业建设
“一事一议”财政奖补项目公示

大庄村为东山乡乡政府所在地，位于东山乡中部。全村现有9个自然社，253户928人，共有耕地4150亩。2014年村委会申请实施“一事一议”财政奖补美丽乡村建设项目。

一、项目名称

东山乡大庄村“一事一议”财政奖补美丽乡村建设项目

二、建设时间

2014年6月至10月

三、资金来源

项目总投资254.3万元，其中，财政投资66万元；一事一议财政补奖68万元；部门融资41.74万元，群众自筹资金78.56万元。

---

① 《村民委员会组织法》第22条。

四、项目内容

1. 公共服务设施项目：投资 212.56 万元，新建休闲场所 1 处及附属工程（绿化、亮化、六角亭、舞台、文化墙等）。安装健身器材 1 套。

2. 住房建设项目：投资 4.1 万元，实施困难群众危房改造 2 户。

3. 其他建设项目：投资 37.64 万元，投资 6.64 万元，实施 4.7 公里人畜饮水工程；投资 16 万元，新建老年活动室 7 间；投资 15 万元，进行村庄环境整治和原广场的征地扩建等。

五、公示单位

互助县新农村建设领导小组办公室

互助县东山乡大庄村村民委员会

过去，土族村庄的管理除了村长、总管、乡老等管理外，一些村庄还用传统的村规民约约束村民的行为。黄南藏族自治州同仁县年都乎乡年都乎村的村两委针对该村多民族杂居、藏文化影响深厚、维稳工作复杂艰巨的实际情况，因地制宜，将村规民约也纳入了村落管理的范畴，他们把现代法律意识和观念融入传统的村规民约中，有效地实现了传统与现代管理的结合。该村的村规民约用藏汉两种文字书写，贴在村务公示牌上。年都乎村的公示牌用青砖砌成，顶上有滴水檐和瓦当，古色古香，上面贴着红底黑字的告示纸。

年都乎村村规民约

依照国家有关法律、法规和政策，结合本村实际，经村两委班子和全村村民代表商议，特制定如下村规民约：

1. 加强思想教育，认真学习，宣传党的方针、政策和国家法律、法规，自觉履行公民义务，响应党委、政府号召。

2. 积极参加生产劳动，大力发展第三产业（唐卡、堆绣、泥塑），增加群众收入。

3. 进一步推进民主法制建设，维护全村社会稳定，树立良好的民风、村风，创造安居乐业的环境。

4. 村民之间要互尊、互助，和睦相处，建立良好的邻里关系。

5. 努力争创“五好家庭”，尊老爱幼，子女有赡养老人的义务和责任，维护老人、妇女和儿童的合法权益。

6. 自觉遵守计划生育法规和政策，提倡优生优育，提高人口整体素质。

7. 村民要自觉学法、懂法和守法，增强法律意识，用法制规范自己的言行，旗帜鲜明地反对自焚，不违反法律，不损害国家、社会和群体的利益，不支持纵容违法行为，不破坏正常的社会秩序，做遵纪守法的好公民。

8. 村内发生打架斗殴或自焚等现象，在依法对组织、参与人员进行处理的同时，并按村规罚金1000元至10000元。

9. 村民之间发生各种矛盾和纠纷时，按照“大事化小，小事化了”的原则，由村两委班子的调解委员会进行调解，未达成协议的移交司法部门处理。

10. 进一步加强村内环境卫生整治，建立长效机制，每月由村委会组织村民实施卫生整治活动。

三　农村基层党建工作的开展

加强民族地区党的建设是党在民族地区开展工作的基础和根本。青海互助、民和与同仁等县均十分重视土族村庄的党建工作，其中，互助县东山乡的基层党建工作做得非常细致、全面和深入。从乡政府2013年的工作总结中可以了解到，东山乡政府主要是从提高党员干部队伍素质、基层组织建设、扎实开展创建民族团结进步先进区工作、强化维稳力度四个方面扎实系统地开展了基层党建工作。《东山乡2013年工作总结暨2014年工作思路》中分三个部分对其党建工作有详细介绍：

一、党的建设不断加强，干部队伍素质明显提高

（一）党员干部队伍素质不断增强。一是强化理论学习教育活动。以“以案说法”警学、“集中研讨”帮学、“播放碟片”看学、“自主定题”讲学等学习方式，充分利用每周例会、自学和集中学习的机会，深入学习领会党的十八大、十八届三中全会、中央1号文件、省十二次党代会及县委相关会议文件精神。大力开展党员干部理想信念教育活

动。组织党员干部观看《信仰》《杨善洲》等专题教育片共计1470人次，共撰写学习心得41篇。二是按照“坚持标准，保证质量，改善结构，慎重发展”的方针，重点在退伍军人、大中专院校毕业返乡大学生和青年中发展党员，在14个党支部中，共发展新党员7名，其中妇女党员4名，35岁以下的青年党员7名，13名预备党员按期转正。三是严格按照不低于1∶2的比例建立村“两委”后备干部队伍，通过采取传帮带、给任务、压担子、开展学习培训、跟班锻炼、志愿任职等形式培养后备干部。四是加强党员干部培训力度。利用乡党校、电教片以会代训和集中培训的形式，认真组织开展了冬季党员轮训和农村党员集中培训，精心制订了《2013年干部、人才培训计划》《东山乡2013年村干部培训计划》《东山乡2013年大学生“村官”和“三支一扶”大学生培训计划》等。组织各类培训班9期，召开学习会议9次，全乡参加培训党员干部达863人次。五是实施“帮带工程”。建立了大学生村官帮学责任制，签订帮学责任书，党委领导班子成员及站所长每人带1名“村官”、志愿者指导工作，提高他们的政策法制观念和组织工作能力。六是开展“一对一帮学”活动。与中心学校联合开展帮学、帮教为内容“一对一帮学”活动，从全乡的中学生中选出8名学习较差或父母长年外出务工、在家隔代抚养的留守儿童，进行结对帮扶工作，从学习、生活、身心健康、未成年人思想道德建设等各方面，关注全乡留守儿童情况，积极引导在校学生树立正确的人生观、价值观，促进中学生的身心健康发展。七是切实做好党内激励帮扶工作。进一步完善党内激励关怀帮扶机制，利用各节假日对全乡的老弱病残以及家庭困难党员进行了救助工作，提升党员的自豪感和光荣感。累计慰问党员23人，发放现金4600元，面粉46袋。八是全面落实“三会一课制度”。经常组织党员学习党的路线、方针、政策和科学文化、管理知识，不断提高党员的政治觉悟和工作水平，更好地完成党的各项工作任务。九是大力推进党员信息库建设。不断更新党员信息库数据、活动档案等资料，逐步实现党务工作、党建宣传、组织工作和党组织服务党员群众信息化。十是努力实施基层党建示范点建设。按照“五有五能、五讲五比”的要求，从“硬件过硬、软件规范、特色鲜明、示范带动”四个方面入手，年内完成两个基层党建示范点建设，以创建促规范，以示范带全盘，打响全乡党建工作。十一是认真落实党建网格化模式。通过建立“三级网格”“四级管理”模式，充分发挥乡党委的领导核心作用，积极稳妥地构建职责明确、管理精细、信息共享、渠道通畅、服务高效的基层组织管理服务新机制，健全利益协调、诉求表达、矛盾调处和权益保障等综合调控机制，实现对网格区域的全覆盖、全方位、全过程的动态化管理和精细化服务，努力建设管理有序、服务完善、环境优美、治安良好、生活便利、人际和谐的新型农村。

（二）基层组织建设成效明显。一是利用各节点开展各项主题实践活动。开展了庆“七一”建党节纪念活动，确定6月为庆祝建党节活动月，以先进事迹报告会、座谈会、慰问活动等为载体，开展系列纪念活动。召开报告会14次，座谈会16次，慰问贫困党员、老党员、卸任干部共21人，表彰了创先争优活动中涌现出的先进党支部2个，优秀共产党员20名，全乡18名入党积极分子参加入党宣誓。二是开展群众路线前期调研教育实践活动。严格落实“廉洁、务实、清廉”活动主题，深入推广和落实“123456”工作法则，即“一必树、二必访、三必讲、四必清、五必问、六必调”。牢固树立群众意识，筑牢群众基础。三是加大投入力度，规范党建阵地建设。对12个村的党员活动室进行了规范化布置。新建了岔尔沟、下李2个村党员活动室共12间，投资达35万元。四是狠抓村“两委”班子建设，针对部分村“两委”班子软弱涣散的局面，采取主要领导亲自抓，包片领导勤督查，驻村干部进村抓，提高了村“两委”干部的工作主动性和积极性，采取村“两委”干部述职、党员群众民主测评的方式，对工作不力的村干部及时进行了调整。五是扎实开展各项主题实践活动。继续抓好“四培双带”“三争”、无职党员设岗定责、党支部和党员承诺、党员评星定格、党员干部联系服务群众等活动，不断深化党组织的凝聚力和战斗力。组织全乡13个党支部、12名村支部书记、324名党员参与到“三争”活动中来，结合本乡实际，乡党委承诺7件，各支部承诺切实可行的28项承诺，党员承诺427项。到目前为止，乡党委承诺现已完成6项，还有1项正在协商解决当中；各村党支部承诺已全部兑现；党员承诺已完成413项，正在实施14项。全乡共有“四培双带”对象130名，其中把党员培养成致富能手55名，把致富能手中的优秀分子培养成党员33

名，把党员致富标兵培养成村干部32名，把村干部培养成小康建设带头人21名。确定11名村干部为“双强”村干部，致富示范户13户，农业产业化带头人56人。全乡475名农村党员中，无职党员388名，经综合归类共设置岗位14个，上岗党员361名，占无职党员总数的94%。评星定格活动中，全乡十星级党员43名，占10%，九星级党员246名，占57%，八星级101人，占24%，七星级38人，占9%。结合无职党员“设岗定责”“评星定格”“双承诺”等活动在党支部和广大党员中开展“五有五能、五讲五比”活动，进一步加强党支部战斗堡垒作用，党员的先锋模范带头作用得到有效发挥。六是开展“走基层、访民情、听民意、解民忧、促发展”和“联姻结对”活动，开展走访调研活动，张贴标语522条，出黑板报24期，悬挂横幅8条，组织宣讲活动58场次，各工作组入户率达到100%。公开承诺44项内容，确定机关干部联系点9个，联系户51户。七是扎实开展党建带群团建工作，高度重视工、青、妇工作，每季度专题研究团建工作，在重大节庆日开展爱国主义教育活动、协助各支部开展主题实践活动，充分发挥团员青年生力军的作用；按照党建带妇建，建立村级妇联主任考核奖罚制度，充实各项工作内容，细化工作标准，明确工作职责，以开展“平安家庭”“双十星家庭”“五好文明家庭”等活动，激发广大妇女干事创业的积极性；大力组织广大工会会员开展“工人先锋号”“安康杯竞赛”“下基层、接地气、办实事”等系列活动，不断增强基层工会组织活力，深化党工共建工作。

二、高度重视，创建民族团结进步先进区工作扎实开展

（一）强化组织领导，细化责任落实。为深入推进我乡创建民族团结进步先进区工作，我乡党委、政府迅速反应，及时召开专题会议，研究制定了东山乡创建民族团结进步先进区工作实施意见，成立创建民族团结进步先进区工作领导小组，设立办公室，下设宣传教育、社会管理、经济发展、教堂管理、学校管理、考核评选、督导检查七个小组。按各领导分管工作的不同，细化责任分工和时限要求，制定相关的工作职责和工作目标。

（二）狠抓宣传工作，夯实思想基础。我乡领导小组迅速行动，通过张贴标语、悬挂横幅、办专栏黑板报等形式为创建活动营造声势，目

前共悬挂横幅41条，办黑板报26期，张贴标语230张。各村结合“维护稳定、反对分裂，深刻揭批达赖集团分裂势力”专题民主生活会和组织生活会，及时组织两委成员和其他干部学习和领会会议精神，目前累计召开村民代表会14次，群众座谈会13次，撰写21份调研报告。为使更多群众参与到活动中来，我乡开展了主题鲜明的“八个一”主题实践活动。即（举办一次专题讲座、开展一次文艺演出、举办一次巡回演讲、制作一面宣传墙、走访一批困难群众、开展一次村容村貌整治义务劳动、播放一批优秀影视作品、挖掘一批民族项目）。

（三）加强教育引导，深化创建主题。一是结合涉藏维稳思想教育引导宣讲工作，抽调20名工作人员组成四个宣讲组，深入各村进行宣讲活动，积极引导干部群众牢固树立“三个离不开”思想和“四个认同”意识，对宗教人士重点宣讲法律法规和一系列国家宗教政策，引导他们“持戒守法”，牢固树立“四个维护”意识。目前共宣讲23次，受教育人数达10979人，宣讲面实现了全覆盖，有效地深化创建民族团结进步区主题。二是结合矛盾纠纷开展大下访大排查大调处专项行动，制定了切实可行的实施方案，建立健全矛盾纠纷排查机制，落实乡包片领导，驻村干部管理的工作模式，推行“五包”责任制，（包掌握情况、包教育引导、包稳控管理、包解决问题、包依法处置），认真落实一线工作法则，充分发挥民意会客室、民意恳谈室、便民服务大厅、少数民族咨询岗等服务窗口，及时更新便民连心卡和强农惠农政策宣传册，拓宽民意表达渠道，更好地服务于民。三是围绕县委、县政府确立的“三年强基础、八年创先进”的目标，重点建成一片示范田、壮大养殖畜禽户、组建一支经纪人队伍、积极申报一批合作社、合力引进一批加工企业为内容的“抓生产、调产业、促增收”项目的建设活动。

（四）工作作风得到明显转变。一是针对部分干部中存在的慵懒散现象，乡党委、政府以转变工作职能，改进工作作风，提升服务水平，提高工作效率为切入点，将8月确定为我乡的“作风转变月”，对全乡干部职工中存在的问题进行集中梳理和整改，开展大学习和大调研，进一步在加强乡村两级干部管理，提升效能上出实招，不断强化效能建设。二是严格落实绩效考核制度和干部管理制度，建立绩效考核档案，实行考勤每月一公布，档案每月一填写，领导每月一评议，将绩效考核和乡镇津贴补助机制挂钩，进一步增强干部的责任意识和大局意识，营造人人干事创业的氛围。实现了政府职能由管理型向服务型的转变，进一步规范服务人员行为，全方位为群众提供服务，以优质的服务树立机关干部的良好形象。三是完善风险防控制度，通过电教片、实地到教育基地开展警示教育、移动展板、学习上级相关文件精神等多种形式，在广大党员干部中深入开展党性党纪党风教育活动，对涉及的17个岗位，及时制作专题展板8块16面，公布岗位风险预测、风险点，制定风险等级和采取防控措施等内容，严明了工作纪律，并通过设立党风廉政风险防控意见箱，进一步做好我乡廉政风险各项工作。四是在强化民主监督上求发展。认真落实“三议一表决”和“4321”民主决策机制，重点推行党务、政务、村务“三公开”。加大对村级财务审计力度，对全乡12个村开展“三资”清查，共清查核实资金总值达112.9万元，清查核实集体用地面积11167.4亩，集体所有土地面积10418.1亩，集体建设用地749亩，清理规范农村经营权合同54份。充分发挥项目资金管理中心职责，实行项目资金专人管理、专账核算、专户存储，通过会议、公示栏等多种形式及时进行公示，主动接受群众和社会监督，巩固阳光财政政策。五是推行“131”驻村工作新模式，确定每周一为各项工作安排日；每周二、周三和周四为驻村干部集中下村日，做村民代办员，到村定点办公，服务群众；每周五为工作汇报日即“回头看”日，针对一周安排的工作进行汇报总结。严格按时完结制，狠抓工作落实，提高各项工作效率。实行“131”驻村工作模式以来，我乡领导干部接待群众来访514次，领导干部每月平均下村12次以上，一般干部每周平均下村2次以上。六是挂职“党建工作指导员”的机关干部1名，担任村党支部第一书记或副书记或村委会助理4人，到一线岗位挂职锻炼1人，机关干部下基层次数达3211人（次），开展各类宣传教育活动73场次，开展各类培训活动28场次，召开各类会议31次，个别谈话561人，并整理归纳撰写调研文章13篇，制作发放《民情联系卡》77张，建立《为民服务卡》77套，记录民情日记410篇，建立民情台账31个，直接服务群众110人，通过结对帮扶，收集和整理群众反映的问题8条，解决8条。

三、强化维稳工作力度，社会大局和谐稳定

坚持“打防结合，防预为主”的方针，以落实领导责任制为龙头，以“治乱”为突破口，以健全基层综治组织为保障，以“创安”为载体，强化工作措施，狠抓工作落实，取得了显著的成效。

（一）法制宣传教育深入开展。以“六五”普法教育活动为契机，征订《法制日报》《青海法制报》《干部法律读本》等学习宣传资料。组织各级干部群众学习《民族区域自治法》《宗教活动管理条例》《治安管理条例》《民法》《刑法》《村民自治法》以及同群众生产生活息息相关的法律法规为主要内容的法制教育，使其基本知识的普及率达85%以上。全乡共召开群众大会24次，张贴标语428张，举办法制讲座9期，出黑板报171期。

（二）矛盾纠纷排查化解机制逐步完善。开展矛盾纠纷大下访大排查大调处专项行动，充分发挥行政、司法、民间、人民调解四种调解优势和互补机制，积极发挥乡包片领导、各驻村干部、乡司法所、派出所和各村治保会、调委会、人民调解员的作用，形成四级联动，注重对全乡存在的各类矛盾纠纷进行全面的排查和梳理，目前共排查矛盾纠纷42起，调解42起，调解率100%，确保了小事不出户、大事不出村、重大矛盾纠纷不出乡。

（三）维稳工作常抓不懈。结合创建民族团结进步先进区工作，积极开展大走访大调研工作，围绕创建活动，灵活为民服务机制。建立了便民服务大厅、民意会客厅、民意接待室，综治办公室和信访接待室，及时健全各类机构，拓宽民意诉求表达渠道，建立了民意来客登记台账和便民服务办理事项登记册，目前全乡共接受民意接待612人次，提供便民服务3142人次，使全乡的各类民意咨询件和办理件得到了及时的解决，进一步密切了党群干群关系。

据调查，2013年，黄南州同仁县年都乎乡年都乎村有党员76人，其中，男党员49人，女党员27人。其党建工作情况如下：学习培训方面，每季度由乡政府集中培训2次，根据县上规定，每月25日为党员学习日，由县联点单位组织党员学习；党员管理方面，每年开展一次专题组织生活会，根据需要随时召开组织生活会，讨论有关事宜；农村党员达标制度贯彻情况，按照县委组织部制定的标准进行；优秀党员的奖励和后备干部的选拔，由党支部评选上报乡党委审批表彰奖励；不合格党员的处理按照县、乡党委有关处置办法进行。

四　基础设施建设

近几年，国家重视农牧区的基础设施建设，投入了大量资金改善农牧民的人居环境。2009 年以来，青海推行社会主义新农村建设，土族村庄的基础设施建设取得显著成效，基础设施装备水平进一步提高，土族农民们的生产生活条件进一步提高，村庄面貌有了很大改变。近年来，互助土族自治县积极打造新农村典型示范区，在新农村建设方面投入了大量资金。据统计，“十一五”期间，互助县累计完成新农村建设项目投资 2.1 亿元，全县新农村建设工作迈上新台阶。如笔者调查的威远镇小庄村就是 17 个县级新农村建设示范区之一，截至 2011 年 12 月，县上先后在该村投入新农村建设资金 500 多万元，实现了村级道路硬化、农户墙体、宣传专廊、小广场、大门改造、改水改厕、给排水和村庄绿化、美化等工程建设。[①] 互助东山乡大庄村的村广场也修得宽敞漂亮，而东沟乡大庄村、姚马村除了整洁漂亮的村广场外，土族村民庄廓墙上描绘的拉仁布与且门索、轮子秋、土族服饰、盘绣图案等民间绘画给整个村庄增添了浓厚的民族色彩。此外，被列入县级新农村建设示范区的土族村庄还有丹麻镇的索卜滩村、东沟乡大庄村和塘拉村、威远镇白崖村等，这些村主要实施了主巷道拓宽整治、村广场和村委办公楼修建、卫生厕所改造、大门改造、节能路灯安装、土墙改砖墙、墙体彩绘等项目，整个村庄的环境和面貌发生了很大改变。

互助各土族乡镇非常重视农村基础设施建设工作，积极争取项目，投入了大量财力、人力和物力进行乡容乡貌的整治。如互助县东山乡党委和乡政府 2013 年争取到下元保村党政军企共建示范村建设项目，该项目总投资 1029 万元，其中县财政投资资金 100 万元，共建单位投入 20 万元，项目整合 292 万元，群众自筹 617 万元，重点围绕基础设施、

---

① 吉玉峰：《互助新农村建设迈上新台阶》，http://www.qh.xinhuanet.com/2010-12/10。

村庄改造、房屋建设、村容村貌整治等方面展开。2013 年，东山乡在新农村建设方面所做的工作可分为基础设施、住房建设和村容村貌整治三个方面。

1. 基础设施方面，维修村党员活动室 14 间；完成广场硬化 1000 平方米，广场绿化 1500 平方米，广场草坪 1000 平方米，花坛护栏 1000 平方米；彩砖 800 平方米，路沿石 640 平方米，浆砌石 482 平方米，石拱桥 2 座，暗渠盖板 145 片，涵洞台阶 5.4 平方米，垫层 1071 平方米；路灯 10 盏，安装休闲桌椅 8 套，游步道 38 平方米，维修戏台 1 座；建设文化长廊 130 平方米，路边挡墙 60 平方米，园林文化墙 150 平方米，文化长廊 150 平方米。道路方面，完成了 12.66 公里的村级主干道硬化。

2. 住房建设方面，实施农村困难群众房屋改造 26 户，奖励性住房建设 51 户，争取实施建筑节能示范户（外墙保温 + 太阳能热水器）5 户。院墙和大门改造方面，完成土墙改造 9312 平方米，墙体粉饰 4000 平方米，墙面抹灰 4000 平方米，大门改造 246 户。村庄环境综合整治方面，共清理柴草 16 垛、粪土 2 处 6 立方米、垃圾 4 处 8 立方米，拆除破旧房屋 8 间 226 平方米，拆除铺面 3 间，拆除破旧猪圈 6 间 180 平方米，拆除破旧厕所 2 间 16 平方米，拆除残墙断壁 3 处 40 米。村道绿化 1.8 公里，共栽植松树、柏树、花灌木、杨树 2818 株。

3. 村容村貌整治方面，围绕环境整治，全面开展全乡环境大清理大整顿工作，到目前完成村容村貌整治 1754 户。12 个村累计义务投工 2741 个，清理沟渠 17 条 2400 米，整洁公共场所 9000 平方米，清理卫生死角 181 个，清理淤泥 14 吨。①

2013 年，互助县威远镇小庄村认真实施了新型农村社区试点建设项目，按照项目支撑、产业富民的发展思路，突出基础设施建设、社区风貌整治、房屋建设、产业发展四大建设任务，强化措施，稳步推进。共搬迁农户 6 户，拆除厕所、猪圈 67 处，清理柴草、沙堆等 131 处，

① 《东山乡 2013 年工作总结暨 2014 年工作思路》，第 3—4 页。

拆除残墙断壁 64 处。完成征地丈量 35.0125 亩，发放征地款 136.55 万元，评估苗木 12.22 亩，发放苗木款 36.94 万元。主巷道北侧台阶花池建设和绿化工程已接近尾声，完成工程量的 95%；自来水入户 98%，下水改造 100%。建成公厕 1 处。天然气主管道开挖埋设已全面完成，已入户 4 户。村道完成 0.66 公里，完成工程量的 50%。建成停车场 1 处。社区公共服务中心建设已完成工程量的 65%；农户大门改造完成率 50%，新发展旅游接待户 15 户，建设较高档次民俗旅游接待示范户 9 户，建设高档次民俗旅游示范户 1 户。到目前为止，已完成总工程量的 70%。

相对而言，在笔者所调查的互助、民和与同仁三个土族聚居区中，互助土族地区的村庄基础设施建设做得比较好，大多数土族村庄都建有村文化休闲广场、村委会办公小楼等，村文化休闲广场修有花坛和休憩亭，配备有篮球场、健身器材等体育锻炼场地与设备。同仁年都乎村于 2010 年修建了村广场，安装有路灯，并修建有运动场所及器材。而民和的新农村建设工作正在起步，中川乡光明村、清一村的村委会办公楼是 2014 年修建完，2015 年年初才投入使用，村委会办公楼前有休闲广场，广场上除了国旗台外，尚没有其他设备。清一村以前修有村文化广场，广场在村子的东北角，广场内除了麻将室、戏台、篮球架外，没有其他设备。民和的大多数土族村庄都没有路灯和公共厕所，但道路硬化工作做得不错，水泥路直通到村民的家门口，就连官亭镇梧释村这样的脑山村庄，也在近几年修建了水泥路，村民们的出行条件得到了很大改善。而笔者所调查的互助县东山乡大庄村三社和六社因地处浅山，交通条件一直不太好，直到 2014 年 10 月才修通了水泥路，改变了过去雨雪天土路泥泞不堪、人没办法出行的局面。

在村庄基础设施建设中，笔者调查发现，互助、民和与同仁等地的土族村庄大都设有村医务室，村民们虽然大病要到县乡镇医院和西宁市去看，但一般的头疼脑热、感冒、打针、打点滴都习惯到村医务室。民和县官亭镇官中村还建有养老院，是 2012 年修建的，当时是由民政局提供了 200 万元资金，有房屋 29 间。只是由于土族有家庭养老的习惯，除了五保户，老人们不愿意到养老院，养老院没有得到很好利用，房间基本闲置，院里长满了荒草。目前，由于要修川口镇到甘肃大河家的一级公路，公路正好通过养老院，养老面临被拆的局面。

在地区文化设施建设中，民和县三川科技文化中心是土族地区成立最早、影响范围较广的基层文化基础设施。三川科技文化中心位于官亭镇东街，是集科教培训、文化传播、图书阅览、文化娱乐活动为一体的综合性场馆。该场馆于1981年11月1日竣工使用，中心大楼为四层，占地面积为5670平方米，建筑面积为2370平方米，大楼内设有图书室、展览厅、歌舞厅、影视厅、娱乐活动室、排练厅、书刊阅览室，还有老年人、青少年、妇女活动室及法制宣传室、计划生育宣传室、科普知识、科技文化培训室等。现存有文海巨著《四库全书》一套，各类藏书3500册。近几年，三川科技文化中心还根据社会发展的需要新设了书刊阅览室、电子阅览室、文化信息资源共享工程服务室、培训教室、文娱活动室、多功能活动室等，制定了相应的管理制度。三川科技文化中心大楼外面修有大戏台，院中还配备了各种体育锻炼设施，供官亭镇的各民族群众休闲用。每到傍晚，在中心大院内跳锅庄舞、锻炼身体的人络绎不绝，像赶集似的热闹。三川地区开展规模较大的文化活动，大都在三川科技文化中心举办。目前，三川科技文化中心每年都要举办音乐、书法、土族刺绣等方面的培训，而中心附近各村夏天的纳顿会和冬天的“阳廓”（土族社火）也在中心的场院中进行，三川科技文化中心已成为三川土族地区的文化中心，其建成30多年来，在丰富三川土、回、汉、藏等民族文化生活方面、促进三川区域文化发展等方面发挥了重要作用。

第三节　土族的社会保障

社会保障（social security），是指国家和社会通过立法对国民收入进行分配和再分配，对社会成员特别是生活有特殊困难的人们的基本生活权利给予保障的社会安全制度，其本质是维护社会公平进而促进社会稳定发展。社会保障是社会安定的重要基础。近几年，国家对社会保障事业非常重视，其保障涉及很多方面，如养老保险、医疗保险、农村低保、危房改造、五保户、高龄补贴、救济、孤儿抚养、现役军人家属优待金、自主就业、退伍军人生活补助、残疾人补助等。从青海互助、民和与同仁三个地区土族社区的发展现状来看，当前，土族村民们享有的基本社会保障有新型农村养老保险、新型农村合作医疗、最低生活保障和危房改造补助、残疾人补助、“两免一补”等项目。

一 新型农村养老保险制度

近年来，青海省政府秉持“小财政、大民生”的施政理念，通过建立高效工作机制，因地制宜创新新农保机制，比国家规划提前10年实现了新型农村牧区社会养老保险制度全覆盖。2009年11月，青海省首批新农保试点工作开始启动，2010年12月，青海省所辖46个县级行政区全部实现新农保制度全覆盖。这比国家提出的全国覆盖目标提前了10年。青海省新农保制度的基本原则是“保基本、广覆盖、有弹性、可持续”，采取基础养老金和个人账户相结合的制度模式。资金由个人缴费、集体补助、政府补贴构成。制度实施时，已年满60周岁的农牧区老年人不再缴费，直接领取基础养老金，基础养老金标准每人每月55元。据有关部门通报，互助土族自治县自2010年10月启动实施新农保试点工作以来，互助县参保率、信息合格率、养老金发放率直线上升，走在了海东地区前列。截至2011年6月底，互助县参加新型农村养老保险的农村居民达到14.8万人，共缴纳参保费用1791万元，参保率达到78.9%。全县60周岁以上享受基础养老保险金人员2.9万多人，共发放基础养老金1480万元，发放率达99.7%。[①]

土族地区的县乡（镇）政府也将新型农村养老保险工作的开展纳入绩效考核工作中，由县乡（镇）政府主要领导或分管领导任组长，成立县、乡两级新农保工作领导小组，明确工作职责、建立目标责任制考核，社保、组织、财政、民政、公安、残联等部门齐心协力、统筹协作，形成了政府引导、部门配合、社会参与的工作机制。具体地说，互助、民和与同仁三个县级的专门管理社会保障的机构为劳动人事与社会保障局，这三个县土族乡镇级的专门机构为人力资源和社会保障管理办公室。

---

① 《青海省互助县新型农村社会养老保险工作顺利推进》，http：//www.cnpension2011/7/12

经过这几年的发展，土族地区的新型农村养老保险工作有了长足的发展，土族村民的参保意识有了大幅度提高，而60岁以上的土族老人领取养老保险的金额也有较大增长。在笔者所调查的6个土族村庄173户人家中，参与新型农村养老保险的户主有156人，参保比例为90%，未参保的17人因为是公务员、教师等专业技术人员，不用参保，所以没缴纳农村养老保险金。在173户人家中，绝大多数人参保的金额为100元，但也有少数思想观念先进、家庭经济条件好一点的人参保的金额高一些，有200元、400元、500元、1000元等，最高的一户一家交了1000元，交500元的也有5户人家。

就养老保险金和高龄补贴而言，2009年11月，青海省刚开始实行新型农村养老保险制度时，已年满60周岁的土族农村老年人不用缴费，直接领取55元的基础养老金。为逐步健全老年人高龄补贴制度，青海省制定了《青海省高龄老人长寿保健费发放办法》，从2012年起分阶段、分地域对不同年龄段的老人实行高龄补贴，青海省70—79周岁、80—89周岁、90—99周岁、100周岁以上老年人每人每年分别可以领取到360元、480元、720元、1200元不等的高龄补贴，全省近22万名70周岁以上老年人受益。2014年，青海省加大民生投入力度，再次调整高龄补贴标准。一是将70岁以上老年人高龄补贴标准月人均提高20元，提标后，70—79岁的老人由原来的30元提高到50元，80—89岁的老人由原来的40元提高到60元，90—99岁的老人由原来的60元提高到80元，100岁以上老人由原来的100元提高到120元，政策惠及29.67万名老年人。二是将65岁以上老年人健康体检补助标准由现行的每人每年80元提高到130元，并同步增加体检项目，受惠人群达35.47万人。高龄补贴使土族老人们充分享受到了党和政府的关怀，在丧失劳动能力后有了一定的经济收入来源，其生活有了基本保障，有效地维护了老人们的尊严。有了这一两千元的高龄补贴，土族老人们虽做不了太大的事，但想到寺庙磕头点个灯、烧个香，或是喜欢抽点烟，下个馆子，给孙子点零花钱，用高龄补贴开支足够了，不用看儿女们的脸色，尤其是对家庭困难、儿女不孝的老人，高龄补贴对其生活和精神方面发挥的作用更大。

笔者所调查的青海互助、民和与同仁几个土族村庄，凡是年满60

岁的土族老人均享受到了国家的高龄补贴。2013 年，互助县东山乡积极完成养老保险金收缴工作，新农保参合人数 5510 人，参合率达 95.02%，发放 60 岁以上老人 912 人 930240 元养老金；丹麻镇新农保参保人数 11956 人，参合率 100%，筹资总额 128.87 万元，完成任务的 100%；威远镇新农保参保人数应为 19669 人，实际参保 18678 人，参保率 95%，参保金 239.57 万元，发放养老金 25.79 万元。民和县官亭镇参保人数为 16206 人，参保率 98%，发放高龄补贴 38.96 万元。

二 新型农村合作医疗

新型农村合作医疗制度是由政府组织、引导、支持，农民自愿参加，个人、集体和政府多方筹资，以大病统筹为主的农民医疗互助共济制度。新型农村合作医疗制度是以大病统筹兼顾小病理赔为主的农民医疗互助共济制度，它既是中国医疗保障制度中有特色的组成部分，也是中国农村社会保障体系的重要内容。新型农村合作医疗实现了农民的社会权利公平，并在制度层面上提供了保障，促进了社会进步。青海的农村牧区新型合作医疗试点工作是从 2003 年开始实施的，在全省选了 8 个县试点，其中包括互助和同仁两县。2005 年 11 月，在全省 43 个县（市、区）全面推行了新农合制度，率先在全国实现了新农合制度全覆盖。农牧民群众参合率从最初的 86.34% 稳步提高到目前的 98.29%，覆盖全省 352 万各族农牧民群众。当时，国家规定新农合报销标准为在村卫生室和中心卫生室就诊报销 60%；二级医院就诊报销 30%；三级医院就诊报销 20%。还有住院补偿和大病补偿，凡参加合作医疗的住院病人一次性或全年累计应报医疗费超过 5000 元以上有分段补偿，即 5001—10000 元补偿 65%，10001—18000 元补偿 70%。

2012 年，新型农村合作医疗制度已在青海实行了 10 年。10 年来，随着新农合制度的建立，惠民措施不断完善，青海农牧民参合积极性逐年提高，参合率稳步提升。2012 年全省参合农牧民人口达到 352.56 万人，参合率达到 98.29%。10 年来，青海省委、省政府坚持“小财政办大民生”的理念，逐步提高新农合政府补助标准，提升新农合保障水平。政府财政补助从 2003 年人均 20 元增加到 2012 年的人均 360 元，增加了 17 倍，人均新农合筹资标准从 2003 年的 30 元提高到 2012

年的400元，增加了12倍。10年间，青海省先后6次调整新农合医药费用补偿方案、药品目录和诊疗目录、住院起付线及最高支付限额等政策，省、州、县、乡定点医疗机构住院费用补偿比例由2006年的30%、40%、50%、60%提高到目前的70%、80%（州县级）、90%；参合农牧民住院医药费用最高补偿额由2004年的1.5万元提高到现在的10万元，达到全国农民年人均纯收入的14.33倍，参合农牧民最大限度享受到新农合制度的实惠。10年来，青海农牧民新农合住院费用实际补偿比例逐年提高，从2005年的27.24%提高到2011年的52.96%，提高了25.72个百分点，农牧民群众住院费用的实际负担正在逐步降低。参合农牧民住院费用政策范围内补偿比由2004年的40%提高到2011年的72%。[①]

据调查，民和县官亭镇2014年新农合应参合人员632190人（其中，居民9440人，农民622750人），实际参保人数619546人，参合率达到98%；互助县丹麻镇、2014年新农合参保人数22352人，筹资总额103.29万元，完成任务的100%；互助县威远镇2014年新农合应参合33100人，实参合33686人，参合金156.26万元，参合率102%；互助县2014年东乡全乡参合人数10982人，参合率99%，新生儿补交参合金75人，实施大病医疗救助和医疗报销制度，办理外伤调查事宜67人次，共住院587人，报销医疗费用32万元。目前，互助、民和和同仁三县土族农民每人每年要缴纳40元的医疗保险费用，18岁以下的青少年和60岁以上的老人不交，低保户的医疗保险金则由乡政府民政部门代为缴纳。

在实际调查中，笔者了解到，土族村民到药店买药基本上不报销，只有到医院检查或住院时才报销，而在省、县和镇级医院就诊的报销标准也不太一样。如中川乡胡李家村的一户胡姓人家，2013年因家庭主妇患子宫颈良性肿瘤，到省医院住院治疗，医疗费用总支出为19113元，根据新农合规定，个人支付6098元，负担了32%，基本医疗保险报销了13015.31元，由国家支付了68%的医疗费用。胡李家村的另一

① 《青海省实施新型农村合作医疗制度10年历程》，http://www.qhwjw.gov.cn/11/10/2012

胡姓人家，到县医院检查花了3000多元钱，因家里没人走不开，没有在县医院住院。由于没有住院，这3000元的检查费用就没能报销。后来，这家人到官亭镇中心卫生院住院，花了2000元钱，根据规定报了1600元，报销比例达到80%。胡李家村的贾姓人家，到县医院住院，医疗费用总支出为17000元，报销了14000元，报销比例高达82%，自己只承担了3000元的医疗费用，占医疗总支出的18%。从这些事例中可以看出，虽然存在报销手续烦琐、住院限制较多等不足，但新农合使广大土族农民切实享受了国家医疗保障政策的实惠，在很大程度上减轻了土族人医疗支出方面的经济负担，杜绝了土族农民因病返贫、没钱看病的实际困难，成为广大土族农民们的健康保护伞。

三　农村低保制度及民政救济项目

农村居民最低生活保障制度是国家和政府为保障收入难以维持最基本生活的农村贫困人口而建立的一种社会救济制度。它的建立是消除城乡差别、构建和谐社会的重要举措，既能及时有效地保障农民群众的基本生活权益，又能促进农村社会经济稳定协调发展。大致说来，青海的农村低保制度经历了10年的发展历程，其救助标准逐年在提高。2004年，青海省在农牧区建立农村牧区特困人口救助制度。2005年，在城乡社会体系中建立农村低保制度，并扩大了特困人口救助的覆盖面，救助人数从2004年的18.7万人增加到22.9万人，救助面从2004年的占农牧民总人口的5.4%提高到6.9%。2006年，提高了特困人口的救助标准，并实行了分类施救制度，保障标准从年人均103元增加到146元，对特殊困难的重点人群实施了重点救助。2007年，在全省建立并实施农村牧区居民最低生活保障（简称农村低保）制度，根据青海农牧区的特点、特困人口状况和各级财政实力，青海全境分东部、环湖、青南三个地区，分别确定其保障线标准，西宁市、海东地区为650元，海南州、海北州、海西州为700元，玉树州、果洛州、黄南州为750元。[①] 2011年，为进一步缓解物价上涨对青海省城乡低保

---

① 《青海23万农牧民享受农村低保制度》，http：//www.foodmate.net/hrinfo/shehui/18968.html

对象生活造成的影响，保障低保对象基本生活，青海省政府提高了城乡居民最低生活保障标准，全省农村牧区最低生活保障标准为东部地区的西宁市、海东地区 110.4 元/月（1325 元/年），环湖地区的海南、海北、海西州 120 元/月（1440 元/年），青南牧区的黄南、果洛、玉树州 125 元/月（1500 元/年）。

据统计，2013 年，青海省纳入城乡最低生活保障 63 万人（城市低保 23 万人，农村低保 40 万人），占全省户籍总人口的 11.3%。城乡低保标准为城市低保由每人每年 3720 元提高到 3960 元，农村低保由每人每年 1924 元提高到 2044 元。值得关注的是，为进一步加大对特殊困难群体的保障力度，在提高低保标准的同时，提高全省城乡低保分类施保补助标准：城市低保对象中“三无对象”、残疾人和长期卧床病人、70 岁以上老年人，每人每月由 20 元提高到 40 元；60 岁至 69 岁的老年人、单亲家庭成员，每人每月由 10 元提高到 20 元；农村低保对象中 60 岁以上老人、残疾人和长期卧床病人，每人每年由 100 元提高到 200 元。这是全省自 2005 年和 2007 年分别实施城乡低保分类施保政策以来，首次提高分类施保补助标准。①

互助、民和与同仁各土族乡镇的惠民政策除了低保制度外，还有危房、高龄补贴、五保孤儿、残疾补助、民政救济等方面。如互助县东山乡政府 2013 年在社会保障方面除了完成新型农村养老金缴纳与新农合参保工作外，还做了以下有关社会保障方面的工作：低保方面，完成了 2013 年低保对象的调整、审核、上报、低保金的核算、新证发放、旧证审核以及录入工作，新证发放 172 户，旧证审核 185 户，录入完成率达 100%，发放 12 个行政村 1100 人最低生活保障金 152.1 万元；危房改造方面，实施农村困难群众房屋改造 26 户，奖励性住房建设 51 户，争取实施建筑节能示范户（外墙保温 + 太阳能热水器）5 户；五保孤儿方面，发放了 67 户 89 人的五保户供养金 19.9 万元，2 名孤儿的基本生活费 1.4 万元，无人抚养 9 名未成年人的补助金 1.6 万元，18 名优抚对象 6 万元救助金；残疾补助方面，发放全乡 179 名重度残疾人补助金 11.6 万元；民政救济方面，落实 25 户贫困户救灾款 1.6 万元，及时完

① 《青海调整提高城乡低保分类施保补助标准》，《西海都市报》2013 年 6 月 14 日。

成了火灾户、房屋倒塌户等灾民户的验灾、上报工作，发放2户房屋倒塌救助金0.6万元，全力解决贫困人口基本生活问题，积极实行民政救助工作，发放春荒救灾面粉2773户1150袋，冬荒救灾面粉400袋2773户。

据调查，2013年，民和县官亭镇的民政资金开支如下：农村低保补助金275.59万元；危房改造305.8万元；奖励性住房资金116.55万元；高龄补贴38.96万元；五保户补助17.57万元；孤儿基本生活费2.16万元；无人抚养补助金1.98万元；救济款1.4万元；现役军人家属优待金10万元；自主就业退役士兵10.54万元；60年代退伍军人生活补助1万元；卸任村干部补助42人，每人560元，合计23520元。此外，春节期间，镇政府民政部门还给全镇58名五保户每人补助260元，合计15080元；给优抚29人每人360元的春节补贴，总计10440元。

以上是乡镇范围内所获得的补助，而就某一土族村庄而言，获得的各项补助资金也不少。如2013年，黄南州同仁县年都乎乡年都乎村共获得国家各项扶贫资金730120元，其中，危房改造309560元，低保177540元，高龄津贴105480元，其他137540元。

在对互助、民和和黄南州同仁县土族村落的调查过程中，笔者了解到，各村党支部对危房补助、救济粮等政府救济物资的发放基本是公平的，尤其是危房补助，只要群众有能力将家里的旧房子拆掉盖新房，一般都能拿到危房补助。如互助县东山乡大庄村三社和六社的32户村民中，2013年度就有15户人家享受了政府18000元的危房补贴，比例高达受访户的47%；民和县官亭镇梧释村25户村民中，2013年度有11户人家享受政府危房补贴，比例高达44%；民和县中川乡光明村29户村民中，2013年度有7户享受政府危房补贴，比例为24%。具体来看，国家对山区的危房补助投入较高，互助和民和两个山村的危房补助比例都比较高。在访谈中，群众也反映，只要有能力盖新房子，政府危房补助申请不太难。

农村低保即农民最低生活保障，其保障对象是家庭人均纯收入低于当地最低生活保障标准的农村居民。青海土族地区的低保户按贫困程度分为一、二、三3个等级，各等级补助标准也不一样。2013年，一等补助标准为1600元，二等补助标准为1400元，三等为1200元。根据民政部门规定，低保户的评选一般二年或三年调整一次。被评为低保户的家庭，按人头享受低保补助，人口多的家庭，一年领取低保补助的款项能达万元左右，因此，低保户的评选是村落管理的一大难点。民和县官亭镇官中村针对低保户评选专门成立一个低保户评议委员会，各社选代表参加，由村支书和村长主持会议，参会人员一般不少于20人，在会上由大家评选低保户，并评定其低保等级。通过这种方式，2013年，官中村有26户被评上低保，享受了国家和政府的低保补贴。该村有302户人家，低保户的比例为8.6%。在调查中，官中村的吕永存书记介绍说，镇政府根据各村经济生产、生活水平等因素确定享受低保的户数，一般来说，山区的低保户户数较多，有些地方多达四五十户，而官中由于户数较少，生活条件比较好，低保户也相对较少。

在村落管理工作中，群众意见较大的是低保户的推选。国家实行农村低保政策是为了保障农村居民的基本生活水平，但因此也养成了少部分人等、靠、要的依赖性，加上有些村庄在低保户评选中存在不公正现象，因此，群众对低保户的推选较为关注，且存在一些不同意见。如互助县东山乡大庄村的一位老人，家庭生活困难，村里将其评为低保户，但其大儿子不争气，有赌博恶习，拿低保补助的钱去赌博，村里人很有意见，后来村委会没办法，只好取消其低保资格。另外，为了平衡，有些村庄选低保户时实行抓阄法，有些则实行轮流制，这样做虽然群众意见较少，但真正需要补助的人享受不到国家政策，造成了实际上的不公平。

第四章　土族的经济生活

土族历史上最初是以牧业生产为主，后逐渐转化成以农业生产为主。如清代土族主要从事农耕，兼营畜牧。民国时期，土族的生产方式基本上完成了从牧业向农业的转变。这一时期，土族的经济是以自给自足的农业经济为主、畜牧业为辅，处于半封闭的自然经济状态。当时，土族地区还有一些手工业和商业，但均十分微弱。中华人民共和国成立后，特别是十一届三中全会以来，随着国家实施改革开放、深化国有企业改革、推动非公有制经济健康发展、调整优化经济结构、加快发展旅游业等一系列经济政策的实施，土族地区的经济得到快速发展，其生产方式也变得日趋多元化，正处在从传统向现代转型的历史时期。但总体上来说，土族的生产方式从传统向现代的转型仍然较为缓慢，其生产方式仍以农业为主，以畜牧业为辅，工商业所占比重仍较低，土族的产业构成和经济发展水平仍保持着浓厚的传统色彩。

第一节　在业人口的职业分布状况

一　在业人口的产业结构及其变动

人口的产业结构是指总人口中从事不同产业人口的比例。人口产业结构是社会生产与生活赖以进行的主体，其在业人口职业的分布与构成是否合理，对社会分工和经济发展有着重要影响。

按照传统分类，全国人口普查将各地区少数民族在业人口的产业分类分为三个产业：第一产业为农业，包括农、林、牧、渔业；第二产业为工业，包括采矿业、制造业、电力、燃气及水的生产和供应业、建筑业；第三产业为服务业，包括交通运输、仓储和邮政业、信息传输、计算机服务和软件业、批发和零售业、住宿和餐饮业、金融业、房地产业、租赁和商务服务业、科学研究、技术服务和地质勘查业、水利、环境和公共设施管理业、居民服务和其他服务业、教育、卫生、社会保障和社会福利业、文化、体育和娱乐业、公共管理和社会组织、国际组织。

表4－1　**土族在业人口产业构成的变动与比较**　单位:%

	2000年			2010年		
	第一产业	第二产业	第三产业	第一产业	第二产业	第三产业
全国	64.38	16.81	18.81	48.34	24.16	27.50
汉族	62.99	17.70	19.31	46.41	25.26	28.33
少数民族	78.85	7.57	13.58	69.36	12.17	18.47
土族	83.15	6.41	10.45	69.05	13.40	17.19

资料来源:《2000年人口普查中国民族人口资料（上、下)》《中国2010年人口普查分民族人口资料（上、下)》。

根据2010年第六次人口普查资料数据，土族在业人口构成情况为：第一产业的在业人口占在业总人口的69.05%；第二产业的在业人口占在业总人口的13.40%；第三产业的在业人口占在业总人口的17.19%。即在每百名土族在业人口中，约有69人从事农业，13人从事工业和建筑业，17人从事服务业。

从横向比较看，土族在业人口中第一产业人口所占比重要高于全国和汉族平均水平20.71、22.64个百分点，但低于少数民族平均水平0.31个百分点；第二产业人口比重分别低于全国和汉族10.76、11.86个百分点，高于少数民族平均水平1.23个百分点；第三产业人口比重则在表列各群体中最低，分别低于全国、汉族和少数民族10.31、11.14、1.28个百分点（见表4－1)。

2000年第五次人口普查时，土族在业人口中第一产业比重在同表列各群体中最高，高达83.15%，分别高于全国、汉族和少数民族平均水平18.77、20.16、4.3个百分点；第二产业人口比重在同表列各群体中最低，为6.41%，分别低于全国、汉族和少数民族10.4、11.29、1.16个百分点；第三产业人口比重也是在同表列各群体中最低，为

10.45%，分别低于全国、汉族和少数民族 8.36、8.86、3.13 个百分点。

对 2000 年和 2010 年两次普查结果做纵向比较看，过了 10 年，土族在业人口中从事第一产业的人口比重由 83.15% 下降到 69.05%，下降了 14.1 个百分点。而同期全国、汉族和少数民族分别下降了 16.04、16.58、9.49 个百分点，说明土族从业人口从第一产业向第二、三产业转化的速度比少数民族总体水平快，但比全国和汉族的速度要慢；从事第二产业的人口比重从 6.41% 上升到了 13.40%，上升了 6.99 个百分点，同期全国、汉族和少数民族总体的上升速率分别为 7.35、7.56 和 4.6 个百分点，土族第二产业的从业比重提升速度慢于全国和汉族总体水平，但快于少数民族总体水平；从事第三产业的人口比重由 10.45% 上升到 17.19%，上升了 6.74 个百分点，同期全国、汉族和少数民族总体则分别提升了 8.69、9.02 和 4.89 个百分点，其上升速度比少数民族总体快，但比全国和汉族总体水平要慢。

从以上数据看，与 10 年前相比，土族在业人口的产业构成虽已发生了较大变化，总体上却依然落后于全国和汉族总体水平，但比少数民族总体水平变化要快一些。大致说来，土族农业在业人口所占比重虽较 10 年前有较大幅度下降，但仍然很高，非农业在业人口比重虽略有上升，但依然较低，说明土族社会的第二、三产业极不发达，工业化进程依然滞后，农业劳动力转移十分缓慢，生产力发展水平仍然较低。可以说，当前，土族的社会经济发展速度比全国和汉族要缓慢得多，但与少数民族总体发展水平相比则差距不太大。国际社会通常根据就业人口在三大产业部门的构成状况将其分为传统型、发展型和现代型，其中传统型指就业人口在第一产业占 50% 以上，第二产业和第三产业各占 25% 左右。根据这个标准衡量，当前，土族人口的产业构成仍然属于低层次的传统型，说明土族社会仍处于传统的农业社会。

二 在业人口的职业结构及其变动

在业人口的职业分布，按照第六次全国人口普查的分类标准分为七类：第一类为国家机关、党群组织、企事业单位负责人；第二类为专业技术人员；第三类为办事人员和有关人员；第四类为商业、服务业人员；第五类为农、林、牧、渔、水利业生产人员；第六类为生产、运输设备操作人员及有关人员；第七类为不便分类的其他劳动者。各民族由于所处自然环境、传统文化、受教育程度和历史发展等原因，其从事职业均有所不同，土族在业人口的职业构成也有自己的特点。

根据第六次人口普查10%抽样资料显示，2010年土族在业人口中，男性和女性分别占53.33%和46.67%（表4－2）。

表4－2　　2010年土族在业人口的职业构成及性别比例　　单位：%

职业大类	在业人口	男	女
在业人口合计	100	53.33	46.67
国家机关、党群组织、企业、事业单位负责人	1.06	76.47	23.53
专业技术人员	6.90	56.48	43.52
办事人员和有关人员	3.43	63.87	36.13
商业、服务业人员	7.36	41.58	58.42
农、林、牧、渔、水利业生产人员	68.83	50.76	49.24
生产、运输设备操作人员及有关人员	12.39	67.86	32.14
不便分类的其他劳动者	0.03	75.00	25.00

资料来源：《中国2010年人口普查分民族人口资料（上、下）》。

2010年，土族在业人口中，从事第一类职业的人，占在业人口总量的1.06%；从事第二类职业的人，占在业人口总量的6.90%；从事第三类职业的人，占在业人口总量的3.43%；从事第四类职业的人，占人口总量的7.36%；从事第五类职业的人，占人口总量的68.83%；从事第六类职业的人，占人口总量的12.39%；从事第七类职业的人数极少，只有0.03%。土族在业人口从事职业的比重从高到低依次为第五类职业、第六类职业、第四类职业、第二类职业、第三类职业、第一类职业、第七类职业，其中，土族在业人口中从事第五类职业，即农、林、牧、渔、水利业生产人员的比重最高，高达68.83%，而除第七类职业外，比重最低的是从事第一类职业的人，这与该类职业本身的性质有关。

分性别来看，土族在业人口的职业分布的性别差异十分鲜明，除了从事商业、服务业人员的土族女性比重高于男性外，其他职业类型土族女性的比重均低于男性，尤其是从事第一类职业，即担任国家机关、党群组织、企业、事业单位负责人的土族女性比例仅为23.53%，比土族男性低52.94个百分点；其次是从事第六类职业，即生产、运输设备操作人员的男女比重相差较大，女性低于男性35.72个百分点；担任办事人员的土族在业人员性别差距也较大，女性低于男性27.74个百分点；土族在业人口中专业技术人员的比重，两性间的差距较小，女性低于男性12.96个百分点；从事农、林、牧、渔、水利业生产的土族在业人口中，两性差距最小，女性低于男性1.52个百分点。这些数据表明，土族在业人口的职业分布体现出了一定的男女差距，但除第一类、第三类和第六类外，其他职业的性别差距并不算太大。其中，土族女性担任国家机关、党群组织、企事业单位的负责人的人数极少，显示土族女性受传统观念和主观意识影响，在职业生涯中主动性和积极性不高，缺乏魄力，上升空间较小。

表4－3　**2010年土族在业人口的职业构成及比较**　单位：%

职业大类	全国	青海	土族
国家机关、党群组织、企业、事业单位负责人	1.77	1.81	1.06
专业技术人员	6.84	7.46	6.90
办事人员和有关人员	4.32	3.90	3.43
商业、服务业人员	16.17	13.63	7.36
农、林、牧、渔、水利业生产人员	48.31	58.56	68.83
生产、运输设备操作人员及有关人员	22.49	14.56	12.39
不便分类的其他劳动者	0.1	0.08	0.03

资料来源：《中国2010年人口普查分民族人口资料（上、下）》《青海省2010年人口普查资料（上、中、下）》。

从职业构成的横向比较看，土族在业人口中从事第二、第五类职业的比重高于全国和青海平均水平，尤其是从事第五类职业，即农、林、牧、渔、水利业生产人员比重分别高于全国和青海20.52、10.27个百分点，存在较大差距；土族在业人口中从事第一、第三、第四、第六、第七类职业的人口均低于全国和青海平均水平，其中，第四、第六类职业中，土族从业人口比重与全国平均水平相差较大，分别低于全国8.81、10.1个百分点，低于青海6.27、2.17个百分点。

为了便于从纵向比较和考察土族在业人口职业的变动情况，笔者特将各类职业按脑力工作和体力工作分别归类：将第一类、第二类职业归为脑力劳动，第三类、第四类、第六类、第七类职业归为非农体力，第六类为农村体力，并根据第五次和第六次全国人口普查资料列表4－4进行反映。

表4－4　**土族在业人口按脑力、体力区分的职业构成变动及比较**　单位：%

	2000年			2010年		
	脑力劳动	非农体力	农村体力	脑力劳动	非农体力	农村体力
全国	7.37	28.17	64.46	8.61	43.08	48.31
汉族	6.86	30.05	63.09	8.86	44.75	46.39
少数民族	5.81	15.42	78.77	5.89	24.79	69.32
土族	5.72	11.25	83.03	7.96	23.21	68.83

资料来源：《2000年人口普查中国民族人口资料（上、下）》《中国2010年人口普查分民族人口资料（上、下）》。

从表4－4反映的数据看，2000年，土族从业人口中从事脑力劳动者占全部在业人口的5.72%，分别比全国、汉族、少数民族平均水平低1.65、1.14、0.09个百分点；从事非农体力的在业人口占在业人口总量的11.25%，分别比全国、汉族、少数民族平均水平低16.92、18.8、4.17个百分点；从事农村体力的人口占在业人口总量的83.03%，在表列各群体中最高，不仅远远高于全国和汉族平均水平18.57、19.94个百分点，还比少数民族平均水平高4.26个百分点。2010年，土族在业人口中从事脑力劳动者比重为7.96%，上升了2.24个百分点；从事非农体力比重为23.21%，上升了11.96个百分点；从事农村体力者比重为68.83%，下降了14.2个百分点。而从横向比较，土族从事脑力劳动者的比重分别低于全国、汉族平均水平0.65、0.9个百分点，但比少数民族平均水平高2.07个百分点；从事非农体力者则比全国、汉族、少数民族平均水平分别低19.87、21.54、1.58个百分点；从事农村体力者分别比全国、汉族高 20.52、22.44 个百分点，但低于少数民族平均水平 0.49 个百分点。

从以上比较可以看出，土族在业人口的职业结构与全国和汉族相比，有较大差距，但与少数民族平均水平则相差不太大。而 10 年来，土族在业人口的职业结构变化比较大，其从事农村劳动者占人口比重的下降幅度较快，而从事脑力和非农体力人口的比重均有上升，尤其是从事非农体力人口比重上升幅度较高，说明土族社会的职业结构正在发生变化。而从脑力和体力区分的职业结构看，土族在业人口中从事体力劳动者的比重高达 92.04%，表明土族在业人口仍然高度集中于以农业生产为主的体力劳动中，其职业结构呈现出单一性、落后性的特征。此外，土族在业人员中从事商业和服务业的比重低于全国和青海平均水平，而其专业技术人员则略高于全国平均水平，表明土族仍受传统的“重农轻商”思想影响，土族社会的市场经济发展相对较为滞后。

第二节　经济发展现状

中华人民共和国成立前，土族地区经济落后，生产结构单一，生产力水平低下，土族人生活十分贫苦。据 20 世纪 50 年代中央民族学院研究部陈永龄、汪公量等学者在土族地区的社会调查，“土族的经济以农业为主，手工业不发达，基本上是副业性质。经商的人也很少，除个别喇嘛寺的喇嘛经商外，仅民和三川街上有个别土族坐商，农村中有零星小贩。因此，商业经济也不发达”①。中华人民共和国成立后，在党和政府的重视与引导下，经过 60 多年的发展，土族的经济生活有了较大改变，虽然仍保持着以农业生产为主的生产方式，但其养殖业、商业经济、手工业等有了较快发展，其产业结构日益呈现出多元化的趋势。

一　农业发展现状

目前，农业仍是土族地区的产业支柱之一。从互助、大通与民和等

① 国家民委民族问题五种丛书编辑委员会青海省编辑组：《青海土族社会历史调查》，青海人民出版社 1985 年版，第 13 页。

县的农业发展情况来看，近几年，这几个县以农业增效、农民增收为农业发展的根本目标，立足于当地的农业资源优势和气候特征，坚持以市场为导向，加强农业科技创新能力，强化政策引导，不断加大农业产业结构调整力度，大力发展特色农业、效益农业、市场农业，其农业发展逐步向区域化、特色化、规模化方向迈进。

据统计部门调查，2011 年，互助土族自治县农作物播种面积 89.96 万亩，人均 2.31 亩，其中粮食、油料、蔬菜播种面积分别为 48.25 万亩、35.31 万亩和 6.66 万亩；同上年相比，粮食作物和油料作物分别减少 10392 亩、13789 亩，同比下降 2.15% 和 3.76%；蔬菜种植面积比上年增加 19938 亩，增长 42.69%。全县粮油综合产量达到 26.17 万吨，同比增长 7.92%。其中，粮食产量达到 13.41 万吨，下降 2.38%；油料产量达到 6.47 万吨，下降 1.63%；蔬菜产量达到 11.67 万吨，增长 2.72%。设施农业、特色种植、订单农业等成为全县农民增收的亮点，有力地保证了种植业生产的稳定发展。

2011 年，大通回族土族自治县全年粮食作物种植面积 31.8 万亩，比上年同期增长 1.63%，粮食产量 8.1 万吨，比上年同期增长 3.75%；油料种植面积 26.5 万亩，比上年同期下降 10.21%，产量 4.65 万吨，比上年同期下降 7.28%；蔬菜产量 26.4 万吨，比上年同期增长 5.52%。这些数据表明大通回族土族自治县的粮食和油菜种植面积和产量均比上年有所下降，但以设施农业为主的蔬菜产业快速发展，成为种植业实现结构调整、产业升级的重要支撑。

自 20 世纪 80 年代起，民和回族土族自治县逐步推行以家庭联产承包责任制为主的农村经济体制改革，其农业生产有了较快的发展。近年来，民和县陆续建立了 27 个特色产业村、6 个良种培育村，初步形成了以优质冬小麦、脱毒马铃薯、优质油菜各占 1/3 的规模性生产格局，并推广了测土配方施肥、设施农业种植技术和地膜覆盖等节水技术，农业生产、农田运输、农产品加工均基本实现了机械化。据统计，2011 年，民和县共完成农作物总播种面积 67.45 万亩（其中包括复种 3.95 万亩），完成粮食作物 53.71 万亩，完成油料作物 8.32 万亩，完成蔬菜瓜类 5.03 万亩，特色产业面积达到 62.58 万亩。全县实现粮油总产量 23.69 万吨，同比增加 2.9 万吨，其中，粮食产量 22.68 万吨，同比增加 4.24 万吨。民和县连续 7 年丰收，在全省农业绩效考核中获得第一名，成为受国务院表彰的全国 200 个粮食生产大县之一。

互助县东山乡、东沟乡和民和县中川乡等土族乡镇的农业发展现状如下：2013 年，东山乡坚持以农业增效、农民增收为核心，大力调整种植业结构，着力发展特色优势产业，完成马铃薯种植 24509 亩，小麦 15235 亩，油菜 14300 亩，豆类 1900 亩，玉米 1500 亩，燕麦 700 亩。建成大庄、寺尔、东山 3 个村双垄覆膜马铃薯种植千亩示范区 2 个，建成玉米示范点 1 个。在全乡大力推广全膜覆盖栽培技术推广工作，完成 21000 亩秋季覆膜工作，在联大、吉家岭 2 个村建成万亩示范点 1 处；在大庄、大泉、寺尔 3 个村建成千亩示范点 3 处；在东山、下李、贺尔、岔尔沟、下元保 5 个村建成百亩示范点 5 处。进一步强化稳定耕地面积和基本农田改造实施项目，耕地保有量 4460.25 公顷，确保基本农田保护面积 3861.6 公顷，保护率 86.577%。[①]

2013 年，东沟乡粮食播种面积 7.6 万亩，总产量达 5600 吨，粮食喜获丰收。乡政府为了促进农业发展，在全乡全面推广测土配方施肥、旱作农业技术、马铃薯种薯繁育体系建设等科技措施，完成了龙一、龙二、年先、洛少、尔开、纳卡、卡子、大庄 8 个村 16000 亩马铃薯制繁种；建立龙一、洛少、年先、尔开 4 个马铃薯百亩示范田；完成了塘拉村、昝扎村 5000 亩油菜制繁种；完成了口子、姚马、大庄、昝扎、塘拉 5 个村 2000 亩蚕豆制繁种；完成了尔开、大庄、姚马、洛少、口子、塘拉等露地蔬菜种植 3700 亩；完成了姚马、大庄、塘拉等 6 个村小麦制种示范田 2000 亩。完成土地流转 500 亩，其中大庄村百亩示范点 1 个。[②]

2013 年，民和县中川乡以农业增效、农民增收为目标，调优结构，培育主导产业，大力发展特色农业，全乡完成特色农作物种植 2.9 万亩。其中，冬小麦 5600 亩，马铃薯 4200 亩，杂交油菜 2100 亩，玉米 16200 亩，蔬菜 500 亩，西瓜、香瓜 300 亩，紫皮大蒜种植 100 亩。另外，还在全乡推广种植了 1.1 万亩全膜玉米和马铃薯，长势喜人，预计

① 《2013 年东山乡政府工作总结》。

② 《东沟乡 2013 年工作总结及 2014 年工作要点》。

能增收 1300 多万元；套种的 100 亩紫皮大蒜亩均增收 2500 元以上；露地、拱棚种植的西瓜、香瓜亩均收入 8000 元以上。

因地理环境和气候条件不同，互助、民和两县土族村落种植的农作物品种也不一样。如互助东山乡大庄村因处于脑山地区，气候高寒，村民们主要种植马铃薯和油菜，其中，油菜是特色产业，甚至有个别农户承包别人的土地大面积种植油菜，一年能收入四五万元。而民和县中川乡属于川水地区，海拔相对较低，主要种植小麦和玉米，有的还种几亩胡麻、西瓜之类的经济作物，农民的农业收入很低，基本是自给自足。同仁县年都乎乡年都乎村因临近县城，农田被征用，人均不足一亩，基本上都不种地，靠画唐卡、做堆绣、打工等维持生计。

为了了解土族家庭的农业生产现状，“土族社会发展现状家庭调查问卷”特意在“C 部分：家庭生产情况”中设计了受访家庭有关“农业生产”方面的若干问题。有效的 173 份调查问卷中，关于“请问您 2013 年自营土地多少亩”问题的调查结果为：不种田的家庭有 12 户，占被调查家庭总数的 6.9%；种田 1 亩以内（包括 1 亩）的有 9 户，占被调查家庭总数的 5.2%；种田 1.1—3 亩的有 36 户，占被调查家庭总数的 20.8%；种田 3.1—5 亩的有 35 户，占被调查家庭总数的 20.23%；种田 5.1—7 亩的有 26 户，占被调查家庭总数的 15%；种田 7.1—10 亩的有 15 户，占被调查家庭总数的 8.7%；种田 10.1—20 亩的有 23 户，占被调查家庭总数的 13.3%；种田 20.1—40 亩的有 10 户，占被调查家庭总数的 5.8%；另外，因极少数受访者不愿回答该问题，有 7 户数据缺失。从这些数据看，种地 10 亩以内的农户有 133 户，占被调查家庭的 76.9%；种地 20 亩以上的只有 33 户，占被调查家庭总数的 19.1%。说明大多数土族农民的耕种土地不超过 10 亩，还有极少部分农民家庭已经不种地了，种地最多有 40 亩的家庭是东山乡大庄村的，自家有 19 亩地，当年租种了别人的 21 亩地种油菜，是特色种植大户。

从各种农作物的种植来说，互助、民和与同仁各土族村落中小麦种植面积和产量都不太高，大多数家庭选择种植马铃薯、玉米、油菜等经济作物，以提高家庭经济收益。受访的 173 户人家中，有 71 户种小麦，占被调查家庭的 41.04%，因小麦的出售价格不高，因而种小麦的家庭基本是自给自足，只种一家人一年够吃的粮食就可以了，不多种，小麦产量普遍不高，最高的一户人家才收获了2500斤。马铃薯是高产作物，亩产约1000公斤，受访的173户人家中，有78户种植马铃薯，占被调查家庭的45.09%，其中，产量最高的为7000斤，有3家，占被调查家庭总数的1.7%。玉米也是高产作物，受访的173户人家中，有112户种植玉米，占被调查家庭的64.74%，产量最低的为1000斤，有7户人家，产量最高的为10000斤，有3户人家。在调查过程中笔者还了解到，大量种植玉米的大多是养殖户，用玉米作饲料喂猪、羊。油菜产量不高，一般每亩田只能收获二三百斤，但售价高，因此有人大规模种植。受访的173户家庭中，有87户种植油菜，占被调查家庭总数的50.29%，其中，油菜产量最低的为50斤，有2户人家，产量最高的有18000斤，为东山乡大庄村承包40亩地种油菜的特色种植大户。

从这些数据看，互助、民和与同仁等地的土族农民已不是传统意义上的农民了，土族地区的农业正在从自给自足的自然经济向以特色农业、效益农业转化，油菜、马铃薯、玉米等经济效益较好的作物受到农民的青睐，其种植正在趋于规模化、市场化，而小麦种植面积在逐年下降，粮食生产前景不容乐观。

二 畜牧业与养殖业发展现状

土族居住的地方自古以来就是“可耕可牧”“五谷俱产”的地方[①]，土族早期主要从事畜牧业生产。史书记载，明朝初年，土族还主要“以孳牧为业”[②]。清初至清中叶，大通县土族仍有一部分住帐房，从事畜牧业。土族人从事畜牧业，基本上是在就近的草山、草场定居放牧，这种习惯现在仍有留存，家附近有草山和草场的土族人家大多都会养一些牛羊。目前，土族家庭的畜牧业和养殖业发展并不太景气，也不成规模，只有个别家庭以其作为家庭副业，养少量的羊、猪、鸡，到市场出售，贴补家用。但从区域发展来看，互助、大通与民和等县的畜牧业和养殖业发展势头较好。

---

① （清）梁份著，赵盛世、王子贞、陈希夷校注：《秦边纪略》，青海人民出版社1987年版，第35页。

② 同上。

近几年来，互助土族自治县相继建成了千头养殖场、仔猪繁育基地、肉羊示范村、肉牛繁育基地，正在逐渐实现畜牧业生产的规模发展。2011 年，全县发展规模养殖户 2.31 万户。生猪饲养量 59.03 万头，年末存栏 30 万头；羊饲养量 59.12 万只，年末存栏 38.52 万只；家禽饲养量 136.2 万羽，年末存栏家禽 40 万羽。2011 年生产肉类 32347 吨，其中猪肉 23000 吨，羊肉 3831 吨，牛肉 3300 吨，禽肉 2206 吨；生产鲜奶 8302 吨；畜牧业产值 70951.65 吨，占农业产值的 33.24%。2011 年，大通县年末牲畜出栏 10.5 万头，同比下降 4.55%；全年肉产量 3.15 万吨，同比增长 2.47%；牛奶产量 4.1 万吨，同比增长 1.99%；禽蛋产量 0.2 万吨，同比增长 0.78%。

民和回族土族自治县把畜牧业作为调整农村产业结构的重要内容和增加农民收入的重要途径，积极争取项目，扩大产业化经营，畜牧业得到了持续快速的发展。2011 年，全县规模养殖户达到 6343 户，其中，奶牛规模养殖户 1940 户，养羊规模养殖户 3490 户，生猪规模养殖户 447 户，肉牛规模养殖户 106 户，禽兔养殖户 360 户。全年畜牧业产值为 5.8 亿元，同比增长 14.23%；草食畜饲养量为 90.08 万头（只、匹），增长 25.37%；草食畜存栏达到 40.08 万头（只、匹），同比增长 11.08%；草食畜出栏为 31.97 万头（只、匹），同比出栏率上升 11.8%；肉类总产量达到 1.6 万吨，增长 4.75%；牛羊“贩运育肥” 24.62 万头（只），增长 1%。

从互助、民和两县各土族乡镇的畜牧业和养殖业发展情况看，各有其特色，且发展势头良好。如互助县东山乡 2013 年立足东山实际，按照一村一品、规模养殖的要求，以“农户 + 基地 + 企业”的新型发展模式，积极打造“东山羊、农家猪、山地鸡”畜牧业自主品牌，建成了上元保和下元保 2 个生猪养殖基地村，在岔尔沟村新增百头规模养殖户 1 户；完成畜种改良牛改 160 头，羊改 1480 只，猪改 1300 头；重点扶持壮大“互助延林养殖专业合作社”，积极吸引企业资金 200 万元，融合散养农户 11 户，建设羊棚 3000 平方米，母羊存栏达 500 只，种植饲草 4600 亩；积极落实畜牧业扶助机制，申请发放畜牧业养殖贴息贷款 196 万元；进一步落实 54600 亩草原生态保护奖励机制，发放草原生态补助金 8.19 万元，农田种草补助金 2.4 万元。据统计，2013 年全乡全年饲养量猪22000头、牛160头、羊6584只、鸡6527只，共出栏牛120头、猪19670头、羊2325只、鸡2124只。

互助县东沟乡于2013年全面推行标准化养殖，积极争取项目资金300万元，新建石窝、昝扎、龙二、卡子规模养殖场4个，现存栏牲畜4500多头（只）；积极实施畜种改良，完成牛改605头、羊改3255只、猪改2900头；建成昝扎村生猪养殖基地1个，新增规模养殖户2户，养猪200头；积极引导专业合作社合理运作，獭兔饲养量达到40万只。截至2014年上半年，全乡牛存栏达162头，羊存栏达6550只，猪存栏达4010头，鸡存栏达11000只，实现畜牧业产值达920多万元。

近几年，民和县中川乡积极实施农畜联动、草畜结合工程，以家庭小规模养殖为主推模式，着力打造全县生猪、肉羊养殖基地。2013年，全乡羊饲养量达4.2万只、出栏1.6万只，生猪饲养量达到1.2万头、出栏4700头，适度规模养殖户有316户。草滩村冷水养殖基地投放甲鱼、螃蟹、草鱼苗240万尾，播撒荷花籽种2000公斤，养殖管理进一步规范，鱼苗生长良好。

为了解土族家庭的畜牧业和养殖业生产现状，“土族社会发展现状家庭调查问卷”特意在“C部分：家庭生产情况”中设计了受访家庭有关“2013年畜牧业生产状况”“2013年养殖业生产状况”等方面的若干问题。从有效的173份调查问卷中看，土族家庭畜牧业生产主要是养羊。173户受访家庭中，养羊的人家有43户，占被调查家庭总数的24.86%。其中，养羊最少的为1只，有6户人家，占养羊人家总数的13.95%，最多的有110只，只有1家，是互助东山乡大庄村的规模养殖户；养羊为2—10只的家庭有24户，占养羊家庭总户数的55.81%；养羊为11—50只的家庭有12户，占养羊家庭总户数的27.90%；养羊100只以上的仅有1户，占养羊家庭总户数的2.33%。从这些数据看，土族家庭的畜牧业生产是以家庭小规模养殖为主要模式，大多数家庭只是养几只羊贴补家用，畜牧业生产不成规模，只有个别规模养殖户的肉羊存栏量达到了100只的标准。

土族家庭养殖业主要是以生猪和鸡饲养为主，也是以家庭小规模养殖为主要模式，存栏量均不多。从“土族社会发展现状家庭调查问卷”中关于家庭养殖业的调查结果看，173个受访家庭中，有家庭养殖业的家庭为55户，占被调查家庭总户数的31.79%；没有家庭养殖业的为116户，占被调查家庭总户数的67.05%，不予回答的有2户，占被调查家庭总户数的1.16%。在回答有家庭养殖的人家中，养猪的人家有52户，其中，养1头猪的有30户，占养猪总户数的57.69%；养2头猪的有15户，占养猪总户数的28.85%；最多的一家养了40头猪，是民和县中川乡的规模养殖户；其余的都是三五只不等。在回答有家庭养殖的人家中，养鸡的人家有20户，占被调查家庭总户数的11.56%。其中，养鸡数量最少的为2只，有2户人家，最多的为25只，只有1户人家。从这些数据看，土族家庭的养殖基本还是以自给自足的自然经济为主，养猪、鸡等家禽大多是为了满足自家生活的需要，不是用来增收的，只有个别家庭达到了规模化养殖的水平，以其作为家庭收入的主要来源。

三　经济作物种植与劳务经济

从调查的实际情况看，互助县东沟乡和民和县中川乡的经济作物种植发展较好。近年来，东沟乡大力发展药材种植产业和苗木产业，逐步建立了药材种植基地，当归、防风、大黄等中药材种植已在塘拉、昝扎、龙一等村形成一定规模，而全乡的中药材种植面积从2012年的2000亩增加到2013年的5000亩，使农民增收1500万元。东沟乡做大做强苗木种植基地，塘拉村农林种植专业合作社不断壮大，塘拉、大庄、昝扎、龙一、姚马等村苗木种植面积已达到5000多亩，亩均收入在5000元以上，苗木种植产业已成为农民增加收入的主要渠道。而民和县中川乡大力发展经济林、生态育苗等林业产业，累计建设核桃经济林1.1万亩，加上农户房前屋后栽植，全乡共有核桃树30多万株，核桃年收入达200多万元。着力培育三川生态育苗基地，育苗面积达4000多亩，有10多名苗木经纪人负责销售，主要销往新疆、西藏、甘肃和本省格尔木等地，亩均收入4000多元。

因受地理环境和气候条件限制，互助、民和两县经济作物的种类不太一样。互助县因气候高寒，其经济作物种植以药材、松柏类树苗为主，民和中川乡、官亭镇土族村落则以西瓜、辣椒、花椒、核桃、杨树、榆树、柳树为主，中川乡和官亭镇还有些人租用别人的土地种树苗。从“土族社会发展现状家庭调查问卷”中关于“2013年经济作物种植状况”的调查结果看，173个受访家庭中，回答有经济作物种植的只有18户，占受访家庭总数的10.4%；回答没有经济作物种植的有155户，占受访家庭总数的89.6%。该数据表明土族村庄的经济作物种植还没形成区域化、规模化，目前尚处在起步阶段。

随着农业经济效益的逐步下降，劳务经济已成为增加土族农民收入的一项特色产业和支柱产业。互助、民和等县的土族乡镇非常重视劳务输出工作，一方面强化技能培训，开展以挖掘机、刺绣、家政服务等为内容的培训，为土族青年农民提供学习和就业的良好平台；另一方面又强化政府的组织引导功能，积极与外省企业联系，转移农村剩余劳动力，拓展就业渠道。2013年，互助、民和等县各土族乡镇劳务输出情况如下：东山乡年内共转移劳动力3715人，其中，省外转移1205人，省内转移2510人，实现劳务收入1990万元；东沟乡全年共输出劳动力7300人，其中，省外转移2000人，实现劳务收入达5000万元；威远镇完成劳动力转移人数达13200人（次），其中省外转移4319人（次），劳务收入达7708万元。此外，民和县中川乡按照县委、县政府“西扩东进”的总体方略，拓宽就业渠道，积极培育劳务经纪人，抓好虫草采挖、赴疆采棉、家政服务、建筑用工、企业技工等劳务输出，全乡年内共转移农村剩余劳动力8300人（次），实现劳务收入5400万元。其中，向新疆输送采棉工2553人，人均采棉收入达9000元。

值得称道的是，经过几年的发展，民和县中川乡、官亭镇等乡镇政府的采棉组织引导工作开展较为完善，已形成了一整套规范化的工作流程。各乡镇对组织村民赴新疆采棉工作十分重视，每年以乡镇政府名义发通知，组织工作十分到位。如官亭镇2013年发的通知：

官亭镇2013年金秋采棉工作实施方案

为认真做好今年金秋采棉工作，促进全镇劳务经济发展，切实增加农民收入，推进全镇农村经济进一步发展，现结合我镇实际，制定本方案。

一、指导思想

以“三个代表”重要思想和科学发展观为指导，认真贯彻落实海东市第一届党代会和人代会精神，以增加农民收入为核心，坚持“政府引导、部门服务、群众自愿、经纪人组织、市场化运作”的原则，加大政府服务引导力度，充分发挥劳务经济人作用，进一步推进金秋采棉劳务产业健康有序发展。

二、工作步骤及要求

（一）宣传动员阶段（8月10日至20日）。各镇村干部通过进村入户、召开经纪人座谈会等形式，准确掌握本村金秋采棉人员的去向意愿，做好金秋采棉的前期动员组织工作，争取做到家喻户晓、人人皆知，确保专列输送任务顺利完成。

（二）组织报名阶段（8月21日至9月3日）。各村要在前一阶段工作的基础上，对金秋采棉人员从姓名、带领经纪人、务工团场或地点、经纪人联系电话等方面进行详细的登记，并将购票款和登记报名册务必于专列出发前5天缴到镇政府，镇政府于出发前3天缴到就业局。

（三）集中输送阶段（9月4日至中旬）。镇劳务站从通知专列出发的时间、沿途护送、劳保用品发放、违禁品宣传检查、车票分发、组织排队上车等方面细化工作任务，护送群众按时到站、安全上车。

（四）镇派出所负责车辆从镇政府院内出发时的上车秩序，制止拥挤、越窗上车等现象的发生，严禁携带违禁品上车，确保群众的人身安全。并对本镇金秋采棉输送车辆安排警车护送，确保群众安全到站。

三、采棉专列计划发车时间

第一列：发车时间9月5日上午10：27分，从海石湾发车到站奎屯。

第二列：发车时间9月10日上午10：27分，从海石湾发车到站奎屯。

第三列：发车时间9月15日上午10：27分，从海石湾发车到站奎屯。

四、组织领导

为切实做好今年金秋采棉的动员组织工作，经研究，决定成立全镇金秋采棉工作领导小组，领导小组由下列人员组成：

组　长：吕建青　镇政府镇长

副组长：李元梅　镇政府副镇长

　　　　　高居杰　镇政府副镇长
成　员：祁剑勇　镇政府副镇长
　　　　　隆学成　镇政府副镇长
　　　　　秦全环　镇政府副镇长
　　　　　徐尊普　镇政府武装部长
　　　　　王吉生　镇劳务站站长
　　　　　杨春菊　镇劳务工作人员

领导小组对各村金秋采棉专列输送任务组织动员及完成情况进行督促检查，对存在的困难及时协调予以解决，对存在的问题及时提出整改意见，确保今年金秋采棉工作顺利完成。

2013 年 8 月 20 日

从“土族社会发展现状家庭调查问卷”中关于“C 部分：家庭生产情况”中“2013 年家庭打工情况”“个人打工情况”两个问题的调查结果看：173 户受访家庭中，关于“请问您家 2013 年有没有人外出打工”问题，回答“有”的为 109 户，占受调查家庭总户数的 63%；回答“无”的为 62 户，占受调查家庭总户数的 35.8%；另外有 2 份回答缺失。关于“请问您家 2013 年外出打工人数”问题，回答 1 人的有 61 户，占外出打工总户数的 55.96%；回答 2 人的有 43 户，占外出打工家庭总户数的 39.45%；回答 3 人的有 5 户，占外出打工家庭总户数的 4.58%。关于“请问您家 2013 年外出打工时间合计”问题，回答 1—3 个月的有 26 户，占外出打工家庭总户数的 23.85%；回答 4—6 月的有 44 户，占外出打工家庭总户数的 40.37%；回答 7—10 月的有 17 户，占外出打工家庭总户数的 15.6%；12 月以上的有 19 人，占外出打工家庭总户数的 17.43%；其中，需要说明的是，打工时间最长的为 36 个月，是家中有三个人长年外出打工，累计时间为 36 个月。关于“请问您 2013 年在什么地方打工”问题，有效回答为 77 人[①]，其中，回答“本地”的有 32 人，占有效回答总人数的 41.56%；回答“本县”的有 9

① 因有些受访者是女性，其丈夫外出打工，而本人不打工，所以实际回答该问题的人数少于外出打工家庭总户数。

人，占有效回答总人数的 11.69%；回答“西宁”的有 13 人，占有效回答总人数的 16.88%；回答“本省外县”的有 17 人，占有效回答总人数的 22.08%；回答“外省”的有 6 人，占有效回答总人数的 7.79%。

从这些数据看，土族家庭一般还是遵循“男主外、女主内”的传统生活方式，由男人外出打工，女人在家照顾老人和孩子，夫妻双方一起外出打工的比例并不太高；土族家庭外出打工的时间大都为半年，有的甚至只有两三个月，农忙时都在家干农活，只有农闲时才出去打工；土族家庭外出打工有近一半的人是就近打工，在本地打工，白天外出干活，晚上回到家中，出省打工的人较少。以上现象说明农村地区土族家庭的劳务经济发展较为迟缓，并没有成为土族家庭的支柱产业，只是其转移剩余劳动力的重要途径之一。

第三节　收入与生活消费

一　家庭经营与收入

20 世纪 80 年代初，互助、大通、民和等地的土族地区实行家庭联产承包制，家庭经营成为各土族村庄的主要经营方式，各家的生产计划、经营计划均由家庭成员来完成，村委会、村支部只起倡导作用，对各户的家庭经营没有具体约束力。2006 年 1 月 1 日，中国完全取消了农业四税（农业税、屠宰税、牧业税、农林特产税），在中国延续了千年的农业税成为历史。农业税的取消，极大地减轻了土族农民的负担，给土族农民带来了看得见的物质利益，极大地调动了他们的生产积极性，推动了土族地区农村经济的快速发展和农村社会的和谐进步。随着农业税的取消，土族的家庭经营趋于多元化，完全根据家庭和市场的实际需要来安排，极大地解放了农村劳动力。

从互助、民和与同仁等县的土族家庭经营来看，各地有一定差异，即使同一地区的土族村庄，也由于地理位置、气候条件、文化资源不同，其家庭经营方式也不太相同。互助县东山乡大庄村主要种植马铃薯、油菜，马铃薯和油菜主要出售，村里的青壮年男子大部分在农闲时间到县城或西宁打工。大庄村受访的 34 户家庭中，有两户规模种植户、两户规模养殖户和一户承包小工程的个体工商户。2013 年，互助马铃薯的售价每斤 0.7 元，油菜售价为每斤约 2 元钱，有些油菜种植较多的家庭收入很可观。如大庄村村民本世杰自家有 19 亩地，还租了别人家的地，共种了 40 亩油菜，收获 2 万斤，收入 4 万元，种了 2 亩马铃薯，收获 7000 斤，收入 5000 元，其一年的农业总收入就有 45000 元。此外，大庄村村民马守照，家里有 27 亩地，油菜收获 8500 斤，收入 17000 元，马铃薯收获 7000 斤，收入 5000 元，一年的农业总收入有 22000 元。村民王有清家则养了 50 只羊，当年出售牲畜收入 28000 元。本国青家养了 110 只羊，因当年出栏率低，出售牲畜收入 16000 元。马明珍初中文化程度，年近 50 岁，是一个小工头，家中有装载机、拖拉机，常在互助、平安等地修硬化路，媳妇也跟着到工地做饭。一般从 3 月带人出去干活，10 月国庆时就回家了，冬天不出去，县城有一套房子，2013 年收入 10 万元，是村里的富裕户。

威远镇小庄村土族家庭经营以种植业、旅游业和劳务经济为主。小庄村各家的农业种植以小麦、马铃薯、油菜为主，基本上是自给自足，不出售，其农业收入很低。小庄村是青海省有名的民俗旅游村。据村支书王国龙介绍，村里有 161 多户人家，有 90 户农家院，从事旅游业的家庭占全村家庭总户数的 56%，全村有 95% 以上的劳动力从事旅游业。但受访的 25 户人家中，只有 4 户从事民俗旅游业，还有 1 户为规模种植户。在开“农家乐”的 4 户人家中，收入最高的为 8 万元，收入最低的为 13000 元，其他两户分别为 60000 元、20000 元。张富英花家有 20 亩地，全部种上了油菜，2013 年收入 27000 元，加上打工收入 24000 元，一年的家庭总收入为 51000 元。小庄村的大部分男子都出外打工，打工收入最高的为 5 万元，是一家两口子都在西宁工地全年打工，所以收入较高，其他一两万元不等。

民和县中川乡胡李家村是典型的川水村庄，村民的家庭经营以种植业、养殖业和打工为主，也有个别经商、开出租车、当小工头和捡废品为生的。胡李家村村民除了种小麦、玉米、马铃薯、胡麻外，还种西瓜、辣椒、树苗等经济作物，有部分村民在本地建筑工地打工，或到海西、玉树、果洛等地挖虫草，到新疆摘棉花。种植作物中，小麦、胡麻、马铃薯都是自家用的，产量不多，玉米是出售或当饲料，而西瓜、辣椒、树苗是出售的。受访的 29 户家庭中，有 2 户个体工商户、1 户养殖户和2户开出租车的。村民胡成明家在村头开饭馆，2013年收入30000元，加上农业收入2000元，家庭年总收入为32000元。村民赵国兴家在官亭镇卖蔬菜，2013年收入50000元，加上农业收入4500元和卖树苗所得8000元，家庭年总收入为62500元。村民胡渊家是规模养殖户，2013年出栏40头猪，收入30000元，加上出售树苗10000元，家庭总收入为40000元。吕海萍家男人在官亭镇开出租车，年收入40000元。贾维孝家是贫困户，家里养了14只羊，2013年出栏3只羊，收入2000元，捡废品收入3000元，一年家庭总收入5000元。

民和县官亭镇官中村因处于镇中心，村民除了种植小麦、玉米、胡麻、树苗外，有很多家庭在镇上开商铺，为个体工商户，也有一些人外出打工。据村支书吕永存介绍，全村302户人家中，个体工商户有六七十家，即约有四分之一的人家做生意，大些的铺子一年能挣十几万元，小些的铺子一年怎么也能挣二三万元，所以较少有人愿意到外地打工和到新疆摘棉花。村里打工的人一般在本地打工，瓦工比较多，技术好的一年能挣四五万元，一般的也能挣二三万元。受访的29户人家中，有10户是个体工商户，占被调查家庭总数的34.48%。其中，收入最高的为10万元，有2户家庭，收入最低的为6000元，有1户家庭，其余家庭有的收入6万元，有的收入4万元，有的收入3万元，也有的收入2万元。官中村的个体工商户，因有的开小百货，有的卖衣服，有的开饭馆，有的卖菜，有的在街上摆小摊子，生意都比较红火。官中村打工的人家也较多，受访的29户人家中，有12户人家有人外出打工，打工收入最高的为3万元，有2户人家，最少的为3000元，有1户人家，其他人的都有一两万元。官中村打工的大多数都是在干建筑方面的活，有的在本地打工，也有的在西宁、玉树、新疆等地打工。官中村做生意的家庭没有人外出打工，而打工的人家则一般不做生意。此外，在受访的人家中，还有一家养了20多只羊，2013年出售羊的收入有10000元。官中村的农业收入较低，村民们的收入主要靠打工和经商。

民和县官亭镇梧释村因地处脑山，村民们的家庭经营相对单一，收入也是比较低的，基本上靠农业收入和打工收入。梧释村气候高寒，村民们一般种植耐寒的玉米、马铃薯、胡麻，农业收入从7000元至3000元不等，也有些家庭没有农业收入。受访的25户人家中，有14户家庭中有人外出打工，打工收入最高的人家为 20000 元，有 3 户，最低的人家为 5000 元，只有 1 户。村里还有两位五保户老人，没有收入。

黄南州同仁县年都乎乡年都乎村村民基本不种庄稼，有地的人家种点小麦、油菜，自用不出售，许多家庭以画唐卡、做堆绣为生，也有一部分人外出打工。受访的 33 户人家中，有 22 户人家画唐卡或做堆绣，占被调查家庭总数的 66.67%。其他人家有开出租车、印刷厂的，也有做木匠的。在画唐卡和做堆绣的人家中，有的是给别人做小工、打下手，或当学徒，收入不高，一年也就几千元，但召集人在家画唐卡和做堆绣的家庭收入相对高一些，收入最高的为 4 万元。年都乎村的唐卡和堆绣艺人大都是家族式传承的，如村里的老唐卡艺人，85 岁的旦培老人有 9 个孩子，在他的传授下，大儿子既会画唐卡，也会做堆绣，其他 2 个儿子画唐卡、1 个儿子做堆绣，5 个女儿中 2 个女儿做堆绣，小女儿会画唐卡，基本上全家都是艺人。

从受访的以上 6 个村庄的情况看，互助县威远镇小庄村、民和县官亭镇官中三方村、同仁县年都乎乡年都乎村因临近城镇，有着明显的地理和文化优势，村民们的家庭经营都是特色经营，收入也相对较高。如小庄村村民借助文化旅游的热潮，积极承办“农家乐”“风情园”等民俗旅游接待点，走向了富裕之路。年都乎村凭借热贡艺术、“堆绣之乡”的文化优势，积极发展艺人之家，唐卡和堆绣制作成为村民们家庭经营的主体经济。官亭镇官中村利用地处镇中心的地理优势，积极发展个体经济和劳务经济，也大幅度提高了村民们的家庭收入。互助县东山乡大庄村虽地处脑山，但在政府引导下大力发展规模化种植业和养殖业，加上离县城和西宁近，村民外出打工便利，其经济收入也极为可观，不比川水地区差。官亭镇梧释村虽然同样地处山区，但没有区位优势，加上规模种植和养殖业没有发展起来，村民们的收入大多靠打工，收入相对低一些。中川乡胡李家村虽地处川水，农业发展条件较好，但没有走特色农业和规模养殖业发展之路，其农业生产基本上处于自给自足，收入很低，村民们的家庭经营主要还是靠打工，其家庭收入也处在低水平层次，土族村民的致富之路任重道远。

从“土族社会发展现状家庭调查问卷”的调查情况看，关于“请问您家 2013 年的家庭总收入是多少”问题，173 个受访家庭中有 8 户不予回答，在回答该问题的 165 户人家中，家庭总收入为 3000—10000 元的有 43 户，占有效受访家庭总数的 26.06%；家庭总收入为 10001—20000 元的有 47 户，占有效受访家庭总数 28.48%；家庭总收入为 20001—30000 元的有 30 户，占有效受访家庭总数的 18.18%；家庭总收入为 30001—40000 元的有 18 户，占有效受访家庭总数的 10.91%；家庭总收入为 40001—50000 元的有 11 户，占有效受访家庭总数的 6.67%；家庭总收入为 50001—60000 元的有 7 户，占有效受访家庭总数的 4.24%；家庭总收入为 60001—80000 元的有 4 户，占有效受访家庭总数的 2.42%；家庭总收入为 80001—100000 元的有 3 户，占有效受访家庭总数的 1.82%；家庭总收入为 100001 元以上的有 2 户，占有效受访家庭总数的 1.21%。其中，家庭总收入最低的为 0.2 万元，有 1 户；最高的为 11.5 万元，有 1 户。家庭总收入 11.5 万元的是互助县东山乡大庄村的包工头，收入最低的是民和县官亭镇梧释村的村民，家庭总收入只有农业收入。在此，用图 4－1 反映 2013 年受访家庭具体的年经济总收入情况。

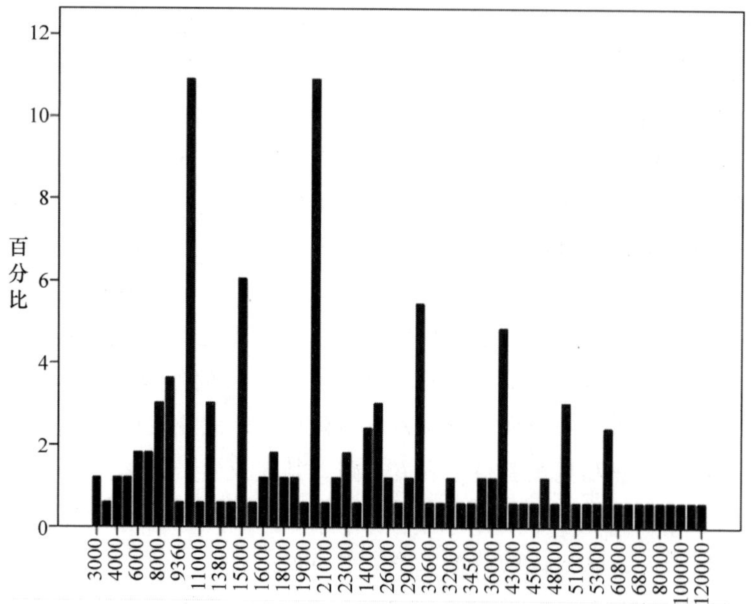

图 4－1　2013 年受访土族家庭总收入情况（%；元）

从“请问您家2013年的人均收入是多少”问题的调查结果看，有效的165个受访家庭中，人均收入1000元以下的有5户，占有效受访家庭总数的3.03%；人均收入1001—2000元的有20户，占有效受访家庭总数的12.12%；人均收入2001—3000元的有28户，占有效受访家庭总数的16.97%；人均收入3001—4000元的有26户，占有效受访家庭总数的15.76%；人均收入4001—5000元的有15户，占有效受访家庭总数的9.09%；人均收入5001—6000元的有13户，占有效受访家庭总数的7.88%；人均收入6001—7000元的有14户，占有效受访家庭总数的8.48%；人均收入7001—8000元的有7户，占有效受访家庭总数的4.24%；人均收入8001—10000元的有8户，占有效受访家庭总数的4.85%；人均收入10001—20000元的有23户，占有效受访家庭总数的13.94%；人均收入20001元以上的有6户，占有效受访家庭总数的3.64%。其中，家庭人均收入最低的为857元，有2户；人均收入最高的为28750元，只有1户，是互助县东山乡大庄村的包工头家庭。在此，用图4-2反映2013年受访家庭具体的人均收入情况。

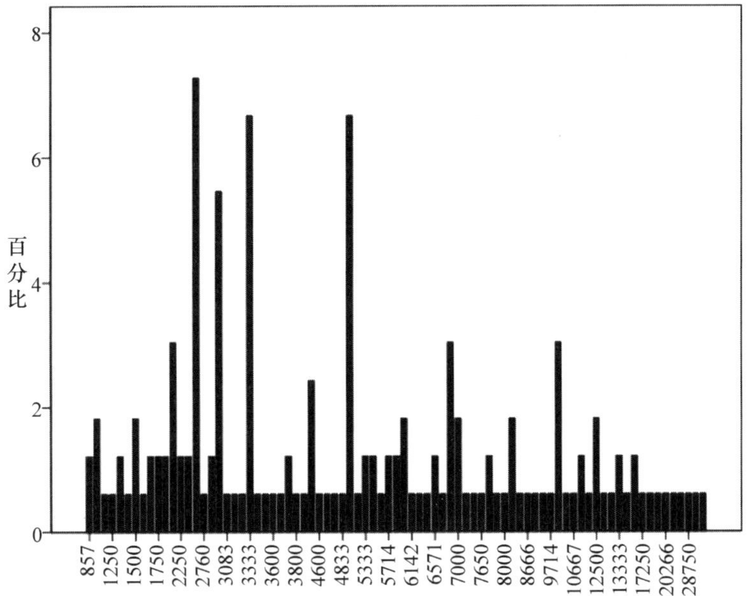

图4-2　2013年受访土族家庭人均收入情况（%；元）

2013年，青海省农民人均纯收入为6196.4元，按这个标准分类，受访的165个土族农村家庭中，人均纯收入在6196.4元以下的有109户，占调查家庭总数的66.1%；人均纯收入超过6196.4元的有56户，占调查家庭总数的33.9%。这表明大部分受访的土族家庭的人均纯收入低于全省平均水平，普遍收入不高，且其收入呈现两极分化状态。从调查的实际情况来看，互助、民和与同仁等县农村的土族家庭经营与收入差别较大。一般来说，传统靠天吃饭，家庭经营单一，或缺乏劳动力，依赖性强、自主创业性不够的家庭，收入普遍低；家庭经营多元化，从传统农业向特色农业、规模化农业和养殖业转型，特色经营或劳务经济开展较好的家庭，收入普遍较高。

二　生活状况与消费

互助、民和与同仁等县的土族农民生活状况与过去相比，产生了较大变化。目前，各农村即使是偏远山区也通了电、自来水和水泥硬化路。各村通电、自来水和水泥硬化路的时间不太一致。在访谈中笔者了解到，互助县东山乡大庄村三社、六社是1988年通电，2013年通自来水，2014年通水泥硬化路。需要特别说明的是，由于大庄村三社和六社的村民们居住分散，且其庄廓大都建在半山腰，自来水拉不进家里，只在几个村民聚居点有自来水，村民们每天到自来水处挑水回家用，即使这样，也已经比以前吃窖水要好。民和县官亭镇梧释村同样是山区，村民们生活用水至今还靠窖水，生活条件很艰苦。民和县官亭镇官中村是1970年通电，2002年通的自来水。黄南州同仁县年都乎村1955年通电，1990年通自来水，2005年通柏油路。

从住宅外道路路面情况、村民们的交通方式、生活用水、卫生设备、做饭的主要原料及家庭拥有的生活、交通、电器等情况来看，各村情况大致如下：互助县东山乡大庄村离县城约有十几公里，村庄交通极为不便，村里不通公交车。村里的道路为水泥路，村民们外出常用的出行方式是步行或骑摩托车，村民一般要走3公里左右的山路到公路边才能坐上公交车。村里的民用供电因电压低，有时会停电。电视信号一般，村里不通网络。从手机的使用来说，移动信号较好，联通信号则不太好，电信没有信号，因此，村民家里都没有固定电话，大多人手一部手机，用手机联络。村子里的农业靠天吃饭，没有灌溉设施。互助县威远镇小庄村临近县城，村里的道路为水泥路，通公交车。村民出行方式为坐公交车、开摩托车或小轿车。村里有公共厕所、路灯、垃圾桶、老年服务中心、公共卫生室、活动室与广场、运动场所与器材等，基础设施建设较好。村广场是2013年修建的，面积为2640m^2。村里的自来水全年正常供水，民用供电情况良好，很少停电。电视信号、手机信号都比较好，还有宽带接入。

民和县中川乡离县城约有90公里，离官亭镇2公里，村里的交通方便，其道路为水泥路，水泥路一直铺到村民家门口。村民们外出采用的主要交通方式为步行、坐公交车、开摩托车或小轿车。村里有广场，2014年修建，但没有路灯和公共卫生设施。自来水供应正常，很少停水。民用供电情况良好，也较少停电。电视、手机信号均良好，村里也有宽带接入。村子里的农业有灌溉设施，靠机电排灌。民和县官亭镇官中三方村位于镇中心，交通便利。村里的道路为水泥路，村民出行方式为坐公交车、开摩托车或小轿车，村里有公共卫生室、公交车站，但没有公共卫生设施。村里的自来水供应不太正常，经常停水。民用供电情况不太好，经常停电，但停电有通知。村里的电视、手机信号良好，有宽带接入。村里的农业灌溉也是靠机电排灌。民和县官亭镇梧释村离镇中心有七八公里，交通不太便利。村里的道路为水泥路，不通公交车，村民出行的主要方式为步行和骑摩托车。村里有公共卫生室，但没有广场、路灯、公共卫生设施等。村民们的日常生活用水主要靠窖水。民用供电情况也不太好，经常停电。村里的电视、手机信号一般，没有宽带网络接入。村里的农业生产基本上还是靠天吃饭，靠自然水渠灌溉。

同仁县年都乎乡年都乎村离县城一两公里，交通便利。村里的道路为水泥路，村民们的出行方式为步行、开摩托车或小轿车。村广场是2010年修建的，面积为7600m^2。村里的基础设施建设较好，有路灯、卫生设施、公共卫生室、活动中心、运动场所及器材等。村里的自来水供应正常，很少停水。民用供电情况良好，极少停电，电视、手机信号良好，有宽带网络接入。村里的农业灌溉方式为机电排灌。

从“土族社会发展现状家庭调查问卷”的受访情况看，村民们的住房面积、家庭卫生设施、做饭的主要原料、拥有的家用电器类型与数量、机动车的类型与数量情况如下：关于“您家的住房面积”问题，173 个受访家庭中，不予回答的有 8 户。在有效的 165 户受访人家中，家庭住房面积为 0—60m^2 的有 4 户，占有效受访家庭总数的 2.42%；家庭住房面积为 61—90m^2 的有 52 户，占有效受访家庭总数的 31.51%；家庭住房面积为 91—120m^2 的有 48 户，占有效受访家庭总数的 29.09%；家庭住房面积为 121—150m^2 的有 32 户，占有效受访家庭总数的 19.39%；家庭住房面积为 151—200m^2 的有 16 户，占有效受访家庭总数的 9.7%；家庭住房面积为 200m^2 以上的有 13 户，占有效受访家庭总数的 7.88%。其中，家庭住房面积最少的为 30m^2，有 1 户，是官亭镇梧释村的五保户老人家的住房；家庭住房面积最大的为 1400m^2，是互助县大庄村的养殖大户，但他是将羊圈的面积也算到家庭住房面积里了，其实际住房面积为 95m^2。

从人均住房面积看，173 份调查问卷中，不予回答的有 9 户，在有效的 164 份调查问卷中，家庭人均住房面积 10—20m^2 的有 53 户，占有效调查家庭总数的 32.32%；家庭人均住房面积 21—30m^2 的有 56 户，占有效调查家庭总数的 34.15%；家庭人均住房面积 31—40m^2 的有 30 户，占有效调查家庭总数的 18.29%；家庭人均住房面积 41—50m^2 的有 11 户，占有效调查家庭总数的 6.71%；家庭人均住房面积 51—60m^2 的有 7 户，占有效调查家庭总数的 4.27%；家庭人均住房面积 61m^2 以上的为 7 户，占有效调查家庭总数的 4.27%。其中，人均住房面积最低的为 10.7m^2，最高的为 99m^2。

据新华社快讯：2012 年年底，中国城镇和农村人均住房面积 32.9m^2、37.1m^2，分别比 2007 年增加 2.8m^2 和 5.5m^2。① 根据这个标准计算，互助、民和与同仁农村的土族家庭，人均住房面积为 37.1m^2 以上的有 35 户，占有效受访家庭总数的 21.34%；人均住房面积为 37.1m^2 以下的为 129 户，占有效受访家庭总数的 78.67%。这个数据表明，青海土族农民的人均住房面积偏低，达不到全国平均水平，只有 1/5 的土族农民达到了全国平均水平。

---

① 《2012 年底中国城镇人均住房面积 32.9 平方米》，http://finance.sina.com.cn/china/20130305/083214720182.shtml

在“土族社会发展现状家庭调查问卷”中，关于“您家住宅外道路路面情况”问题，173个受访家庭中，不予回答的有1户，在有效的172户人家中，回答“水泥或柏油路面的”的为125户，占有效受访家庭总数的72.67%；回答“沙石或石板等硬质路面”的有35户，占有效受访家庭总数的20.35%；回答“自然土路”的有12户，占有效受访家庭总数的6.98%。

关于“您家做饭用的水最主要的是”问题，173户受访家庭中，不予回答的有1户，在有效的172个受访家庭中，回答“自来水”的有147户，占有效受访家庭总数的85.47%；回答“窖水”的有25户，占有效受访家庭总数的14.53%。这里需要说明的是，用窖水的家庭全部属于官亭镇梧释村，其他地区基本用自来水。

关于“您家的卫生设备是”问题，173户受访家庭中，不予回答的有1户，在有效的172户人家中，回答“水冲式厕所”的为23户，占有效受访家庭总数的13.37%；回答“旱厕”的有147户，占有效受访家庭总数的85.47%；回答“没有厕所”的有2户，占有效受访家庭总数的1.16%。

关于“您家做饭的主要原料”问题，173户受访家庭中，不予回答的有1户，在有效的172个受访家庭中，回答“柴草”的有123户，占有效受访家庭总数的71.51%；回答“煤炭”的有22户，占有效受访家庭总数的12.79%；回答“煤气、天然气或液化气”的有10户，占有效受访家庭总数的5.81%；回答“电”的有17户，占有效受访家庭总数的9.88%。

关于“您家有显像管彩色电视机吗”问题，173户受访家庭中，有1户家庭不予回答，在有效的172个受访家庭中，回答“有”的有123户，占有效受访家庭总数的71.51%；回答“没有”的有49户，占有效受访家庭总数的28.49%。关于“您家有液晶等离子电视吗”问题，173户受访家庭中，有1户家庭不予回答，在有效的172个受访家庭中，回答“有”的有64户，占有效受访家庭总数的37.21%；回答“没有”的有108户，占有效受访家庭总数的62.79%。

关于“您家有拖拉机吗”问题，173户受访家庭中，有1户家庭不予回答，在有效的172个受访家庭中，回答“有”的有81户，占有效受访家庭总数的47.09%；回答“没有”的有91户，占有效受访家庭总数的52.91%。关于“您家有轿车或面包车吗”问题，173户受访家庭中，有1户家庭不予回答，在有效的172个受访家庭中，回答“有”的有41户，占有效受访家庭总数的23.84%；回答“没有”的有131户，占有效受访家庭总数的76.16%。

关于“您家有摩托车吗”问题，173户受访家庭中，有1户家庭不予回答，在有效的172个受访家庭中，回答“有”的有122户，占有效受访家庭总数的70.93%；回答“没有”的有50户，占有效受访家庭总数的29.07%。

关于“您家有冰箱吗”问题，173户受访家庭中，有1户家庭不予回答，在有效的172个受访家庭中，回答“有”的有114户，占有效受访家庭总数的66.28%；回答“没有”的有58户，占有效受访家庭总数的37.72%。关于“您家有冰柜吗”问题，有1户家庭不予回答，在有效的172个受访家庭中，回答“有”的有44户，占有效受访家庭总数的25.58%；回答“没有”的有128户，占有效受访家庭总数的74.42%。

关于“您家有台式电脑吗”问题，173户受访家庭中，有1户家庭不予回答，在有效的172个受访家庭中，回答“有”的有20户，占有效受访家庭总数的11.63%；回答“没有”的有152户，占有效受访家庭总数的88.37%。关于“您家有笔记本电脑吗”问题，173户受访家庭中，有1户家庭不予回答，在有效的172个受访家庭中，回答“有”的有19户，占有效受访家庭总数的11.05%；回答“没有”的有153户，占有效受访家庭总数的88.95%。

关于“您家有洗衣机吗”问题，173户受访家庭中，有3户家庭不予回答，在有效的170个受访家庭中，回答“有洗衣机”的有135户，占有效受访家庭总数的79.41%；回答“没有洗衣机”的有35户，占有效受访家庭总数的20.59%。关于“您家有照相机或摄像机吗”问题，173户受访家庭中，不予回答的有2户，在有效的171个受访家庭中，回答“有”的有22户，占有效受访家庭总数的12.87%；回答“没有”的有149户，占有效受访家庭总数的87.13%。需要特别指出的是，除了个别人家，有照相机和摄像机的大多是年都乎村从事唐卡、堆绣制作的人家，因需要拍摄唐卡或堆绣产品用于推销特意购买的。

从以上有关生活状况的数据看，互助、民和与同仁等县土族农民住宅外面的路面 80% 都是水泥路，只有山区有些人家是自然土路；其生活用水基本全是自来水，只有极少数山村的生活用水是窖水；其家用厕所基本是旱厕，只有 10% 的人家用水冲式厕所；其做饭用原料基本是传统的柴草，只有少部分家庭用煤炭或电灶；基本上每家都有电视，有些人家还有 2 台，村民们的电视大多为老式的显像管彩色电视，也有相当数量的家庭用液晶等离子电视；交通工具方面，约有 25% 的人家有轿车，70% 的家庭有摩托车；大多数家庭有冰箱或冰柜，但也有约 25% 的人家没有冰箱或冰柜；家庭电脑方面，约有 10% 的家庭有电脑，大部分家庭没有电脑，也没有网络连接；绝大多数家庭有洗衣机，但也有约 25% 的家庭没有洗衣机。此外，手机在土族农村基本普及，成年人几乎人手 1 部，村民或家里人联系基本上靠手机。

从生活消费来说，在“土族社会发展现状家庭调查问卷”中，笔者先是将生活消费设计成“2013 年您家的总支出是多少元”、“2013 年您家家庭人均支出是多少元”两个问题，在此基础上又将家庭总支出分解为生活消费、教育费用、人情往来费用、节日各项支出、信仰或宗教支出、其他支出 6 项，其调查结果如下。

关于“2013 年您家的总支出多少元”问题，173 户受访家庭中，不予回答的有 17 户，在有效的 156 户家庭中，总支出为 1000—10000 元的有 43 户，占有效受访家庭总数的 27.56%；总支出 10001—20000 元的有 48 户，占有效受访家庭总数的 30.77%；总支出 20001—30000 元的有 33 户，占有效受访家庭总数的 21.15%；总支出 30001—40000 元的有 20 户，占有效受访家庭总数的 12.82%；总支出 40001—50000 元的有 3 户，占有效受访家庭总数的 1.92%；总支出 50001—60000 元的有 5 户，占有效受访家庭总数的 3.21%；总支出 100000 元以上的有 4 户，占有效受访家庭总数的 2.56%。其中，总支出最低的为 1000 元，有 1 户；最高的为 18 万元，有 1 户，是互助县东山乡大庄村的规模养殖户，花了十几万元修了羊圈、盖房子，加上生活、教育、人情往来费用等，2013 年家庭总支出 18 万元。从总支出情况看，有结婚、盖房子、孩子上大学等情况的家庭，家庭总支出就多，尤其是结婚、盖房子，一般其总开支都有十几万元；家庭中有孩子上大学的，教育开支也有一两万元。在此，用图 4－3 反映 2013 年受访土族家庭具体的总支出情况。

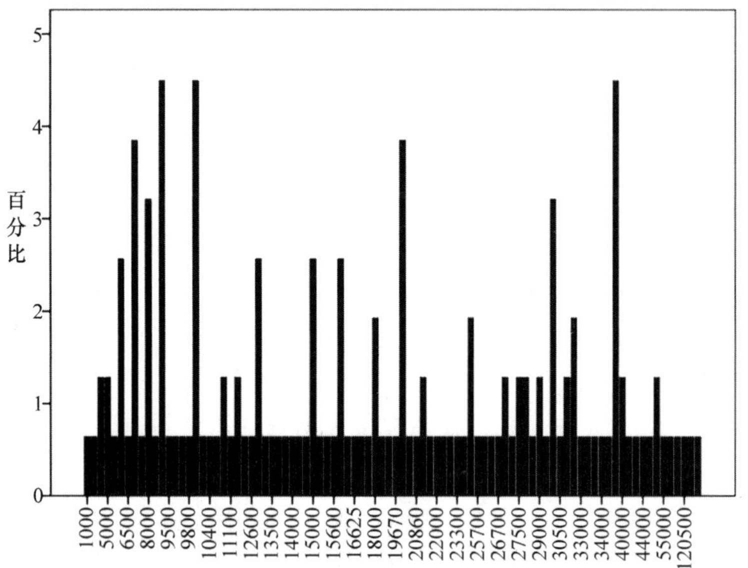

图 4－3　受访土族家庭 2013 年总支出情况（%；元）

关于"2013 年您家的人均支出多少元"问题，173 户受访家庭中，不予回答的有 22 户，在有效的 151 户家庭中，人均支出 0—2000 元的有 28 户，占有效受访家庭总数的 18.54%；人均支出 2001—4000 元的有 50 户，占有效受访家庭总数的 33.11%；人均支出 4001—6000 元的有 34 户，占有效受访家庭总数的 22.52%；人均支出 6001—8000 元的有 18 户，占有效受访家庭总数的 11.92%；人均支出 8001—10000 元的有 13 户，占有效受访家庭总数的 8.61%；人均支出 10001 元以上的有 8 户，占有效受访家庭总数的 5.30%。其中，人均支出最低的为 472 元，有 1 户；最高的为 17214 元，有 1 户。据 2014 年青海省国民经济和社会发展统计公报公布的数据，2014 年，青海省农村常住居民人均生活支出8235.14元。以这个标准衡量，在受访的有效的151户土族农村家庭中，人均支出达到8235.14元的有21户，占有效受访家庭总数的13.90%；人均支出在8235.14元以下的有130户，占有效受访家庭总数的86.10%。说明大多数土族家庭的人均支出偏低，当然，这里面也存在调查的科学性问题。我们在调查时，许多农民回答较为随意，有些人家粮油蔬菜都是自产的，也不算在生活消费里面，所以数据差距较大。在此，用图4-4反映受访家庭2013年具体的人均支出情况。

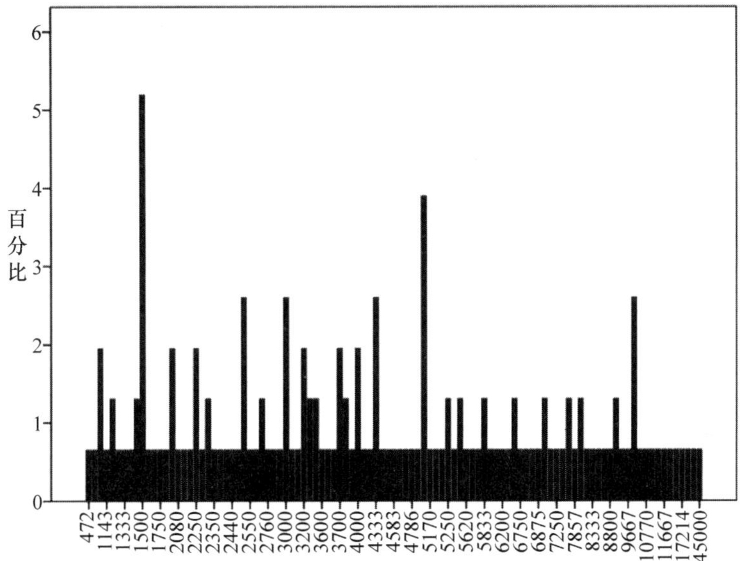

图4-4 受访土族家庭2013年人均支出情况（%；元）

关于“生活消费多少元”问题，173户受访家庭中，不予回答的有29户，在有效的144户家庭中，生活消费500—2000元的有31户，占有效受访家庭总数的21.53%；生活消费2001—4000元的有32户，占有效受访家庭总数的22.22%；生活消费4001—6000元的有20户，占有效受访家庭总数的13.89%；生活消费6001—8000元的有7户，占有效受访家庭总数的4.86%；生活消费8001—10000元的有32户，占有效受访家庭总数的22.22%；生活消费10001元以上的有22户，占有效受访家庭总数的15.28%。其中，生活消费最低的为500元，有1户；

最高的为26000元，有1户。在访谈中，笔者了解到，有很多土族家庭不种小麦，吃的面是买的，一年在买粮食方面的开支较大。

关于“2013年您家的教育支出多少元”问题，173户受访家庭中，没有教育支出的有81户，有教育支出的有92户。在92户有效受访家庭中，教育支出70—2000元的有34户，占有效受访家庭总数的36.96%；教育支出2001—4000元的有11户，占有效受访家庭总数的11.96%；教育支出4001—6000元的有10户，占有效受访家庭总数的10.87%；教育支出6001—8000元的有2户，占有效受访家庭总数的2.17%；教育支出8001—10000元的有8户，占有效受访家庭总数的8.70%；教育支出10001—20000元的有24户，占有效受访家庭总数的26.10%；教育支出20000元以上的有3户，占有效受访家庭总数的3.26%。其中，教育支出最低的为70元，有1户；最高的为27000元，有1户，为民和县中川县胡李家村村民。笔者在访谈中了解到，该户人家供两个女儿在外地上大学，大女儿在天津上大学，学费7000元；小女儿在本省上大学，学费4000元，加上两人每年的生活费、住宿费各8000元，加起来总共有27000元，而其家庭总收入才25000元，对家庭造成了沉重负担，好在两个女儿都申请上了助学贷款，大女儿贷了6000元，小女儿贷了4500元，稍稍减轻了些负担。

关于“人情往来费用多少元”问题，173户受访家庭中，不予回答的有23户，在有效的150户人家中，人情消费0—1000元的有34户，占有效受访家庭总数的22.67%；人情消费1001—2000元的有20户，占有效受访家庭总数的13.33%；人情消费2001—3000元的有25户，占有效受访家庭总数的16.67%；人情消费3001—4000元的有12户，占有效受访家庭总数的8%；人情消费4001—5000元的有26户，占有效受访家庭总数的17.33%；人情消费5001—10000元的有25户，占有效受访家庭总数的16.67%；人情消费10001元以上的有8户，占有效受访家庭总数的5.33%。其中，人情消费最低的为200元，有1户；最高的为20000元，有2户。人情消费主要指红白事、贺房、孩子考大学恭喜等搭礼开支，这也是一笔不小的开支。按土族人的习惯，外甥结婚，阿舅要搭重礼，一般不少于500元。一般的红白事，也要搭百元以上，对收入不高且亲戚较多的农民来说，是一笔不小的开支。有些做生意的人家，为了拓宽生意，也得请客吃饭，人情往来方面的开销比较大。如互助县东山乡大庄村的马明珍介绍说，2013 年，因生意比较好，请亲戚吃饭花了 4000 元。按互助习惯，一般喜事搭礼时需带两瓶酒、一张毛毯、一匹料子和 300 元钱，因自家亲戚多，开支也较大。此外为了拉生意，请人吃饭也花了不少钱，一年下来人情礼节方面花了 20000 元。

关于“信仰或宗教支出多少元”问题，173 户受访家庭中，不予回答的有 51 户，在有效的 122 户人家中，信仰支出 0—500 元的有 43 户，占有效受访家庭总数的 35.25%；信仰支出 501—1000 元的有 28 户，占有效受访家庭总数的 22.95%；信仰支出 1001—1500 元的有 16 户，占有效受访家庭总数的 13.11%；信仰支出 1501—2000 元的有 14 户，占有效受访家庭总数的 11.48%；信仰支出 2001 元以上的有 21 户，占有效受访家庭总数的 17.21%。其中，宗教或信仰开支最低的为 20 元，只有 1 户，是互助东山乡大庄村的村民，过年时给娘娘搭红[①]，花了 20 元；最高的为 10000 元，有 1 户，是同仁县年都乎村村民。相对来说，因宗教信仰意识浓厚，同仁年都乎村村民的信仰或宗教开支较大，一般都在 3000 元左右；互助县东山乡大庄村和威远镇小庄村村民的信仰意识较淡化，宗教开支较少；民和县中川乡和官亭镇土族村民的宗教开支居中，主要是给亡人忌日念经开支较大，约为一两千元。在此，用图 4－5 反映受访家庭 2013 年具体的宗教信仰支出情况。

节日支出是指春节、清明节、端午节、青苗会、纳顿节、六月会期间的消费支出。关于“节日各项支出”问题，173 户受访家庭中，不予回答的有 36 户，在有效的 137 户人家中，支出 100—1000 元的有 33 户，占有效受访家庭总数的 24.09%；支出 1001—2000 元的有 21 户，占有效受访家庭总数的 15.33%；支出 2001—3000 元的有 24 户，占有效受访家庭总数的 17.52%；支出 3001—4000 元的有 22 户，占有效受访家庭总数的 16.06%；支出 4001—5000 元的有 25 户，占有效受访家庭总数的 18.24%；支出 5001 元以上的有 12 户，占有效受访家庭总数的 8.76%。其中，节日支出最少的为 100 元，有 1 户，最多的为 10000

---

① 青海民间习俗，即将红绸布或红色被面披挂在神像或人身上，意为贺喜。

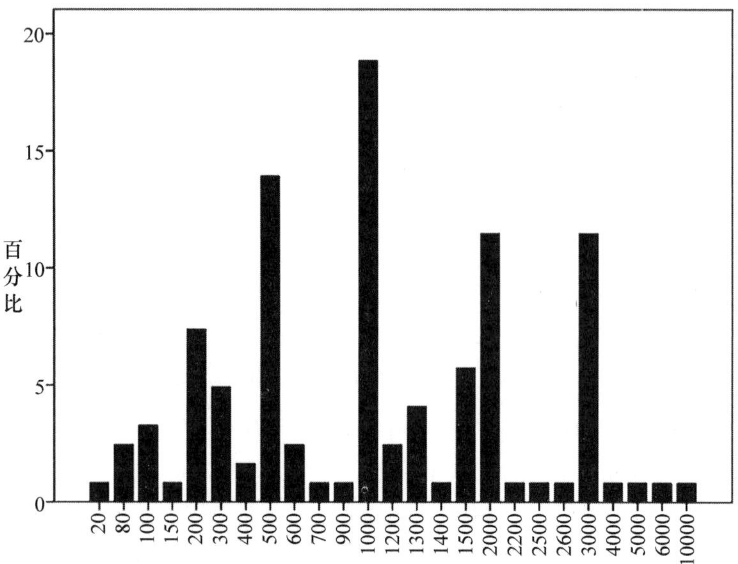

图 4－5　受访土族家庭 2013 年宗教信仰支出情况（%；元）

元，有 5 户。

其他支出是指除了生活、教育、人情往来、节日、信仰消费以外的消费，包括结婚、盖房等消费。关于“其他支出多少元”问题，173 户受访家庭中，没有其他支出的为 136 户，有其他支出的有 37 户，其中，其他消费最低的为 100 元，最高的为 12.6 万元，是民和县中川乡胡李家村一家人给儿子结婚的开支。另外 2 户 10 万元以上的人家，1 户是互助县东山乡大庄村的，给大儿子结婚花了 10 万元；1 户是民和县中川乡胡李家村的，盖房子花了 11 万元。

关于“您感觉在未来的 5 年或 10 年中，您的生活水平将有怎样的变化”问题，173 户受访家庭中，不予回答的有 1 户，在有效的 172 户受访家庭中，回答“上升很多”的有 55 户，占有效受访家庭总数的 31.98%；回答“略有上升”的有 57 户，占有效受访家庭总数的 33.14%；回答“没有变化”的有 14 户，占有效受访家庭总数的 8.14%；回答“略有下降”的有 4 户，占有效受访家庭总数的 2.31%；回答“下降很多”的有 1 户，占有效受访家庭总数的 0.6%；回答“不好说”的有 41 户，占有效受访家庭总数的 23.84%。

关于“您家在当地属于什么生活水平”问题，173户受访家庭中，回答“上”的有3户，占受访家庭总数的1.74%；回答“中上”的有30户，占受访家庭总数的17.34%；回答“中”的有88户，占有效受访家庭总数的51.16%；回答“中下”的有35户，占有效受访家庭总数的20.35%；回答“下”的有16户，占有效受访家庭总数的9.3%；还有1户回答为“不好说”。

三　劳动方式与生产安排

在青海互助、民和与同仁等地调查时，笔者了解到，现在的土族村民，其传统的农耕生产方式已发生了很大变化，其劳动方式和生产安排正在日趋多元化，除了传统的种田、养殖外，还经商、外出打工、开出租车，有些发展较好的地区，种田和养殖也正在向特色化、规模化发展。为了了解互助、民和与同仁三地土族农民劳动方式与生产安排的变化，笔者在“土族社会发展现状家庭调查问卷”中的“C部分：家庭生产情况”针对土族农村家庭的生产状况与收入设计了若干问题。其中，关于2013年土族受访家庭农业生产状况方面的问题如下。

关于“您家2013年的小麦产量”问题，173户受访家庭中，不种小麦的家庭有102户，占受访家庭总数的58.96%；种小麦的有71户，占受访家庭总数的41.04%；小麦产量0—1000斤的有56户，占种小麦家庭总数的78.87%；小麦产量1100—2500斤的有15户，占种小麦家庭总数的21.13%。其中，小麦最低的为300斤，有1户；产量最高的为2500斤，有1户。

关于“您家2013年的玉米产量”问题，173户受访家庭中，不种玉米的家庭有61户，占受访家庭总数的35.26%；种玉米的有112户，占受访家庭总数的64.74%；玉米产量0—1000斤的有47户，占种玉米家庭总数的41.96%；玉米产量1001—2000斤的有9户，占种玉米家庭总数的8.04%；玉米产量2001—3000斤的有28户，占种玉米家庭总数的25%；玉米产量3001—4000斤的有6户，占种玉米家庭总数的5.36%；玉米产量4001—5000斤的有8户，占种玉米家庭总数的7.14%；玉米产量5001—6000斤的有7户，占种玉米家庭总数的6.25%；玉米产量6001—7000斤的有3户，占种玉米家庭总数的

2.68%；玉米产量7001斤以上的有4户，占种玉米家庭总数的3.57%。其中，玉米产量最高的为10000斤，有3户。

关于“请问您家2013年的马铃薯产量”问题，173户受访家庭中，不种马铃薯的家庭有95户，占受访家庭总数的54.91%；种马铃薯的有78户，占受访家庭总数的45.09%；马铃薯产量0—1000斤的有41户，占种马铃薯家庭总数的52.56%；马铃薯产量1001—2000斤的有11户，占种马铃薯家庭总数的14.10%；马铃薯产量2001—3000斤的有8户，占种马铃薯家庭总数的10.26%；马铃薯产量3001—4000斤的有4户，占种马铃薯家庭总数的5.13%；马铃薯产量4001—5000斤的有7户，占种马铃薯家庭总数的8.97%；马铃薯产量5001—6000斤的有4户，占种马铃薯家庭总数的5.13%；马铃薯产量7000斤的有3户，占种马铃薯家庭总数的3.85%。其中，马铃薯产量最高的为7000斤，有3户。

关于“您家2013年的油菜产量”问题，173户受访家庭中，不种油菜的家庭有86户，占受访家庭总数的49.71%；种油菜的有87户，占受访家庭总数的50.29%；油菜产量0—1000斤的有53户，占种油菜家庭总数的60.92%；油菜产量1001—5000斤的有12户，占种油菜家庭总数的13.79%；油菜产量5001—10000斤的有20户，占种油菜家庭总数的22.99%；油菜产量10001斤以上的有2户，占种油菜家庭总数的2.3%。其中，油菜产量最高的为18000斤，有1户，是互助县东山乡大庄村的规模种植户。

从以上数据可以了解到，互助、民和与同仁等地区土族农村的农业生产以特色农业和规模农业为主，大部分种田的土族家庭选择种植玉米、油菜、马铃薯等经济效益好的农作物，已将小麦种植排除在生产安排之外，少量种植小麦只是自给自足，不用来出售。

关于畜牧业生产状况的问题如下：

关于“您家2013年养了多少只羊”问题，173户受访家庭中，不养羊的家庭有130户，占受访家庭总数的75.15%；养羊的有43户，占受访家庭总数的24.85%。其中，养羊最多的为110只，只有1户，是规模养殖户。

关于“您家2013年养了多少只鸡”问题，173户受访家庭中，没有养鸡的家庭153户，占受访家庭总数的88.44%；养鸡的只有20户，占受访家庭总数的11.56%。其中，养鸡最多的为25只，只有1户。土族农民养鸡的很少，大多是为了自家吃，只有少数几家出售。

关于“您家2013年养了多少头猪”问题，173户受访家庭中，不养猪的家庭有121户，占受访家庭总数的69.94%；养猪的有52户，占受访家庭总数的30.06%。其中，养猪最多的为40头，只有1户，是规模养殖户。因商业经济的发展，土族农民已经改变了传统的每家每年会养一两头猪的习惯，想吃肉大多到市场去买，只有少数人家养猪，而个别养殖户饲养的数量较多，主要用来出售。从以上数据可以看出，土族的畜牧业或家庭养殖业只是其农业经济的辅助产业，大多是自给自足，极少部分家庭用来作为家庭副业，只有个别规模养殖户将其作为家庭的主体经济。

从土族家庭的主要收入来看，笔者将其分为农业收入、出售牲畜收入、打工收入、经济作物收入、经商收入、其他6大项，各项的收入情况分别如下：

关于“您家2013年的农业总收入是多少”问题，173户受访家庭中，不予回答的有60户。在有效的113户受访家庭中，没有农业收入的家庭有23户，占有效受访家庭总数的20.35%；农业收入500—5000元的有46户，占有效受访家庭总数的40.71%；农业收入5001—10000元的有21户，占有效受访家庭总数的18.58%；农业收入10001—20000元的有17户，占有效受访家庭总数的15.04%；农业收入20001元以上的有6户，占有效受访家庭总数的5.31%。其中，农业收入最低的为500元，有2户；最高的为47000元，有1户，是互助县东山乡大庄村的规模种植户，自家的地加上承包的地，种了40亩油菜，收获18000斤油菜籽，卖了45000元，加上卖马铃薯的2000元，其农业收入有47000元。

关于“您家2013年出售牲畜收入多少”问题，173户受访家庭中，有148户没有出售牲畜，出售牲畜的有25户。其中，收入最少的为1700元，有1户，最多的为28000元，有1户，是互助县大庄村的规模养殖户，主要养羊，因2013年牲畜出栏多，收入较高。

关于“您家2013年的打工总收入是多少”问题，173户受访家庭

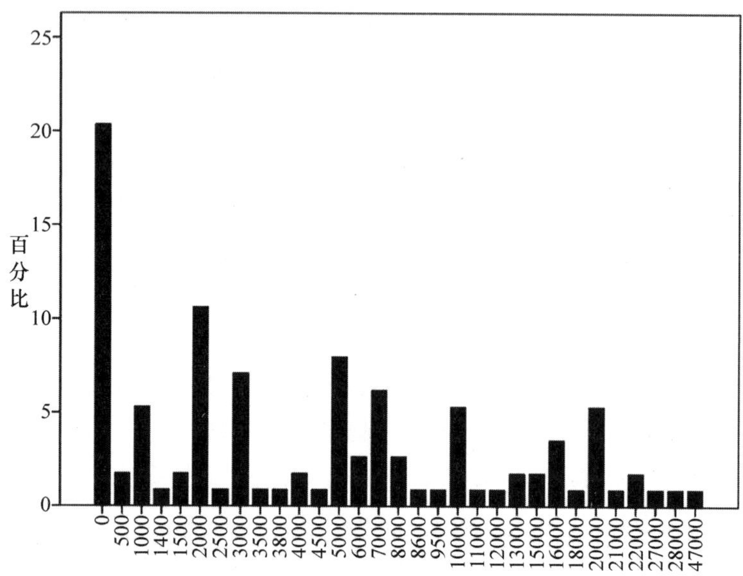

图 4-6 受访土族家庭 2013 年农业收入情况（%；元）

中，67 户家庭没有打工收入，占受访家庭总数的 38.73%；106 户家庭有打工收入，占受访家庭总数的 61.27%。在有打工收入的 106 户受访家庭中，打工收入 1000—10000 元的有 61 户，占打工家庭总数的 57.55%；打工收入 10001—20000 元的有 29 户，占打工家庭总数的 27.36%；打工收入 20001—30000 元的有 12 户，占打工家庭总数的 11.31%；打工收入 30001 元以上的有 4 户，占打工家庭总数的 3.77%。其中，打工收入最低的为 1000 元，有 1 户；最高的为 52000 元，有 1 户，是家里有 3 个人出去全年打工，所以收入较高。关于“您家 2013 年种植经济作物收入是多少”问题，173 户受访家庭中，有 166 户没有经济作物收入，占受访家庭总数的 95.95%；有经济作物收入的家庭为 7 户，占受访家庭总数的 4.05%。其中，收入最低的为 1000 元，有 6 户，最高的为 6000 元，有 1 户。笔者调查的经济作物主要指西瓜、蔬菜、树苗收入，而从调查的情况看，土族地区的经济作物发展极其薄弱。

关于“您家 2013 年的经商收入是多少”问题，173 户受访家庭中，有 96 户没有经商收入，占受访家庭总数的 55.49%；有经商收入的家

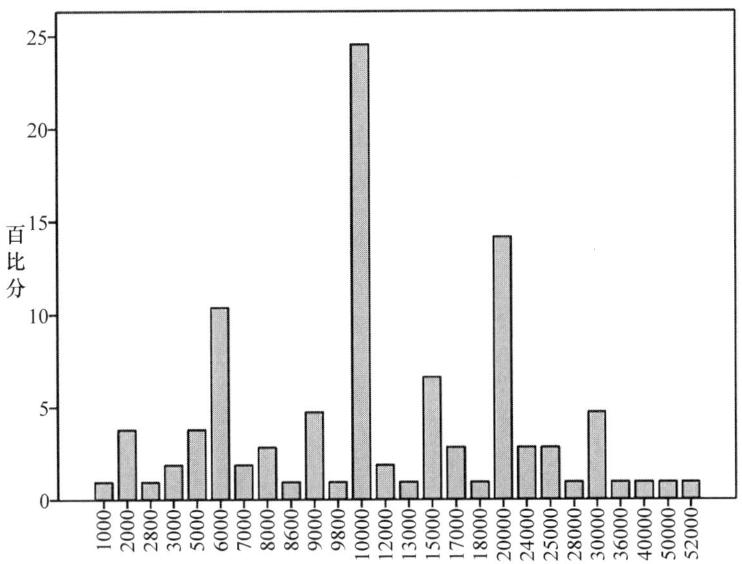

图 4 – 7　受访土族家庭 2013 年打工收入情况（%；元）

庭为 77 户，占受访家庭总数的 44.51%。在有经商收入的 77 户受访家庭中，经商收入最低的为 4000 元，有 1 户；经商收入最高的为 100000 元，有 3 户。

从以上数据分析，土族家庭的主要收入来自打工、经商，从事劳务经济和商业经济的家庭分别占调查总户数的 61.27% 和 44.51%，而农业收入与畜牧业收入在其家庭总收入中的比重很低，当然，也有相当一部分家庭从事农业和畜牧业经济，但除了个别规模种植户和养殖户外，农业和畜牧业收入很低，甚至没有收入。而从生产方式看，土族地区的农业生产基本上已经机械化，除了拔草用人工外，播种、收割、脱谷基本都是机械化。农业机械化在很大程度上解放了农村剩余劳动力，使更多的土族农民走出家门，从事劳务经济和商业经济。

第五章　土族的婚姻家庭

婚姻是人类文明的产物，是男女两性依据一定的法律、伦理和风俗的规定建立起来的共同生活关系。家庭则是基于婚姻关系、血缘关系和收养关系而形成的社会生活共同体，是人类社会的基本单元。婚姻家庭是人类社会生活的重要组成部分，对社会运行发展发挥着不可忽视的作用。各民族婚姻家庭的规模和结构既受社会制度、法律、风俗习惯、经济发展的影响，又受地理环境、人口自然发展的制约。婚姻家庭是研究民族社会和文化变迁的重要切入点，与各民族的文明与进步、民族地区的和谐发展等息息相关。当前，随着土族社会从传统向现代转型，土族的传统婚姻观念受到了强烈冲击，婚姻家庭观念也在不断地变化和发展。不仅如此，土族的婚姻家庭制度也发生了巨大变化，并体现出土族社会从封闭向开放、由落后向先进转型的特点与趋势。

第一节　婚姻状况

婚姻状况在一定程度上反映其在社会生活、劳动力配置等方面的实际情况，了解土族的婚姻状况，对于了解土族社会结构、家庭生活和土族人口的再生产等，都具有重要的意义。

一　婚姻形态

土族的婚姻形态是外婚制和内婚制的结合。外婚制指的是在传统的土族社会中，实行同村不婚的严格规定，且讲究辈分，其婚姻对象必须属于同一辈分。因同村的人属于“本家”，具有血缘关系，严格禁止互相通婚。但同姓不属于同一村庄的可以互相通婚。土族传统的通婚圈范围并不广，一般方圆不超过 10 公里，男女之间的婚姻关系经常在邻近村落或乡镇同一民族的适龄男女间缔结。内婚制指的是族内婚。过去，土族大多实行内婚制，即与同族人结婚，与汉族人结婚的较少，与回族结婚的更为少见。由于宗教信仰相同，土族人并不排斥与藏族人通婚，土藏通婚比较普遍。

在实际的调查中，笔者了解到，互助、民和、大通等地的大部分土族有同村、同姓不婚的规定，在同一个村庄内，同姓之间的婚姻，是不被接受的，也是受谴责的。如民和三川地区的土族村落大都是由家族发展形成的单姓村庄，人们通常用"×家"代指某一自然村，如中川乡王家、辛家、鄂家、杨家、祁家、文家，官亭镇鲍家、秦家、喇家、张家、何家等。这些村庄的成员都是父系单一姓氏，辈分严格，村庄里同一姓氏的人都是本家，具有血缘关系，严禁通婚。甚至邻近的村庄因地域相近也不适宜通婚。如民和中川乡的辛家、马姓和李姓因共同居住在一个村庄，依照当地习俗不能通婚。胡李家村也是如此，因村内有胡、李二姓而得名，村民们自称为"胡李三庄"，胡李家村的胡家、李家、白庄是相邻的独立的自然村落，三庄相互均视为本家，彼此不通婚。胡家为一队，李家为二队，两队视对方为本家，相互不缔结婚姻。黄南藏族自治州同仁县土族则因受藏族文化的影响，同村人也可以结婚。如年都乎村就有同村人结婚的，当时是 20 世纪 90 年代，拿了一亩地做聘礼。互助县东山乡大庄村、民和县官亭镇梧释村因地处脑山，山区男性娶妻难，不太讲究同村不婚的老规矩，同村人结婚现象较多，如在受访的 32 户大庄村家庭中，本村通婚的家庭就有 17 对，而民和县中川乡胡李家村本村通婚为 0 对。在访谈中，笔者还了解到，互助地区有些过于封闭的土族村庄，过去还有姑娘不外嫁、小伙子不外娶的习俗，这种状况近些年才有所改变。

由于自然环境、地理位置、经济条件以及区域文化的不同，土族各地区的婚姻形态也略有不同。在我们 2013 年 6 月至 2014 年 10 月访谈的 173 个土族家庭中，173 位被调查人的婚姻状况为：149 位已婚，占被调查人总数的 86.1%；9 位未婚，占被调查人总数的 5.2%；8 位离婚，占被调查人总数的 4.6%；7 位丧偶，占被调查人总数的 4.1%。

从地区差异来说，互助东山乡大庄村的32个土族家庭中，族内婚为27对，族外婚为5对，占被调查总人数的15.6%，其中，汉土通婚4对，土藏通婚1对，汉土通婚中有1对为入赘婚；互助县威远镇小庄村的25户人家中，有6对族外婚，全部为汉土结合的婚姻，占被调查总人数的24%；民和县中川乡的29户土族家庭中，族内婚为29对，占被调查总人数的100%；民和县官亭镇官中村的29户人家中，族内婚为27对，族外婚为2对，全是土汉通婚，占被调查总人数的6.9%；官亭镇梧释村的25户人家中，有8对族外婚，全为汉土通婚，占被调查总人数的32%；黄南州同仁县年都乎乡年都乎村的33户人家中，有14对族外婚，占被调查总户数的42.4%，其中，汉土通婚4对，土藏通婚10对。从以上情况看，在土族聚居相对集中的地区，族外婚较少，而在汉土、藏土杂居的地区，族外婚较多一些。此外，西宁、互助和民和县城的土族家庭，族外婚的比例也较高，但大多是汉土通婚，土藏通婚、土回通婚较少。

从通婚圈来说，土族传统的婚姻圈范围不太大，其婚姻大都是本乡本土结合。从“土族社会发展现状家庭调查问卷”的相关统计数据看：互助东山乡大庄村的32个土族家庭中，本村通婚的有17对，本乡通婚的有7对，本县外乡通婚的有6对，与外省通婚的只有1对，1户人家情况不详；民和县中川乡胡李家村的29户土族家庭中，本村通婚的为0对，本乡通婚的19对，与邻近的官亭镇各村通婚的为10对；民和县官亭镇官中村的29户土族家庭中，本村通婚的为5对，本镇通婚的为7对，本县外乡通婚的为13对，外省通婚者为1对，3户人家情况不详；官亭镇梧释村的25户人家中，本村通婚的有7对，本镇通婚的为6对，本县外乡通婚的为6对，6户情况不详；黄南州同仁县年都乎乡年都乎村的33户人家中，本村通婚者为11对，本县外乡通婚者为5对，本省外县通婚者为3对，与外省人通婚的为1对，有13户通婚情况不详。

在访谈中，笔者了解到，土族通婚的本县外乡地区，大都是邻近乡镇，如互助大庄村村民除了与本村、本乡人通婚外，本县外乡地区大多指的是东沟乡、威远镇等地。民和县中川乡胡李家村的本县外乡均是相邻的官亭镇各村。官亭镇梧释村在与外省人通婚的3对婚姻中，男方均是来自于邻近的甘肃。从以上数据看，土族农村地区的婚姻圈与过去差别不大，基本都是同一地区，相距不超过十几公里，甚至有的只有二三公里。但城市地区的土族婚姻不同，其通婚圈范围比较广，青海本省的土族家庭婚姻中，汉土通婚大都是本县、本省婚姻，也有相当数量的与外省人结合的婚姻。

土族的传统婚姻形式中还存在表亲婚和入赘婚。过去，土族中的表亲婚较多，表亲婚既有姑表兄弟与舅表姊妹之间的结合，也有姑表姊妹与舅表兄弟间的结合。直到 20 世纪 90 年代，表亲婚在土族地区尚未绝迹，尤其在一些贫困山区，长辈们为了解决儿子娶媳妇的难题，向亲戚求娶，亲戚碍于情面，将女儿嫁给有血缘关系的舅表或姑表兄弟。现今，随着现代生育知识的普及，土族中的表亲婚已极少见到。从民国时期开始，土族中存在入赘婚，这种婚姻形式往往发生在没有男性后裔的人家，家中的长辈为了确保家族的延续，往往会招女婿入赘。20 世纪 50 年代至 90 年代，由于社会安稳和土族妇女的高生育率，入赘婚比例有所下降，但自 20 世纪 90 年代以来，随着计划生育的普遍实施，土族地区的入赘婚比例又有所提升。

在实际调查中，笔者发现，土族地区的入赘婚有二种情形，一种是家中没有儿子，招女婿入赘延续家族；另一种是“招夫养子”，即寡妇招婿入赘，在前夫家居住，共同挑起家庭重担。前一种情况下，入赘的男子居住在妻子的父母家，可以不改姓，但生育的子女必须随女方的姓，入赘的男子对女方父母的家庭财产没有继承权。后一种情况大都发生在山区，因生活条件艰苦，丈夫死后，女人很难担负繁重的农活和抚养儿女的重担，便招人入赘，在夫家一起生活。如互助东山乡山区的某户土族人家，丈夫病死，留下两个儿子，女主人从南门峡招了一个 40 多岁的藏族女婿，一起抚养孩子。

因受传统观念影响，入赘婚中男方的社会地位和家庭地位并不高，且其婚姻不太牢固。如民和县中川乡的某户人家，夫妇俩生了 6 个女儿，没有儿子，便给第三个女儿从民和北山招了一个汉族女婿。两人生了一个女儿，两三年后三女儿去世，该汉族女婿憨厚老实，善良勤快，为女方家干了五六年的活，又到官亭镇山区招了女婿，走前与女方家商量，如在山里待不下去，要回到村里，希望家里能给他一块建庄廓的宅基地，女方长辈答应了。到了山里后，因夫妻不和睦，又回到村里，与前妻的家人一起生活。

此外，民国时期，土族社会中还存在多妻制，但并不普遍。据比利时人许让神父20世纪初在土族地区的调查，土族的多妻制有四种类型：第一是妻子不能生育，“若是一个妻子不生育，或不生男孩，很自然地要使她丈夫娶二房及三房”①；第二类是寡妇或“叔接嫂”，有孩子的寡妇在丈夫死了四十九天后，时常再嫁给死者的兄弟做妾，为的是可以守着她的孩子们；第三是家道小康而人丁少，“若是一家牲口土地很多，而人丁太少，妇人会劝她的丈夫再娶一房妻子来帮她工作”②；第四类是为了取乐而纳妾，这一类的多妻很少见。中华人民共和国成立后，土族地区实行了婚姻制度改革，普遍实行一夫一妻制，土族的婚姻状况发生了很大改变，其通婚范围、婚姻方式、择偶方式、婚姻仪式等均产生了变迁。如不再实行严格的民族内婚制，土汉、土藏通婚的族际婚姻大量增加；基本不再实行包办婚姻，自由恋爱结合的婚姻较多，即使是父母包办，一般也会听从儿女的意愿；婚姻仪式有所简化，且受到了汉族和西式婚礼的影响，一些汉族地区流行的婚礼逐渐被认可等。

二　婚姻构成现状及其变动

当前，土族的婚姻构成现状及其变动，可以通过人口普查资料中的初婚年龄、未婚率、有配偶率、离婚率、丧偶率来显示。

从初婚年龄看，土族的初婚年龄也经历了较大变化。中华人民共和国成立前，在广大农村地区，由于妇女是主要劳动力，出于增加家庭劳动力的考虑，土族的婚姻在年龄上多半是女大于男，有的要大两三岁或五六岁，甚至有大十几岁的。一直到20世纪50年代，这种情况仍普遍存在，这种不合理的婚姻习俗造成了很多婚姻悲剧。据卫惠琳教授于新中国成立前夕在互助县的调查，“土人的一般初婚年龄男子自十五六岁

---

① ［比］许让神父：《甘肃土人的婚姻》，费孝通、王同惠合译，辽宁教育出版社1998年版，第7页。

② 同上书，第90页。

到二十五岁，女子则于十四五岁到二十岁最为普遍。男女以相差两三岁为最合适，男长女幼或女长男幼都无不可，而土人夫妇妻长于夫者反居多数，因为男家为儿子娶妇时最需要者为其劳力，故男子十五六娶十八九岁之新妇乃为常见。但此皆为初婚而言，至于再婚的年龄则无一定规律，有时夫妇年龄可以相差十几岁，有钱的人家四五十岁的男子可以娶到二十岁以下的未婚女子”[①]。

随着时代和社会的发展，土族的早婚习俗逐渐消失，土族妇女的初婚年龄普遍增加，乡村妇女大多是20岁左右结婚，但在贫困山区的贫困家庭，娶妻普遍较晚，其初婚年龄相对要大一些。现今，土族人的婚姻在年龄上跟其他民族一样，喜欢年岁相当，且丈夫年龄普遍要比妻子大，但也有妻子年龄大于丈夫的个别现象，一般年龄相差均不太大。从“土族社会发展现状家庭调查问卷”的相关统计数据看：土族男性初婚年龄最大的为35岁，是互助县东山乡大庄村人；土族男性初婚年龄最小的为18岁；土族女性初婚年龄最大的为30岁，是互助县威远镇小庄村人，其学历为大学本科，职业为公务员；年龄最小的为15岁，早婚仅此一例，是互助县东山乡大庄村人。从总体上看，农村地区的土族男性的初婚年龄要比女性高一些，土族农村初婚年龄大都为20岁左右，土族农村男性初婚年龄主要集中在20—22岁，女性集中在19—21岁，土族农村仍普遍存在早婚现象，但受过高等教育有职业的土族女性，其初婚年龄要高一些，一般都会超过25岁。

从未婚率、有偶率、离婚率、丧偶率来看，土族的婚姻状况在逐渐发生变化。据全国第五次、六次人口普查资料，2000年至2010年，土族的婚姻构成及其变动如表5－1所示。

表5－1　**土族15岁以上人口分性别的婚姻构成及变动**　单位：%

	2000年			2010年		
	男女合计	男	女	男女合计	男	女
未婚	24.15	28.89	19.33	26.60	30.50	22.62

① 卫惠琳：《青海“土人”的婚姻与亲族制度》，转引自国家民委民族问题五种丛书编辑委员会青海省编辑组《青海土族社会历史调查》，青海人民出版社1985年版，第129页。

续表

	2000 年			2010 年		
	男女合计	男	女	男女合计	男	女
有偶	70.04	66.25	73.89	67.35	64.66	70.09
离婚	1.05	1.47	0.63	1.29	1.62	0.96
丧偶	4.76	3.40	6.16	4.77	3.22	6.34

资料来源：《中国 2010 年人口普查分民族人口资料（上、下）》《2000 年人口普查中国民族人口资料（上、下）》。

从表 5－1 数据看，2000 年，土族 15 岁以上人口的未婚比例为 24.15%，其中男性未婚率为 28.89%，女性未婚率为 19.33%。到了 2010 年，土族总人口、男性和女性的未婚率分别为 26.60%、30.50%、22.62%，比 10 年前上升了 2.45、1.61、3.29 个百分点。2000 年，土族总人口、男性和女性有配偶的比例分别为 70.04%、66.25%、73.89%。到了 2010 年，这三组数据均有所下降，各下降了 2.69、1.59、3.8 个百分点。离婚率方面，2010 年土族男性的离婚率比 2000 年上升了 0.15 个百分点，土族女性的离婚率则上升了 0.33 个百分点。丧偶率方面，2010 年土族男性的丧偶率下降了 0.18 个百分点，土族女性的丧偶率则上升了 0.18 个百分点。

从性别来看，2010 年，土族男性的未婚率、离婚率均高于女性，尤其是未婚率比女性高 7.88 个百分点，土族女性的有偶率和丧偶率则高于男性，尤其是有偶率高于男性 5.43 个百分点。而从婚姻构成的变动来看，从 2000 年到 2010 年，十年来，土族的婚姻构成变化并不太大，其未婚率有所上升，有偶率则相应下降，说明土族的婚姻形态基本稳定，但人口中未婚者，尤其是单身男性的人数有较大幅度增长。

表 5－2　**土族人口的婚姻构成及比较**　单位：%

	未婚	有偶	离婚	丧偶
全国	21.60	71.33	1.38	5.69
汉族	21.42	71.57	1.35	5.66

续表

	未婚	有偶	离婚	丧偶
少数民族	23.65	68.60	1.70	6.05
土族	26.60	67.35	1.29	4.77

表 5-3　**土族人口分性别的婚姻构成及比较**　单位:%

	未婚		有偶		离婚		丧偶	
	男	女	男	女	男	女	男	女
全国	24.43	18.48	70.37	72.31	1.54	1.22	3.40	7.99
汉族	24.43	18.40	70.67	72.47	1.52	1.19	3.38	7.95
少数民族	27.82	19.43	66.78	70.45	1.75	1.64	3.65	8.48
土族	30.50	22.62	64.66	70.09	1.62	0.96	3.22	6.34

资料来源:《中国 2010 年人口普查分民族人口资料(上、下)》。

从表 5-2 看,2010 年,土族 15 岁及以上总人口的未婚率高于全国、汉族和少数民族总体水平,有偶率低于全国、汉族和少数民族平均水平,而其离婚率和丧偶率则低于全国、汉族和少数民族平均水平。从表 5-3 看,分性别来说,2010 年,土族男女性的未婚率均高于全国、汉族和少数民族,男性未婚率高达 30.50%,比全国、汉族和少数民族分别高 6.07、6.07、2.68 个百分点;女性未婚率为 22.62%,比全国、汉族和少数民族分别高 4.14、4.22、3.19 个百分点;男性有偶率为 64.66%,比全国、汉族和少数民族分别低 5.71、6.01、2.12 个百分点;女性有偶率为 70.09%,比全国、汉族和少数民族分别低 2.22、2.38、0.36 个百分点;男性离婚率 1.62%,比全国和汉族高 0.08、0.10 个百分点,比少数民族总体水平低 0.13 个百分点;女性离婚率为同表列各群体中最低,比全国、汉族和少数民族分别低 0.26、0.23、0.68 个百分点;男性丧偶率为 3.22%,比全国、汉族和少数民族总体水平分别低 0.18、0.16、0.43 个百分点;女性丧偶率为 6.34%,比全国、汉族和少数民族分别低 1.65、1.61、2.14 个百分点。从总体上看,2010 年,土族分性别的已婚人口构成中,男性的有偶率比全国、汉族和少数民族总体水平低得多,且男性未婚率也比全国、汉族和少数民族高得多，说明土族15岁以上的男性中没有配偶的人较多，但其他与全国总人口、汉族和少数民族总体水平相差不太大。此外，土族男女两性的离婚率、丧偶率同比最低，说明土族的婚姻状态在表列各群体中最为稳定，离婚的人较少，尤其是女性受传统思想影响较深，很少离婚。

三 婚姻形态的变迁

土族婚姻形态的变迁，主要体现在族内婚与族外婚婚制的变迁，择偶方式、结婚开支等的变迁。从其婚制的变迁来看，当前，与土族通婚较多的是汉族和藏族。从2000年到2010年，十年来，土族婚姻族内与族外婚的变迁如表5－4所示。

表5－4 2000—2010年土族族内婚与族外婚的构成及变动 单位:%

	2000年	2001年
族内婚	70.88	65.13
土汉婚	22.29	26.17
土藏婚	4.67	4.60
土蒙古婚	0.62	0.59
土回婚	0.22	0.21

资料来源：《中国2010年人口普查分民族人口资料（上、下）》《2000年人口普查中国民族人口资料（上、下）》。

从表5－4来看，2000年，土族族内婚的比重最高，占其婚姻总比重的70.88%；第二是土族与汉族通婚的婚姻，所占比重为22.29%；第三是土族与藏族通婚的婚姻，所占比重为4.67%；第四是土族与蒙古族通婚的婚姻，其比重为0.62%；排在最后的是土族与回族通婚的婚姻，所占比重仅为0.22%。2010年，土族族内通婚的比重仍比较高，为65.13%，比十年前下降了5.75个百分点；土汉通婚的婚姻则有较大幅度的增多，为26.17%，比十年前上升了3.88个百分点；土族与藏族通婚的婚姻比重为4.60%，下降了0.07个百分点；土族与蒙古族通婚的婚姻比重为0.60%，下降了0.03个百分点；土回通婚比重也略有下降，下降了0.01个百分点。

从2000年到2010年，土族族内婚的比重虽然仍比较高，但有较大幅度下降。土族与汉族通婚的婚姻比重有较大幅度上升；土族与藏族、蒙古族、回族通婚的比重跟10年前均相差不大；土族与回族通婚的婚姻仍不太多。这说明，随着土族社会从封闭走向开放，土族的婚姻构成也在逐渐发生变化，虽然族内婚仍是土族社会基本的婚姻形态，但与汉族通婚的人数也比较多，且有逐渐增加的趋势，这不仅是因为土族长期与汉族毗邻而居，有着相互通婚的传统，还因为随着土族社会人口流动的加剧，不少在外工作和出外打工的人选择与当地汉族人结婚。而由于信仰和生活习惯的差异，土族与信仰伊斯兰教的民族通婚历来较少，目前也仍然如此。

从择偶方式来说，民国时期，土族人择偶要遵从父母之命、媒妁之言，在民和三川土族地区，择偶甚至要由家族包办，家族中的某一男子要娶媳妇，要召开家族会议商议，有时甚至要请阴阳先生预先占卜婚姻的方向等，很多夫妻结婚前都没见过面，这种情形目前仍有遗留。如家族中的某一男子要娶媳妇，要给家伍“告户”[①]，还要预先请阴阳先生算时辰、禁忌、新娘上马时需躲避的属相等。1949年之后，土族仍遵行父母之命，但不再通过家族。直到20世纪90年代初，土族地区仍实行父母包办婚姻，父母为儿女择偶的标准是“忠厚老实、孝顺父母、勤快能干”。90年代之后，土族的择偶方式逐渐变得多元化，自由恋爱成为土族人择偶的主要方式，但父母仍有一定的发言权，有些由父母包办的婚姻，也要在很大程度上听从儿女的意愿。21世纪以来，土族自由恋爱结合的婚姻比例不断上升，这一时期，土族男女青年择偶标准又增加了“聪明能干、经济条件好、学历高、长相好、有文化”等条件，说明土族青年除了考虑传统美德等因素外，还看中个人的人品、能力、文化、教育素质等综合因素。

从结婚开支来说，从20世纪60年代到21世纪初，土族的结婚费用始终处在上升阶段，尤其是近几年，互助、民和等土族农村的结婚费用开支十分高昂，已造成贫困家族的沉重负担。在各地的结婚费用中，“干礼”（方言，指男方给女方付的聘金）是最大的开支，而笔者的访

① 土族婚礼习俗，即男方在娶亲的前10天召集家庭主要成员商议具体事宜。

谈对象们无论年代有多么久远，一般都能记得干礼的确切数字。从“土族社会发展现状家庭调查问卷”的相关统计数据看，受访的173户家庭中，不予回答的有18户，其他的，20世纪60年代至70年代结婚的有6对，聘金最高的为500元，最少的为20元，其余4对均为100元；20世纪70年代至80年代结婚的共有19对，聘金最高的为500元，有2对，最少的1对为70元，其余的有150元、200元、360元、400元等不等；20世纪80年代至90年代结婚的共有58对，其中聘金最高的为4000元，有2对，最少的是没有聘金，其余的有几百元的，也有两三千元的；20世纪90年代至2000年的结婚有49对，其中聘金最高的为18200元，10000元至20000元有的4对，5000元至10000元的有8对，1000元至5000元的有25对，1000元以下的有1对，没有聘金的有3对；2001—2010年结婚的有18对，聘金最高的为30000元，有2对，最少的为800元，20000元至30000元的有4对，10000元至20000元的有3对，3000元至8000元的有7对；2010年后结婚的有5对，其聘金最高的为40000元，最少的为10000元，其余为20000元、30000元。

从这些数据看，20世纪60年代至70年代，互助、民和、同仁三地土族的聘金都在百元左右。70年代至80年代，土族各地区的聘金有所增加，大致在100元至500元之间。80年代至90年代，聘金增加到了千元以上，但也有没有聘金的，没有聘金存在两种情况，一种是入赘，不需要付聘金，另一种是受藏族习俗影响，这一时期，黄南州同仁县年都乎村同村结婚的一对甚至拿一亩地做聘礼，比较特殊。20世纪90年代至2000年，各地土族结婚男方付的聘金波动幅度较大，初期结婚的为几千元，后期结婚的就上升到一两万元。21世纪第一个十年，土族各地区的聘金也有波动，初期为一两万元，后期涨到数万元。

在田野访谈中，笔者了解到，近几年，民和三川地区农村的土族男子结婚费用已涨到一二十万元，其中光聘金就在7万元以上。如中川乡胡李家村某户人家给儿子娶媳妇花了13万元，其中仅聘金就给了96000元。互助土族地区的结婚费用也比较高，尤其是浅山、脑山地区的土族男子，因彩礼高有很多娶不上媳妇打光棍。据东山乡白牙合村73岁的李姓老人介绍，现在村里办一次婚礼需花20万元左右，村里有很多三十几岁娶不上媳妇的男子，年龄最大的光棍都有四十七八岁。前两年，村里有一家贷款娶媳妇，聘金给了 16 万元，后来媳妇跑了，落了个人财两空。

第二节 家庭状况

家庭是构成社会的基本单位，是由夫妻关系和子女关系结成的最小的社会生产和生活的共同体。若干个血缘关系较近的家庭，被称为家族。家庭承担着维持家庭成员生计、延续家庭血缘或世系、协调家庭成员关系、保护家庭成员利益等职能。家庭不仅是社会细胞，也是一种重要社会制度。美国社会学家 E. W. 伯吉斯和 H. J. 洛克在《家庭》（1953）一书中提出："家庭是被婚姻、血缘或收养的纽带联合起来的人的群体，各人以其作为父母、夫妻或兄弟姐妹的社会身份相互作用和交往，创造一个共同的文化。"① 中国社会学家费孝通先生认为："家庭这个名词，人类学家普遍使用时，是指一个包括父母及未成年子女的生育单位。中国人所说的家，基本上也是一个家庭，但它包括的子女甚至有时是成年或已婚的子女。有时，它还包括一些远房的父系亲属。之所以称它是一个扩大了的家族，是因为儿子在结婚之后并不和他们的父母分居，因而家族扩大了。"② 家庭是父母子女形成的团体。跟其他民族一样，土族家庭主要是通过婚姻、血缘和收养关系为纽带而形成的。随着时代的变迁，土族的家庭结构、家庭类型和家庭关系也在发生相应的变化。

一 家庭结构与类型的变化

家庭结构是指"家庭成员的构成及其相互作用、相互影响的状态以及由于家庭成员的不同配合和组织的关系而形成的联系模式"③。家庭结构首先包括家庭的构成，即人口要素和家庭规模；其次包括构成家

① http://baike.baidu.com

② 费孝通：《江村农民生活及其变迁》，敦煌文艺出版社 1997 年版，第 29—30 页。

③ 邓伟志、徐榕：《家庭社会学》，中国社会科学出版社 2001 年版，第 37 页。

庭要素的内部秩序，即代际要素和组合类型。从民国时期至今，百年来，土族的家庭结构与类型发生了很大的变化。

民国时期，土族的家庭规模较大，属于父系大家庭。据卫惠琳教授调查，“土人之家族构成常包括三代以上之父系亲族，兄弟、叔侄及祖孙共聚一堂，乃为常事。纯粹父母子女之小家庭极少见”[①]。当时，土族的家庭规模往往包括三代以上，即兄弟、叔侄及祖孙，是典型的扩大式家庭类型。这种家庭结构与类型与当时的生产能力水平相适应。在生产力低下的社会中，必须要依靠强大的家庭力量才能战胜自然，才能求得家庭的基本生存与发展，才能延续家庭的血脉。在这种家庭中，长子在家庭中的地位十分重要，长子结婚后要和父母、兄弟姐妹等共同生活，承担起家庭责任。分家时实行长子继承制，长子要留在家中赡养父母，其他儿子结婚后要分门立户，女儿也要嫁出去。后来，随着社会的发展和变迁，这种传统习惯逐渐改变。如今，土族大家庭中的父母一般跟小儿子生活在一起，长子结婚后就另立门户。

20 世纪 90 年代以来，随着土族人生活水平、经济条件、文化程度的提高与生育率的下降，土族人的传统观念有较大改变，其家庭规模和类型也都发生了相应的变化。以土族人口密集的青海地区为例，从家庭规模看，1990 年青海土族平均家庭户规模为 5.64 人，比同期青海和全国平均水平多 1 人和 1.68 人，在青海汉、藏、回、土、撒拉与蒙古六大世居民族中列第二位，仅次于撒拉族。到了 2000 年，随着生育率的下降和分户化水平的提高，土族的家庭规模又有所下降，如据 2000 年青海第五次人口普查资料，2000 年，青海土族 1、2、3、4、5、6、7、8 人及以上家庭户分别占其家庭户数的 4.48%、6.18%、17.35%、31.56%、21.27%、11.69%、4.84%、2.63%。其中，3—5 人户所占比例高达 70.18%，而 1 人户与 2 人户合计占 10.66%，7 人及以上户的比重为 7.47%。[②] 从这些数据看，土族的 3—5 人户所占比例最高，1—2 人户及 7 人以上的家庭户比例低，说明土族的家庭规模较大，其分布

---

① 卫惠琳：《青海“土人”的婚姻与亲族制度》，转引自国家民委民族问题五种丛书编辑委员会青海省编辑组《青海土族社会历史调查》，青海人民出版社 1985 年版，第 144 页。

② 刘成明：《土族撒拉族人口发展与问题研究》，甘肃民族出版社 2011 年版，第 70—71 页。

呈现出中间大、两头小的特征，这也与土族从事以农业生产为主的经济生活方式密切相关。

据“土族社会发展现状家庭调查问卷”的相关数据统计，2013 年，173 个土族受访家庭户规模状况如下：1 人户有 2 个，占被调查总户数的 1.2%；2 人户有 5 个，占被调查总户数的 2.9%；3 人户有 35 个，占被调查总户数的 20.2%；4 人户有 50 个，占被调查总户数的 28.9%；5 人户有 32 个，占被调查总户数的 18.5%；6 人户有 34 户，占被调查总户数的 19.7%；7 人户有 14 户，占被调查总户数的 8.1%；8 人户有 1 个，占被调查总户数的 0.6%。其中，1—2 人户合计占 4.1%；3—5 人户合计占 67.6%；6 人户占 19.7%，7 人及以上户合计为 8.7%。从这些数据看，1—2 人户及 7 人以上的家庭户比例较低，3—5 人户比例最高，说明土族的家庭户规模仍保持着 20 世纪初两头小、中间大的传统结构。

表 5－5　**2000 年青海省土族的家庭户数类型及比较**　单位%

户规模	青海	藏族	回族	土族	撒拉族	蒙古族
一代户	16.43	16.53	13.43	7.54	8.41	25.36
二代户	60.27	57.90	60.62	61.41	55.40	63.21
三代户	22.44	24.22	25.08	29.96	34.10	10.96
四代户及以上	0.86	1.35	0.87	1.09	2.09	0.47

资料来源：根据《2000 年青海省第五次人口普查资料》编制。①

从表 5－5 中看，2000 年，青海土族一代户、两代户、三代户、四代户及以上户的比例分别为 7.54%、61.41%、29.96%、1.09%，其分布状况为二代户比重最高，占其家庭户总数的 61.41%，这一比例在青海省各少数民族列第二位，低于蒙古族，但高于青海平均值；其次是三代户较多，占其家庭户总数的 29.96%，低于撒拉族三代户的比重但高于青海省平均值；一代户较少，只有 7.54%；四代户及以上最低，为 1.09%，在青海省各民族中列第 3 位；一代户比例为 7.54%，在青

① 刘成明：《土族撒拉族人口发展与问题研究》，甘肃民族出版社 2011 年版，第 71 页。

海六大世居民族中列于最后，且低于青海省平均值 8.89 个百分点。这些数据表明，土族家庭以核心家庭为主，即父母和未婚子女一起生活的家庭较为普遍。而传统的父母随已婚子女同居的家庭正在逐渐变少。总的来说，土族家庭正在逐渐从居住于同一区域的直系扩大家庭向核心家庭转变，即大家庭向小家庭转变，人数逐渐减少，家庭结构趋于简单，其规模不断变小。

据“土族社会发展现状家庭调查问卷”的相关数据统计，2013 年，173 个土族受访家庭户类型状况如下：一代户有 5 个，占被调查总户数的 2.89%；二代户有 88 个，占被调查总户数的 50.87%；三代户有 77 个，占被调查总户数的 44.51%；四代户有 3 个，占被调查总户数的 1.73%。从这些数据看，土族家庭类型中二代户所占比重最高，为 50.87%，三代户比重次之，为 44.51%；一代户和四代户比重很低，说明土族家庭中虽以核心家庭为主，可三代同堂的多代际家庭在土族农村社会也仍很普遍，而二代户比重最高则说明从总体上看，土族家庭结构简单化、家庭规模小型化的趋势在不断加强，这是土族社会发展的必然现象。

二　家庭观念与家庭关系的变化

从家庭继承规则来说，土族是父系社会，实行父系继嗣制度，子女的姓氏和承继都随父亲，家庭财产由儿子继承，女儿没有继承财产的权利。只有在没有儿子的家庭中，才由女儿继承财产，但必须采取招赘外姓男子的方式，才能与丈夫共同拥有父母家的财产。但在城市的独生子女家庭中，女儿可以继承父母的财产，也不需要通过招女婿的方式才能继承父母的财产。从家庭成员居住地来说，土族普遍是从夫居家庭，结婚后妻子住在丈夫与其父母的家中，或住在丈夫父母为他们准备的庄廓中。父母一般跟小儿子一起生活。而城市的土族家庭，其自有住房大多是由夫妻双方共同贷款购买，或由丈夫的父母为其购买。

民国时期，土族人观念中的家庭是大家庭的概念，那时，在土族人心目中，“一个爷爷的后代就是一家”。目前，这种观念仍有保留，人们普遍认为一个爷爷的后代就是一家人。但另一方面，土族人又认为，一个家庭的几个儿子分家另过后，就成了一个单独的家庭，跟原来的家不是一家了，通知事务时要分开通知，但遇到重要事务时会在一起商量，尤其是有婚丧之事，不仅要商量，还要一起操办具体事务。这些状况表明在土族人的观念中，家庭有时指多代际的联合大家庭，有时又指核心家庭。

在土族人的观念中，家庭与家族是不一样的，家庭是生活在同一个庄廓里，有共同的居住空间和共同饮食的家庭成员组成的社会群体。家庭的组成要存在一定的亲密关系，包括血缘、婚姻或者收养关系，这三个要素是维系家庭的纽带。因而，即使个别家庭成员出门在外或在外工作，他（她）仍是家庭中的一员。

值得关注的是，在土族家庭中，还存在领养这种特殊的家庭关系。领养的原因一般有两种：一种是夫妻双方有一方没有生育能力，不能生育后代，就领养一个孩子来延续家庭世系，并为夫妻俩养老送终；一种是平衡家庭内部子女的性别，没有儿子的领养男孩，没有女儿的就领养女儿。相对来说，因土族传统社会存在“重男轻女”思想，有些家庭为了生儿子就将出生不久的女儿送人，因此，女孩被领养的数量居多。土族人对领养的孩子较为宽容，大多数人家都能对其视若亲子，精心抚养其长大，而被作为嗣子收养的儿子长大后也能继承养父母的家庭财产，并承担起给养父母养老送终的职责。据调查，土族家庭领养孩子的程序较为简单，一般是在孩子出生不久就抱到养父母家，让养父母抚养，孩子的亲生父母与养父母之间存在一定的血缘或亲戚关系。领养孩子后，养父母还得到当地派出所做领养登记，并将孩子的户口落到自己家户口簿，建立法律上的家庭关系。

在土族人心目中，家族是一个纵向的男性谱系的概念，即同一个祖先的后代就是一个家族，如太爷、爷爷、爸爸、儿子、孙子、重孙等，几个兄弟在几代之后就形成了一个家伍。土族的家伍有“老家伍”和“亲家伍”之分，如民和三川地区的土族人习惯上称同属于一个曾祖父的各个家庭为“老家伍”，称同属于一个祖父的家庭为“亲家伍”。家伍在村民们的日常生活中起着十分重要的作用，家有红白事，主家除了出钱、米、面、油、酒、肉外，其余事务都交给家伍们操办。一般家伍们都是全家来帮忙，男子帮着采购东西、招待客人、主持或协助举行各种传统仪式，妇女们在厨房帮忙，炸馍馍、蒸包子、煮肉、炒菜，孩子们帮着抬凳子、端饭倒茶、放鞭炮，大家各司其职，从白天忙到晚上，一直要忙好几天，等事情办完才算完成了应尽的家族义务。

家庭关系是指家庭成员之间的互动行为和不同角色间的联系，既包括垂直的代际关系，如亲子关系、婆媳关系、祖孙关系、叔侄关系，也包括平行的同辈关系，如夫妻、妯娌、兄弟姐妹等关系。土族传统的家庭关系总体上表现出父系家长制的特色，但又有时代差别。如民国时期，家里的祖父是一家之主，有着绝对的权威。如许让神父写道："他们（土人）的家庭组织是一种'大家庭'，祖父是一家之主，他的儿孙结婚后，继续在他的权力之下生活……他指导着宗教、工作、商业、教育等生活。"① 但20世纪80年代以来，土族家庭中祖父的权威被削弱了，已结婚生子并有了一定社会阅历的儿子成为一家之主，虽然在家庭事务中还要听取父亲的意见，但不是绝对地遵从。父亲也有意识地将家中的经济大权交给儿子，由儿子安排家中的生产与生活，除非有必要，否则一般不干涉家里的事务，对分家另居的儿子更是如此。

夫妻关系是家庭关系的核心关系。土族是个传统的"父权制"社会，即使是在社会文明高度发展的今天，也依然深受"男主外，女主内""男尊女卑"等传统思想的影响，女性在家庭中处于从属地位。由于受传统观念和社会意识的影响，土族地区女性的地位要远远低于男性，相应地，其所享受的权利也远远低于男性。土族妇女完成隆重而繁琐的结婚仪式后，正式成为丈夫家的人，其角色定位是妻子、儿媳、母亲。在传统的土族社会中，这一时期土族妇女的家庭地位是最低的。作为儿媳，要负责全家的饮食起居，承担大部分的家务劳动，要尊敬公婆，处理好姑嫂、妯娌的关系。按传统习俗，儿媳不能同公婆、丈夫一桌吃饭，而要在偏房或厨房吃饭，端饭给长辈，要双手举碗。在家庭日常事务和重大事务的处理上，儿媳是没有话语权的，不允许发表任何意见。家庭中的经济收入大多是由长辈或者丈夫来管理和支配，儿媳没有管理权和支配权，要购买自己想要的东西，则需得到丈夫的许可。在夫妻关系中，妻子处于从属地位，男性掌握着家庭事务的处理权和家庭经

① ［比］许让神父：《甘肃土人的婚姻》，费孝通、王同惠译，辽宁教育出版社1998年版，第127—128页。

济收入的支配权。土族男性的大男子主义较为严重，除了干农活外一般不干家务活，一些人还有打老婆的坏习惯。

目前，这种状况发生了很大改变，土族妇女在家庭中的地位得到了很大提高，妻子对家庭日常事务、重大事务的处理、孩子的教育等有一定的发言权，对家庭的经济收入也有一定的支配权，购买自己想要的东西，除了数额较大的奢侈品，一般都能自主购买。而在城市的土族家庭中，妇女的家庭地位和享有权利比农村要更高一些，她们在家庭事务的处理上有充分的发言权和一定的决定权，对家庭经济收入有较高的支配权，能自主购买自己所需的物品和生活奢侈品。土族男性的大男子主义意识也有削弱的倾向，一般都能帮助妻子做些家务活，而年轻人中尊重妻子的人也比较多，打老婆的现象比过去少了很多。

土族传统的生育观念跟汉族一样都是“重男轻女”，在土族人的传统观念中，男孩子是传宗接代的人，是能顶立门户的人。因此，传统的土族家庭都希望儿媳能生个男孩，如果儿媳生了男孩，就会受到人们的赞扬，认为是有福气的人，在家庭中的地位也能得到一定的提高。而生了女儿的土族妇女，一般都被要求继续生，一直到生出儿子才算完成了延续家族香火的重大任务。成为母亲后，土族妇女需要照顾孩子的饮食起居，给孩子做饭、洗衣，但对孩子的发展一般没有发言权，孩子是否要继续上学、是否出去打工挣钱，都是由家里的长辈和父亲做主。

在传统的土族社会中，土族妇女成为祖母后，其家庭地位有了重要的变化，不仅获得了作为长辈应得的尊重，还在家庭事务中享有很大的权利。如祖母可以坐在正屋的炕上跟家里的男性一起吃饭，可以参与商议和决定家庭的一切事务，也可以掌管家里的经济大权。作为婆婆，她还对儿媳有教导权和管理权，代表整个家庭教导儿媳如何料理家务，如何承担母亲的角色，并给儿媳们分配家务和农活。现今，随着社会的发展和文明的进步，老年妇女在土族家庭中的地位远不如以前，虽然能得到各个家庭成员对长辈的尊重，但对家庭事务和经济收入基本不再享有支配权，对儿媳也基本不再享有教导权和管理权。

改革开放后，随着社会经济的发展、生活水平的提高和现代文明的冲击，土族社会的家庭观念和家族关系发生了一些变化，随之也产生了形形色色的问题。如在婚姻自主性增强的同时，土族社会的离婚率有所提高；因人口流动的加剧，贫困山区男子择偶难的问题日益凸显；年轻人外出打工流动造成的空巢老人和留守儿童问题；时代发展形成的代际隔阂问题等。2013 年，中川乡政府曾对全乡的大龄未婚男子、空巢老人和留守儿童现状做了调查。其调查到的现状为：全乡有 30 岁至 45 岁的未婚男 391 人，其中 30 岁至 35 岁的 236 人，36 岁至 40 岁的 79 人，40 岁至 45 岁的 76 个；从民族结构看，土族 303 人，回族 60 人，藏族 26 人，汉族 2 人；从文化层次看，文盲 26 人，初中及小学以下 311 人，高中以上 54 人；从地域分布看，浅山 103 人，川水 288 人（多为贫困社）。在全乡有 2 户失独家庭，其中草滩村 1 户，农场村 1 户。全乡空巢老人 12 户、留守儿童 128 人。

而从笔者在互助县东山乡大庄村和民和县官亭镇梧释村的调查来看，贫困山区土族男青年择偶难的问题确实很严重，在很大程度上已成为土族社会的不稳定因素。如互助县东山乡大庄村 58 岁的马姓老人介绍说，村里有好几个三十多岁娶不上媳妇的男子，村里的姑娘喜欢嫁到川水地区去，不愿意留在山里，而外面的姑娘嫌山里穷，条件不好，不愿意嫁进来，村里几个出去打工的找了对象，人家到村里一看不愿意来，就吹了。而民和县官亭镇梧释村的两户人家，一家是老父亲带着两个儿子，三个光棍一起生活，一家是老夫妻俩有两个将近 30 岁的儿子都没结婚，家里经济条件差，怎么也说不上媳妇，一家人愁得没办法。

第三节　生育状况

一　生育水平

生育水平决定人口再生产能力和人口发展的趋势，并直接决定了未来人口规模的增长速度。土族妇女的生育状况可以通过人口普查资料中的粗出生率、总和生育率、年龄别生育率、分孩次生育率、平均活产子女数、平均存活子女数和存活率等数据展现。

粗出生率也叫一般出生率，是衡量生育水平最简单和最常用的指标，它指的是一定时期内，每 1000 名育龄妇女所生的小孩（活产）比率。据青海省 1990 年第四次人口普查资料，1989 年土族妇女的粗出生率为 29.1‰。同期，青海汉族妇女的粗出生率为 20.37‰，藏族为 28.86‰，回族为 28.71‰，撒拉族为 33.34‰，蒙古族为 29.67‰。[①] 土族妇女的粗出生率在全省六大世居民族中居于第四位，高于汉族、藏族和回族，低于撒拉族和蒙古族。

据全国2000年第五次人口普查资料，2000年土族妇女的粗出生率为17.11‰。同期，全国总人口的粗出生率为10‰，少数民族总人口为14.27‰，汉族为9.5‰，藏族为16.49‰，蒙古族为10.70‰，撒拉族为17.99‰。[②] 横向比较看，土族的粗出生率仍比较高，高于全国总人口约7.11个千分点，高于汉族总人口7.61个千分点，高于少数民族总人口3.11个千分点，说明这一时期土族育龄妇女的生育率呈现高水平。

总和生育率是研究平均每个妇女一生中生育多少个小孩的指标，具体反映妇女总体的生育水平，且不受年龄结构的影响。总和生育率指的是在假定的生育水平下，按目前育龄妇女的生育水平与生育模式，平均每个妇女平均所生育孩子的数量。据统计，1981年，土族妇女的总和生育率为5.01‰；1989年降至2.80‰；2000年降至1.66‰；2010年降至1.19‰。从纵向看，土族妇女的总和生育率呈现出逐渐降低的趋势，且降幅较大，刘成明认为，“土族妇女的总和生育率目前已接近生育更替水平，位于全国各民族之中游”[③]，这主要是受到了国家计划生育政策的影响。另外，随着时代的发展，土族妇女“多子多福”的传统生育观念也有所改变，普遍认为孩子多负担重，且逐渐具有了优生优育的认识和思想观念。

孩次指某一时期内有生育的妇女在期内所生的是她生育的第几个孩子，分孩次生育率则指一定时期内（通常是一年）某一孩次出生的婴儿总数与期内全部出生人数的比例。妇女生育水平高低与所生育的孩次构成有着密切关系。据统计，1989年青海土族妇女的一孩、二孩、三孩、四孩和五孩的生育孩次构成分别为38.3%、32.8%、16.4%、6.6%、5.4%；2000年青海土族妇女的一孩、二孩、三孩、四孩和五孩的生育率分别为64.97%、27.71%、5.41%、1.59%、0.32%；2010

① 刘成明：《土族撒拉族人口发展与问题研究》，甘肃民族出版社2011年版，第47页。

② 同上书，第48页。

③ 同上书，第49页。

年青海土族妇女的一孩、二孩、三孩、四孩和五孩的生育孩次构成分别为62.36%、31.58%、3.68%、1.57%、1.05%。从纵向看，与1989年相比，2010年，土族妇女一孩的生育率上升了24.06个百分点，二孩的生育率下降了1.22个百分点，三孩的生育率下降了12.72个百分点，四孩的生育率下降了5.03个百分点，五孩的生育率下降了4.35个百分点。这些数据表明土族妇女的多孩率正在逐渐下降，与20年前相比，土族妇女的一孩的生育率大幅度上升，二孩的生育率与20年前基本相近，三孩、四孩和五孩的生育率均有较大降幅。

据2010年人口普查资料，2009年11月1日至2010年10月31日，全国、汉族、少数民族和土族生育孩次构成如表5－6所示①。

表5－6　**2000年至2010年土族妇女生育孩次构成比较**　单位：%

	2000年				2010年			
	全国	汉族	少数民族	土族	全国	汉族	少数民族	土族
一孩	68.04	69.80	55.63	66.43	62.17	63.11	54.52	62.41
二孩	26.08	25.45	30.47	27.54	31.28	31.02	33.39	32.98
三孩	4.27	3.57	9.19	2.42	5.30	4.84	9.01	3.19
四孩	1.06	0.81	2.84	1.21	0.97	0.82	2.15	1.06
五孩及以上	0.56	0.37	1.04	0.24	0.28	0.20	0.93	0.35

资料来源：《2000年人口普查中国民族人口资料（上、下）》《中国2010年人口普查分民族人口资料（上、下）》。

从表5－6看，2000年，土族一孩出生比例在表列各群体中位居第三，为66.43%，比全国和汉族分别低1.61、3.37个百分点，比少数民族总体水平高10.8个百分点；其二孩比例在表列各群体中位列第二，为27.54%，比少数民族低2.93个百分点，但比全国和汉族分别高1.46、2.09个百分点；三孩比例在表列各群体中最低，为2.42%，比全国、汉族和少数民族分别低1.85、1.15、6.77个百分点；四孩、五

① 青海省统计局、青海省第六次人口普查办公室：《青海省2010年人口普查资料（上、中、下）》，中国统计出版社2012年版，第755—756页。

孩及以上比例均居第三，分别为 1.21%、0.24%，比少数民族总体水平分别低 1.63、0.8 个百分点，与全国、汉族平均水平则相差不大。

2010 年，土族一孩出生比例在表列各群体中位居第二，为 62.41%，比汉族低 0.7 个百分点，比全国、少数民族总体水平高 0.24、7.89 个百分点；其二孩比例在表列各群体中位列第二，为 32.98%，比少数民族低 0.41 个百分点，但比全国和汉族分别高 1.7、1.96 个百分点；三孩比例在表列各群体中最低，为 3.19%，比全国、汉族和少数民族分别低 2.11、1.65、5.82 个百分点；四孩比例位居第二，为 1.06%，比少数民族总体水平低 1.09 个百分点，与全国、汉族平均水平则相差不大；五孩及以上比例为 0.35%，位居第二，仅比少数民族总体水平低 0.58 个百分点。从纵向看，从 2000 年到 2010 年，土族一孩的出生比例下降了 4.02 个百分点，二孩、三孩、五孩及以上的比例分别上升了 5.44、0.77、0.11 个百分点，四孩比例则下降了 0.15 个百分点。这些数据表明，与全国、汉族、少数民族相比，土族妇女的多孩生育比例相对较低，生育水平相对较高，与全国、汉族总体水平相差不太大，比少数民族总体水平相对先进一些。

妇女生育的子女和存活子女的状况是反映妇女生育状况的重要指标，也是影响人口发展的重要因素。存活率高有利于人口良性发展，存活率低则不利于人口再生产和良性循环。据青海省 2010 年人口普查资料，青海汉族、藏族、回族、土族、撒拉族、蒙古族六大世居民族平均活产子女数和平均存活子女数如表 5－7 所示。

表 5－7　　**2010 年青海土族 15—64 岁妇女平均活产子女和平均存活子女数及比较**

单位:%；人

民族	存活率	平均活产子女数	平均存活子女数
全省	97.97	1.48	1.45
汉族	98.20	1.48	1.38
藏族	98.18	1.47	1.44
回族	97.00	1.73	1.68
土族	97.56	1.57	1.53
撒拉族	98.09	1.74	1.71

续表

民族	存活率	平均活产子女数	平均存活子女数
蒙古族	98.60	1.37	1.35

资料来源：《青海省2010年人口普查资料（上、中、下）》。

从表5-7中可以看出，青海15—64岁土族妇女的平均活产子女数为1.57人，平均存活子女数为1.53人，存活率为97.56%，而全省15—64岁妇女的平均活产子女数为1.48人，平均存活子女数为1.45人，存活率为97.97%，土族妇女的平均存活子女数与存活率基本接近全省平均水平，其平均活产子女数和平均存活子女数均略低于撒拉族和回族，略高于汉族、藏族和蒙古族，其存活率在六大世居民族中居第四位，仅高于回族，低于蒙古族、汉族、藏族和撒拉族。从各项数据看，土族妇女的平均活产子女数、平均存活子女数、存活率与其他民族差距并不太大。

二　年龄别生育率与生育模式

年龄别生育率是按不同年龄分别计算妇女的生育率，又称育龄妇女生育率。年龄别生育率不仅可以从生育模式的角度反映育龄妇女的生育过程，而且可以从生育水平的角度反映育龄妇女的生育状况。生育模式则指的是不同历史时期和不同社会文化经济条件下存在的、具有明显差异的生育类型，生育模式是指育龄妇女的整个生育过程而言，主要包括初婚年龄、初育年龄、分娩年龄、胎次、生育间隔等指标。生育模式一般分无节制的自然生育模式、晚婚晚育少生的生育模式、自我控制与自我调控的生育模式三种类型。

表5-8　**土族妇女的年龄别生育率及其变动情况表**　单位：‰

年龄	2010年				2000年	1990年
	全国	汉族	青海	土族	土族	土族
15—19岁	5.93	5.00	16.34	12.50	31.08	34.07
20—24岁	69.47	67.35	88.57	83.57	162.80	338.32

续表

年龄	2010 年				2000 年	1990 年
	全国	汉族	青海	土族	土族	土族
25—29 岁	84.08	82.78	83.76	75.61	105.42	270.76
30—34 岁	45.84	44.83	49.54	41.16	24.82	80.62
35—39 岁	18.71	18.38	20.88	18.07	4.00	38.01
40—44 岁	7.51	7.42	9.27	3.85	3.87	15.74
45—49 岁	4.68	4.69	5.66	2.44	3.49	4.70

资料来源：《2000 年人口普查中国民族人口资料（上、下）》《中国 2010 年人口普查分民族人口资料（上、下）》《青海省 2010 年人口普查资料（上、中、下）》。

从 1990 年至 2010 年的 20 年间，土族妇女的年龄别生育率变动幅度较大。根据第四次全国人口普查资料数据，1990 年，15—19 岁低年龄组土族育龄妇女的生育率为 34.07‰，20—24 岁年龄组土族育龄妇女的生育率为 338.32‰，25—29 岁年龄组土族育龄妇女的生育率为 270.76‰，30—34 岁年龄组土族育龄妇女的生育率为 80.62‰，35—39 岁年龄组土族育龄妇女的生育率为 38.01‰，40—44 岁年龄组土族育龄妇女的生育率为 15.74‰，45—49 岁年龄组土族育龄妇女的生育率为 4.70‰。

根据第五次全国人口普查资料数据，2000 年，15—19 岁低年龄组土族育龄妇女的生育率为 31.08‰，比 1990 年下降 2.99 个千分点；20—24 岁年龄组土族育龄妇女的生育率为 162.80‰，下降 175.52 个千分点；25—29 岁年龄组土族育龄妇女的生育率为 105.42‰，下降 165.34 个千分点；30—34 岁年龄组土族育龄妇女的生育率为 24.82‰，下降 55.8 个千分点；35—39 岁年龄组土族育龄妇女的生育率为 4.00‰下降 34.01 个千分点；40—44 岁年龄组土族育龄妇女的生育率为 3.87‰，下降 11.87 个千分点；45—49 岁年龄组土族育龄妇女的生育率为 3.49‰，下降 1.21 个千分点。

根据第六次全国人口普查资料数据，2010 年，15—19 岁低年龄组土族育龄妇女的生育率为 12.50‰，比 2000 年下降 18.58 个千分点；20—24 岁年龄组土族育龄妇女的生育率为 83.57‰，下降 79.23 个千分点；25—29 岁年龄组土族育龄妇女的生育率为 75. 61‰，下降 29. 81 个千分点；30—34 岁年龄组土族育龄妇女的生育率为 41. 16‰，上升 16. 34 个千分点；35—39 岁年龄组土族育龄妇女的生育率为 18. 07‰，上升 14. 07 个千分点；40—44 岁年龄组土族育龄妇女的生育率为 3. 85‰，下降 0. 02 个千分点；45—49 岁年龄组土族育龄妇女的生育率为 2. 44‰，下降 1. 05 个千分点。

这些数据表明，1990 年，土族育龄妇女尚处在无节制的终身生育状态，到 2000 年，这种状况得到了控制，土族各年龄育龄妇女的生育率较 10 年前均有下降，到 2010 年，又进一步下降。2010 年，15—19 岁年龄组土族育龄妇女的早育水平比 20 年前下降 21. 57 个千分点，虽比全国和汉族总体水平高，但低于青海总体水平。2010 年，土族妇女的生育峰值年龄段仍为 20—24 岁年龄组，峰值生育率为 83. 57‰，比 1990 年降低 254. 75 个千分点，降幅超过了 2 倍，峰值水平下降幅度极大。2010 年，土族 20—29 岁旺盛期生育率累计为 159. 18‰，比 1990 年 20—29 岁旺盛期生育率累计 609. 08‰下降 449. 9 个千分点，表明土族妇女旺盛期的生育水平大幅度降低。2010 年，35—49 岁土族高育龄妇女的累计生育率为 24. 36‰，比 1990 年高育龄妇女累计生育率 58. 45‰下降 34. 09 个千分点，表明 2010 年土族高龄育龄妇女的生育水平也有了明显的降低。

与全国、汉族和青海省妇女同期的生育水平相比，2010 年，土族 15—19 岁育龄妇女的生育率为 12. 50‰，低于青海总体水平 3. 84 个千分点，比全国、汉族平均水平分别高 6. 57、7. 5 个千分点，说明土族育龄妇女早育水平相比全国和汉族来说，其早育水平较高，但比青海总体水平要低。从表中可以看出，各人口群体的峰值生育率均为 20—24 岁年龄组。其中，土族育龄妇女的峰值生育率为 83. 57‰，比青海低了 5 个千分点，比全国、汉族分别高 14. 1、16. 22 个千分点，说明土族育龄妇女的峰值水平仍然较高。表列各人口群体中 20—29 岁为妇女生育旺盛期，该年龄段土族育龄妇女的累计生育率为 159. 18‰，而同期全国、汉族和青海省分别为 153. 55‰、150. 13‰、172. 33‰。相比而言，土族处于生育旺盛期的育龄妇女的生育水平相对较高。35—49 岁为高龄育龄妇女，土族高龄育龄妇女的累计生育率为 24. 36‰，同期全国、汉族和青海分别为30.9‰、30.49‰、35.81‰，显然，土族高龄育龄妇女的生育率明显低于全国、汉族和青海平均生育水平。总之，从1990年到2010年，20年来，受国家计划生育政策影响，土族育龄妇女的生育模式从无节制的自然生育模式逐渐向自我控制、自我调控的生育模式转化，与其他民族一样都处于少生少育阶段。在全国范围内，土族妇女的整体生育水平相对高一些，但差距并不太大。

三 计划生育

20世纪70年代初，青海土族地区就开始推行计划生育，控制多胎多育。20世纪80年代后，互助、民和、大通等土族自治县成立计划生育委员会，县级各系统、单位和各乡镇、村委会也相应成立了计划生育相关机构。20世纪90年代，成立计划生育服务站，乡镇设计生站。经过30多年的发展，土族地区的计划生育政策实施已步入了规范化的轨道，计划生育观念已深入人心，农村的土族家庭一般都生两个孩子，三个以上的很少，城市的大多数土族家庭只生一个，有效地实现了人口控制。

据统计，截至2009年9月底，互助县总人口38.12万人，其中育龄妇女10.4万人，已婚育龄妇女8.1万人；本期出生4384人，其中计划内一孩2556人、计划内二孩1791人、计划内三孩22人、计划外二孩5人、计划外三孩10人，人口出生率为13.51‰，自然增长率为5.18‰，计划生育率为97.35%，比地区下达指标高0.35个百分点；计划外多孩率为0.21%；统计误差率为0.6%；避孕措施及时率为99.6%，比地区下达指标高2.6个百分点；综合避孕率达89.9%。经综合考评，南门峡、丹麻、台子等9个乡镇超额完成目标任务，达到一类乡镇标准，东和、五十、红崖子沟等9个乡镇较好的完成目标任务，达到二类乡镇标准，西山乡基本完成目标任务，为三类乡镇。

2009年，在关注计生民生方面，互助县进一步落实利益导向政策，发放“少生快富”奖励金94户29.2万元。在全县实施的农村困难群众危房改造项目中，对106户独生子女、双女户家庭的房屋进行了改造，投资达169.6万元，对1896户独生子女、双女户低保家庭发放低保金398.2万元。通过实施扶贫、农林牧水等项目，使7193户独生子女、双女户和计生贫困户得到帮扶，投资达3596.5万元。累计给“两户”发放电视机、面粉、衣被等折合人民币147万元，投资2.8万元为6名留守儿童、8户贫困职工家庭解决生活中的困难。通过多种形式的帮扶，促进了计生家庭经济状况的好转。[①]

从互助县东山乡和丹麻镇土族乡镇的计划生育工作开展来看，2013年，这两个乡镇完成计生各项指标的情况如下：互助县东山乡全年计划生育率100%，人口出生率12.36‰；死亡人数75人，自然增长率控制在5.71‰。互助乡丹麻镇全面完成了计划生育年度目标任务，出生人口为260人，出生率为11.9‰，计划生育率为100%；死亡人口140人，自然增长率为5.49‰；全镇采取节育措施4397人，长效节育措施落实率为100%；“三查”总例数为11068人次；已婚育龄妇女健康检查率为96.97%；共进行上门随访服务839人次，其中出生及节育人员随访服务506人，随访服务率100%。[②]

从民和县中川乡和官亭镇的计划生育工作开展情况来看，2013年，这两个乡镇完成计生各项指标的情况如下：

截至2013年年底，中川乡总人口为22961人，其中，已婚育龄妇女4600人，全年新婚47人，死亡116人。累计领取独生子女证96户，本期领证5户。全年出生249人，其中一孩81人，计划内二孩161人，计划外二孩3人，计划内三孩4人，出生人口性别比为104，人口出生率为11‰，符合政策生育率为98.8%。采取各种节育措施129例，其中结扎26例，置环97例（一胎置环80例，二胎置环17例），皮下埋植6例，取环2例，综合节育率为96%。社会抚养费应征3人，实征3人，金额1500元，已全部上缴。“三查”总例数为3472人次，其中重点对象例数为1717人次，重点对象三查率为95.5%。目标人群叶酸服用率达75%。2013年该乡为166对332人符合政策的计划怀孕夫妇进行了免费孕前优生健康检查。

截至2013年年底，官亭镇总人口为22961人，其中，已婚育龄妇

---

① 常平：《在全县人口与计划生育工作会议上的讲话》，2010年1月15日。

② 《东山乡2013年工作总结暨2014年工作思路》《丹麻镇2013年工作总结暨2014年工作思路》。

女 3257 人，未婚育龄妇女为 1498 人，累计采取综合节育措施 2954 人，全镇育龄妇女综合节育率为 89%。全年出生 172 人，其中一孩 72 人，计划内二孩 98 人，计划外二孩 2 人，全镇符合政策生育率为 98%。在全年的出生人口中，男性 90 人，女性 82 人，男女出生性别比为 104。全年全镇采取各种节育措施 174 例，其中女性结扎 34 例，置环 121 例，皮下埋植 3 例，取环 16 例。社会抚养费应征 2 人 1000 元，实征 2 人 1000 元，已全部上缴，上缴率为 100%。截至 2013 年年底，全镇应接受计生"三查"服务的重点管理对象 273 人，落实计生"三查"服务 263 人，重点管理对象"三查"率 96%，一般管理对象 2984 人，实查 1294 人，三查率为 43%。群众对计划生育基础知识的应知应会率达 85% 以上。2013 年全镇免费孕前优生项目检查对象 258 人，实查 262 人次，检查率为 101%。①

① 笔者于 2014 年在中川乡和官亭镇计划生育服务站获取的《2013 年人口与计划生育工作总结》，在此感谢当地的工作人员。

第六章　土族的教育

民族教育是少数民族教育的简称，是指对汉族以外的55个民族实施的教育，是整个中国教育的重要组成部分。历史上土族地区的教育事业十分落后，中华人民共和国成立后，土族地区的现代教育事业才开始起步，经过60多年的发展，从无到有、从贫乏到蓬勃发展，为土族地区经济社会和文化发展培养了大批优秀人才。

第一节　土族人口的受教育状况

中华人民共和国成立后，党和政府在民族地区兴办现代教育，土族受教育状况有了很大改善，但与全国其他教育先进的民族相比，由于历史、自然地理、经济等因素影响，土族人口的受教育水平仍有待提高。土族人口的受教育现状可从土族人口的文盲率和受教育水平两个方面来反映。

一　土族人口的文盲率

文盲率是衡量人口受教育水平的一个基本指标，从一个侧面反映整个人口的总体受教育水平。文盲率的高低不仅标志着一个民族文化教育普及和发达程度，而且也反映一个民族经济发展程度。文盲率按男女分别计算也具有重要意义，许多民族的男女两性文盲率差别较大，是由政治、经济、社会、伦理和习俗等诸多因素造成。依据我国第六次人口普查资料，文盲人口指的是15岁以上不识字的人，文盲率则指15岁以上不识字的人在相应的人口中所占的比例。其计算公式为：文盲率＝15岁以上的文盲人数÷15岁以上的总人口数×100％。

表 6－1　　土族人口文盲率的变动及比较　　单位:%

	2000 年			2010 年		
	男女合计	男性	女性	男女合计	男性	女性
全国	9.08	4.86	13.47	4.88	2.52	7.29
汉族	8.60	4.51	12.86	4.60	2.31	6.94
少数民族	14.63	8.96	20.56	8.15	4.99	11.41
土族	23.20	13.40	33.38	11.46	6.63	16.43

资料来源:《2000 年人口普查中国民族人口资料（上、下)》《中国 2010 年人口普查分民族人口资料（上、下)》。

从文盲率来说，2000 年第五次人口普查时，土族文盲率为 23.20%，比同期全国、汉族和少数民族平均水平分别高 14.12、14.6、8.57 个百分点。2010 年，土族文盲率为 11.46%，比 2000 年下降了 11.74 个百分点，同期土族文盲率下降幅度是最大的，但仍存在一定差距。2010 年土族文盲率比同期全国、汉族和少数民族平均水平分别高 6.58、6.86、3.31 个百分点，表明 10 年过去了，土族人口中仍有约十分之一的人为文盲。

从性别来看，2000 年第五次人口普查时，土族男性文盲率为 13.40%，女性文盲率为 33.38%。女性文盲率比男性高 19.98 个百分点，并比同期全国、汉族和少数民族平均水平高 19.91、20.52、12.82 个百分点，而土族男性的文盲率比全国、汉族和少数民族平均水平分别高 8.54、8.89、4.44 个百分点，说明这一时期土族男性和女性的文盲率均高于全国、汉族和少数民族平均水平，尤其是土族妇女，其文盲率不仅比同族男性高得多，还比全国、汉族和少数民族妇女的平均水平高得多。2010 年第六次人口普查时，土族男性文盲率为 6.63%，比 2000 年下降了 6.77 个百分点，比同期全国、汉族和少数民族平均水平分别高 4.11、4.32、1.64 个百分点；土族女性文盲率为 16.43%，比 2000 年下降了 16.95 个百分点，下降幅度高达 1 倍，但土族女性的文盲率比同期同族男性高 9.8 个百分点，比同期全国、汉族和少数民族平均水平分别高 9.14、9.49、5.02 个百分点。从这些数据看，土族男性和女性的文盲率均比较高，尤其是土族女性的文盲率高，虽然比10年前有大幅度下降，但土族妇女中约有六分之一的人为文盲，且土族的文盲率两性差异较大，是表列各群体中差距最大的，这说明土族女性受教育权利不平等，受教育水平低于男性（见表6－2）。

表6－2　**2010年土族人口分性别和年龄的文盲率及比较**　单位：%

年龄组	汉族		少数民族		土族	
	男	女	男	女	男	女
15—19岁	0.20	0.20	1.14	1.73	0.70	0.91
20—24岁	0.22	0.24	1.53	2.82	1.01	2.32
25—29岁	0.27	0.38	2.25	4.42	2.06	5.76
30—34岁	0.39	0.68	2.92	6.02	3.31	9.52
35—39岁	0.54	1.19	3.32	6.98	4.37	12.48
40—44岁	0.72	1.97	3.79	8.33	5.85	16.54
45—49岁	0.82	2.90	3.81	9.34	6.95	22.84
50—54岁	1.72	6.04	5.64	13.92	13.18	34.78
55—59岁	2.99	10.21	7.25	18.66	18.09	41.70
60—64岁	4.76	15.02	10.93	25.55	21.54	45.19
65岁以上	13.48	36.87	20.53	44.26	30.56	58.12

资料来源：《中国2010年人口普查分民族人口资料（上、下）》。

分性别和年龄来看，土族男性的文盲率一直低于少数民族平均水平而高于汉族水平，15—24岁女性文盲率低于少数民族平均水平而高于汉族平均水平，从25—29岁年龄组开始，其文盲率一直高于汉族和少数民族平均水平，且与两者的差距越来越大。汉族、少数民族总人口和土族的文盲率均有随年龄的递增而上升的特点，除了60岁以上的年龄组增幅较大外，汉族、少数民族总人口递增的幅度较小，但土族男女两性的递增幅度都比较大。从女性文盲率看，25—29岁年龄组以上的土族女性文盲率一直是同比最高，如35—39岁年龄组土族妇女的文盲率为12.48%，比同期汉族和少数民族分别高11.29、5.5个百分点；土族妇女55—59岁年龄组的文盲率同比差距最大，比汉族和少数民族分别高31.49、23.04个百分点。

从文盲率的两性差别看，土族人口各年龄组的文盲率水平均为女性高于男性，且两性差异一直比较大，同时还呈现出随着年龄递增文盲率的两性差异增大的显著特点，即年龄越小，文盲率的两性差异越小。如从50—54岁年龄组开始，土族女性的文盲率均高于男性20多个百分点，最高为65岁以上年龄组，女性文盲率高于男性27.56个百分点。相比而言，汉族人口不仅男女两性的文盲率都非常低且两性差异较小，只是到50—54岁年龄组，男女两性文盲率才呈现出较大差异。这些数据表明，土族妇女的文盲率较高，55岁以上的妇女中，有近一半的人不识字，而55岁以上的土族男性则有约四分之一的人不识字。

总的来说，土族人口男女两性的文盲率都是随着年龄递减而递减，说明随着土族地区教育事业的发展、九年义务制教育的实施，土族人口的文盲率呈下降趋势，但土族妇女的文盲率偏高，且两性差异较大，说明土族妇女在接受教育方面存在诸多限制，其状况堪忧。

二　土族人口的受教育水平

各民族的受教育程度和水平是其人口素质的重要标志，也是反映民族教育发展状况的基本指标。按照第五次全国人口普查填表说明中有关受教育程度一项的说明，各类受教育水平是指所受的最高一级教育程度，不分毕业、肄业和在校等学业完成的情况，而将这三者合并在一起。为了分析简便，笔者将2010年第六次全国人口普查中7种受教育程度合并为4种：即小学、初中、高中（包括“高中”“中专”）、高等教育（包括“大学专科”“大学本科”“研究生”），在计算2000年数据时，将“中专”归入高中行列，2010年的数据中，已没有中专概念。2010年，土族每千人中受各类教育的人口数及与全国、汉族和少数民族总人口的比较见表6-3。

表 6－3　**土族每千人中拥有小学以上文化程度人口数及比较**　单位：人

	小学		初中		高中		高等教育	
	2000 年	2010 年	2000 年	2010 年	2000 年	2010 年	2000 年	2010 年
全国	905	950	523	663	158	246	38	95
汉族	910	953	534	675	161	252	39	97
少数民族	842	917	393	524	116	171	27	71
土族	766	892	346	504	124	210	36	96

资料来源：《2000 年人口普查中国民族人口资料（上、下）》《中国 2010 年人口普查分民族人口资料（上、下）》。

2000 年，土族 6 岁及以上人口每千人中拥有各类文化程度的人口数分别为：小学 766 人，初中 346 人，高中 124 人，受高等教育者 36 人。横向比较看，表列各群体中土族每千人中拥有小学文化程度的人口数最少，比全国、汉族和少数民族分别少 139、144、76 人；土族每千人中拥有初中有文化程度的人口数也是表列各群体中最少的，分别比全国、汉族、少数民族少 177、188、47 人；土族每千人中拥有高中文化程度的人口数在表列各群体中排第三，比全国、汉族分别少 34、37 人，但比少数民族多 8 人；土族每千人中拥有高等教育的人口数在表列各群体中也是排在第三位，基本接近全国和汉族平均水平，但稍高于少数民族，比少数民族多 9 人。

2010 年，土族 6 岁及以上人口每千人中拥有各类文化程度的人口数分别为：小学 892 人，比 2000 年多了 126 人；初中 504 人，比 2000 年多了 158 人；高中 210 人，比 2000 年多了 86 人；受高等教育者 96 人，比 2000 年多了 60 人，增加了近 2 倍。而从全国范围看，2010 年，土族每千人中拥有小学文化程度的人口数仍是最少的，分别比全国、汉族、少数民族少 58、61、25 人；土族每千人中拥有初中文化程度的人口数，也是表列各群体中最少的，分别比全国、汉族、少数民族少 159、171、20 人；土族每千人中拥有高中文化程度的人口数在表列各群体中排第三位，比全国、汉族分别少 36、42 人，但比少数民族多 39 人；土族每千人中拥有高等教育的人口数在表列各群体中排在第二位，比汉族少 1 人，比全国、少数民族分别多 1 人和 25 人。

以上数据表明，从2000年到2010年，土族6岁及以上人口受各种文化教育的人数增幅较大，且与全国、汉族平均水平之间的距离有所缩短，但仍存在一定差距。土族每千人中拥有小学文化程度的人口数增幅最大，逐渐接近了全国、汉族和少数民族水平，拥有初中文化程度的人口数虽有所增加，但与全国和汉族的差距仍比较大。每千人中拥有高等教育的人口数基本接近全国和汉族水平，且远超过了少数民族总人口。

总之，在2010年的人口普查中，土族每千人拥有各类文化程度的人口数与全国和汉族相比，小学与高中程度的差距缩小，初中文化程度差距依然较大，而拥有高等教育的人口数基本一致。与少数民族相比，土族每千人中拥有小学和初中文化程度者尚存在一定差距，但“高中”与“高等教育”已经超过了少数民族总人口。从横向来看，一方面，土族每千人中受“高中”和“高等教育”的人口数增幅较大，说明土族接受教育的整体水平进一步提高，高层次的教育人口数呈现出了骄人的增长，但另一方面，土族每千人中拥有“小学”和“初中”文化程度的人口数相对较少，义务教育阶段土族人口受教育的程度与全国、汉族存在较大差距，与少数民族总人口之间的差距也不小，反映出土族人口的文盲率仍然较高，且义务教育执行不是那么得力。

三　土族分性别和年龄受教育状况

土族的现代教育是中华人民共和国成立后才起步的，十一届三中全会后得到了快速发展。21世纪初国家实行义务教育制度后，土族儿童的入学率明显提高。据2010年第六次人口普查，土族人口分性别和年龄的受教育状况见表6－4。

表6－4　**2010年土族人口分性别和年龄受教育状况**　单位:%

年龄组	小学		初中		高中		高等教育	
	男性	女性	男性	女性	男性	女性	男性	女性
6—9岁	94.73	94.23	0.90	1.12				
10—14岁	58.81	58.06	37.58	38.30	2.22	2.34		
15—19岁	10.25	10.08	43.68	39.26	37.42	40.58	7.12	8.99

续表

年龄组	小学		初中		高中		高等教育	
	男性	女性	男性	女性	男性	女性	男性	女性
20—24 岁	16. 05	20. 23	43. 73	37. 28	16. 58	14. 73	22. 39	25. 22
25—29 岁	22. 92	30. 43	46. 11	36. 47	11. 33	8. 80	17. 44	18. 26
30—34 岁	30. 99	39. 43	41. 08	28. 84	10. 84	8. 34	14. 54	13. 51
35—39 岁	35. 31	44. 13	38. 39	25. 93	9. 68	7. 79	11. 94	9. 17
40—44 岁	40. 97	48. 41	33. 80	19. 64	8. 55	6. 89	10. 31	7. 57
45—49 岁	36. 76	47. 52	36. 84	16. 31	9. 04	6. 92	9. 71	5. 27
50—54 岁	44. 75	48. 12	22. 44	8. 15	10. 83	5. 21	7. 98	2. 27
55—59 岁	53. 68	48. 48	15. 62	4. 78	6. 74	1. 89	4. 84	1. 04
60—64 岁	54. 49	44. 28	13. 62	4. 92	5. 26	1. 90	3. 50	0. 84
65 岁以上	46. 34	33. 68	13. 23	3. 24	4. 63	1. 20	3. 40	0. 75

资料来源：《中国 2010 年人口普查分民族人口资料（上、下）》。

从年龄和性别看，土族 6 岁及以上人口受教育状况呈现如下特征：6—9 岁阶段接受小学教育的男女两性比重都比较高，说明小学阶段的义务教育达到了很高的普及率；15—54 岁年龄段的土族妇女受小学教育比重明显高于男性，且差距较明显，而这个年龄段之前与之后男性受教育比重均高于女性，差距也较明显，说明土族妇女整体受教育程度较低；15—49 岁以上，土族男性受初中教育的比重高于女性，且差距随年龄段的递增而越来越大，尤其是在 45—49 岁年龄组时，受初中教育的男性比例比女性高 20. 53 个百分点，其差异达到最大，之后男性比重仍然高于女性，但差距比之前稍少一些；高中阶段，15—19 岁年龄组女性比重高于男性，但到 20—24 岁年龄组之后，男性比重高于女性，女性比重基本呈现出随年龄递增而递减的趋势，说明年龄越大的土族妇女接受高中教育的人越少；接受高等教育的土族男女两性，15—29 岁年龄段的土族女性比重高于男性，30—65 岁以上年龄段的土族男性比重高于女性，且两性差异随年龄递增而递增，反映年轻一代的土族女性接受高等教育的人多于男性，但 30 岁之后的土族男性接受高等教育的人多于女性，且年龄越大差距越大，土族男女两性接受高等教育的比重均随年龄的递增而递减。

从各个年龄段的两性差异看，这一时期，受各类文化程度教育的土族妇女人口比例随年龄增加逐步降低，越是年龄小的土族妇女接受各类教育的比例越高，越是年老的土族妇女接受各类教育的比例就越低，50—54 岁年龄组之后受过高等教育的土族妇女相对比较稀少，而土族男性受教育的比例一直高于女性。说明随着国家在全国范围内实施义务教育政策，加上社会经济的发展和土族民众思想观念的改变，土族妇女受教育的权利得到了保障，其受教育水平也得到了很大提高，但其整体受教育水平仍低于男性，且越是年龄大的土族妇女，文化程度越低，这不利于土族社会的现代化转型。

从青海土族受教育的状况看，2010 年时，青海土族妇女 6 岁及 6 岁以上的人口为 91778 人，其中，未上过学的有 16626 人，为土族女性总人口的 18.12%；受小学教育的有 40058 人，占土族女性总人口的 43.65%；有初中文化程度的有 19635 人，占土族女性总人口的 21.39%；高中文化程度的有 8983 人，占土族女性总人口的 9.79%；大学专科以上学历的有 6476 人，占土族女性总人口的 7.06%。[①]

据青海省 2010 年人口普查资料，2010 年，青海六大世居民族妇女的受教育状况如表 6－5 所示[②]。

表 6－5　　**2010 年青海六大世居民族妇女受教育比例**　　单位：人；%

民族	6 岁及以上妇女人口	未上过学	小学	初中	高中	大学专科	大学本科	研究生
全省	2501231	18.12	39.38	23.40	10.44	5.29	3.25	0.13
汉族	1330474	9.09	32.08	31.80	15.07	7.45	4.34	0.18
藏族	608197	33.76	47.01	10.25	4.24	2.93	1.76	0.06
回族	370056	22.52	50.86	17.90	5.06	1.99	1.63	0.05
土族	91778	18.12	43.65	21.39	9.79	3.81	3.17	0.08

① 青海省统计局、青海省第六次人口普查办公室：《青海省 2010 年人口普查资料（上、中、下）》，中国统计出版社 2012 年版，第 259—261 页。

② 同上。

续表

民族	6岁及以上妇女人口	未上过学	小学	初中	高中	大学专科	大学本科	研究生
撒拉族	46778	33.27	49.78	10.23	3.20	2.27	1.22	0.03
蒙古族	45149	23.06	40.81	16.04	8.97	5.87	5.07	0.19

资料来源：《青海省2010年人口普查资料（上、中、下）》。

从该表看，就青海省内而言，土族妇女受教育水平居于六大世居民族的第三位，仅次于汉族和蒙古族，其各项数据与全省平均水平基本相近。其中，除汉族外，在其他五个世居少数民族中，土族妇女未上过学的比例最低，为18.12%，与全省平均水平数据相等；受过高中教育的土族妇女比例为9.79%，在各少数民族妇女中也是最高的；其受过大学专科以上教育的比例处于各世居少数民族的第二位，仅次于蒙古族。这些数据表明与省内其他世居少数民族妇女相比，土族妇女的受教育水平居于前列，受教育状况相对良好，但与全国、汉族和其他教育比较先进的民族相比，加上受自然、历史、经济等因素影响，土族整个民族的受教育水平仍亟待进一步提高。

文化素质是土族妇女走出家庭、投入社会经济生活的重要条件。土族妇女自20世纪80年代开始普遍接受教育以来，其自身整体素质逐渐提高，社会地位和经济地位也相应有了提高。目前，越来越多的土族妇女走出家门，参与社会经济活动，其社会角色发生了较大变化。相对而言，越是文化程度高的土族妇女，走出去的主观意识越强，且有一定竞争力，较容易在城镇谋生；反之，文化素质低的土族妇女，走出去的主观意识弱，走出去后竞争力也弱。土族妇女受教育程度的普及与提高，为土族整个民族文化素质的提高打下了良好的基础，也为土族妇女走出去谋生和创业创造了有利条件。

第二节　土族地区教育事业的历史发展

一　历史上土族地区的教育状况

中华人民共和国成立前，由于土族地区地处偏域，交通闭塞，经济落后，其教育事业发展十分缓慢。大致说来，土族地区的儒学教育始于明代。明初，朝廷下令天下府、州、县、卫所，皆建儒学。土族地区也逐渐建立了儒学教育。宣德三年（1428），西宁卫置卫学，以讲授孔孟儒家思想为主，兼授医学、算术。成化三年（1467），庄浪卫土司鲁鉴俸资100两重修本卫儒学。万历七年（1579），互助县设有社学1所。万历十四年（1586），西宁兵备副使刘敏宽对辖区原有新学进行复兴和整顿，当时，西宁有社学3处。随着儒学教育在土族地区的推广，土族中涌现了一些及第入仕的优秀人才。据史料记载，成化十六年（1480），民和东李土司李巩中举人，次年中进士。嘉靖七年（1528）李巩侄李完中举人。万历十一年（1583），东李土司李光先中武进士。

清初，清政府令各省府、州、县置社学。大通县（现大通回族土族自治县）内有了一些家塾、村塾、塾师自设的学馆等形式的私塾。雍正三年（1725），守备李亩始创义学（即公办学校，也叫官学）。乾隆元年（1736），甘肃西宁道佥事杨应琚在大通卫白塔城创建三川书院，开青海书院教育之先河。道光九年（1829）至光绪三年（1877），大通县相继成立了大雅、崇山、泰兴书院。由于大通书院教育较为兴盛，涌现了一批人才。据史料记载，清代大通获取功名的举人有6名，贡生59名。

清代，土族各村堡设有私塾。如光绪二十三年（1897），在今互助县的威远堡设立义学1所，有30多名学生，是该地区历史上第一所公办学校。当时，在威远堡、东沟大庄、台子、桦林沟、阿士记、麻吉、贺尔、双树大庄、董家堡、白嘴堡、北沟、下马圈、五其、甘家堡等地办有15处农村私塾，其所用教材多为《三字经》《千字文》《百家姓》《增广贤文》《幼学琼林》等。这些私塾均比较简陋，规模也小，从其教材看，只是一些识字读本，算不上真正的儒学教育。光绪三十二年（1906），青海土族地区的书院、社学、义学等大都改为学堂，分为初等、高等小学堂和中学堂三种。学堂数量很少，能入学接受教育的土族子弟也很少。

民国时期，随着新的教育体系的建立，青海互助、民和、大通等土族地区陆续开办了一些新式学校，原来的各私塾一律改为国民初级学校。民国初年，互助威远堡义学改为国民小学。1918年，该校增设高级班，成为六年制完全小学，有汉、土各族小学生 180 名。1930 年，互助县政府设立了教育科，有了正式的教育管理机构。1931 年，互助县女子小学成立，设有 2 个班，有 43 名学生。1935 年 2 月，互助县成立了县教育委员会，同年 9 月，又成立县义务教育委员会。1938 年，互助县开展包括推广识字在内的“六大中心工作”，农村则开办“识字班”，学期 1 个月至 1 年不等，有教师 123 名。1947 年，青海省教育厅在威远镇开办简易师范学校 1 所，学制 4 年，有学生 104 名，教职工 15 名，但不久该学校迁往西宁，与青海省师范学校合并。民族教育方面，到 1949 年 8 月前，互助县有回族小学 3 所，土族、回族聚居地区共有小学 19 所，藏族聚居区则没有学校。当时，少数民族人口中，文盲约占 80%。据统计，到中华人民共和国成立前夕，互助县有小学 16 所，初小 79 所，简易师范学校 1 所，有各级教师 158 名，学生 1700 余名。当时，互助地区的教育经费来源有三种：高小经费由上级拨款，初小经费按规定摊派或从学田中开支，女子小学经费则由各学校捐资解决。[①]因来源不稳定，互助地区的教育经费严重短缺，据《新青海》杂志 1993 年第一卷第三期报道：“互助县各学校，除教师薪金外，图书设备及行政经费为数甚少，图书几乎等于零；设备除桌、椅、黑板外，别无他物，其他经费更是谈不到！”[②]

土族聚居的大通县，其教育事业历来比较发达。1912 年，大通县成立劝学所，是大通教育史上第一个专门的教育行政管理机构。1913 年，大通县九寺五族僧众，在北大通那楞庄创办大通蒙番学校。之后，县知事邓毓祯捐资创办清真小学 6 所。1926 年，大通除设有县立第一、第二高级小学和女子小学、模范小学外，另有初级小学 40 所，分 6 个学区，遍及全县 40 多个村庄，有各族学生 2120 名。其时，土族聚居的古娄、祁家、多洛、逊让诸堡尚保留有私塾 7 处，学生 270 多名。据统计，1932 年时，大通全县有高级小学 3 所，初级小学 46 所，女校 1 所。土族聚居的多洛、逊让、阳化诸堡，均已设有初级小学。1949 年

---

① 互助土族自治县县志编纂委员会：《互助土族自治县县志》，青海人民出版社 1993 年版，第 442 页。

② 郝时远、任一飞：《中国少数民族现状与发展调查研究丛书 · 互助县土族卷》，民族出版社 2006 年版，第 111 页。

时，大通县有中心国民小学 18 所，学生 2162 名，国民小学 81 所，学生 4374 名。当时，大通县的年教育经费为 7446 元。

民和土族聚居的三川地区，历来有重视教育的传统。清末民初时，该地区有官亭堡初等小学堂 3 所，农村私塾 3 处。1934 年，班禅驻京办事处副处长朱福南在三川地区创建高级小学 1 所，初名杏川小学，后改为官亭小学校，入校学生有 128 名。之后，朱福南在中川、美田、镇边、虎狼城、赵木川、梧释沟陆续建立了 6 所初级小学，并创立了官亭女子小学，有 30 多名女生入校。朱福南是三川地区土族现代教育的开创者和推动者，极大地推动了三川地区教育事业的发展，他还提议创办了全国性的民族学校——蒙藏学校，为青海乃至全国民族教育的兴起做出过贡献。从全县范围来说，1930 年民和建县时，全县有 4 所高级小学、43 所初级小学和 1 所女子小学，有汉、土、回各族学生 1050 名。1948 年，全县共有中心小学、初级小学 70 多所，学生 2190 多名。

此外，由于土族全民信仰藏传佛教，土族地区寺院较多，而土族人中出家当喇嘛的人很多，寺院教育也是其传统教育的重要组成部分。在新式教育进入土族地区之前，土族地区除寺庙中的喇嘛能学习梵文和藏文、诵习经典外，一般平民绝少有求学的机会，他们唯一读书的机会就是进寺庙，当喇嘛学经。这些人中的少数就从藏经文读写开始深入学习藏族哲学、历史、天文、医学、艺术、文学、语言等，成为传播藏族文化的专门人才。但寺院教育中无现代科技知识，寺院垄断教育，在一定程度上阻碍了土族地区教育事业的发展。

总的来说，民国时期，互助、大通、民和等地的学校规模较小，设备简陋，资金缺乏，虽然学校数量逐年增加，但学生入学率并不高。当时，由于国民党政府的苛捐杂税太多，农民负担过重，再加上年年拔兵，使大批学生被迫退出学校，新生入学率很低，巩固率更低，大多数学校平时仅有少数几个或几十个学生，有极少数学校甚至名存实亡。

二　土族地区现代教育的蓬勃发展

1949 年 10 月，中华人民共和国成立后，党和政府不仅投入大量物力、人力改善土族人民的生活，发展土族地区的经济生产，还十分重视其教育事业的发展，改革了民国时期旧的教育管理体制，在互助、民和、大通等县建立了新的教育制度，调整了教育布局，使用新的教材，并拨款新建和扩建了一批学校，增添了许多教学设施，使土族地区的教育事业得到很快的发展。此外，土族地区还相继办起了各种形式的识字班、扫盲班，参加学习的干部群众达数万人之多。

互助土族自治县教育事业的发展历程，反映了青海土族地区教育事业曲折发展的历史和所取得的成就。因此，在此以互助土族自治县的教育为例，详细介绍土族地区教育事业的发展。互助地区的幼儿教育始于1952年，在威远镇完小设幼儿班。1956年在条件较好的公社开办幼儿园和托儿所。1965年在城南、城北完小设立了3个幼儿班，学生200余名。1980年，在县城北修建半日托制保育院，1992年更名为机关幼儿园，改为全日托制。21世纪以来，威远镇地区成立了一些单位或私立幼儿园，2005年，全县入园幼儿达5594人。

据统计，1950年，互助土族自治县的小学在原有基础上发展到114所，教职员178名，学生5946名。1952年，互助县第一所中学——互助中学成立。1958年，全县各类学校有214所（其中中学2所，完小61所），在校学生为27479余名。1962年，通过调整和整顿，停办并合并了一些学校，小学减至185所，在校学生减少到6773人，教职员416人。“文化大革命”期间，互助县的基础教育受到很大影响，直到1978年改革开放后才全面恢复和发展，有小学436所，在校生6万左右，教职工1844名，其中民办老师1307名。1982年，互助民族中学成立，当年招生101名学生，其中土族72名。到1985年年底，全县共有小学407所，教职工1870人，在校生48533人，其中少数民族学生9380人；完全中学7所，初级中学18所，教职工772名，在校生3094名，其中少数民族学生1627名。1999年，互助县普及九年义务教育工作顺利通过省级评估验收。2000年，互助县的小学已达303所，1996名教职工，在校生40868人，其中少数民族学生为10827人，土族7448人；全县共有中学27所，418个班，教职工1451人，学生25859人，其中，少数民族学生5494人，土族3876人。2005年，全县共有中学23所，教职工1769人，在校生30358人。从1977年开始，互助县累计向省内外大中专院校输送学生18681人，其中大专以上12527人，中专6154人，少数民族大中专生合计为3763人。

除了基础教育外，互助自治县还有中等专业教育，如师范教育、农业技术学校、农业机械化学校、职业学校等。其中，互助县师范教育始于1959年，成立互助土族自治县师范学校，招生50名。1972年至1973年，先后在互助中学、五十中学开办了3个速成师范班，毕业学生140名。1978年，又成立互助土族自治县师范学校，从1981年至1994年停办前，该校共办了14届，陆续培养了1576名学生，为互助县培养了一批基层人才。互助县农业技术学校成立于1958年，后停办，直到1979年又重新开办。1988年，各乡、村先后建立农业文化技术学校，到2002年，全县共有乡镇农民文化技术学校21个，村校289个，兼职教员102名，五年中举办各类培训班13576期，累计培训农民1858597人次，推广农业实用技术80多项。互助农业机械化学校成立于1977年，开办拖拉机驾驶员和农机管理干部培训班，后又增设农具手、农机修理工等培训内容，进入20世纪90年代后，互助的农业机械化学校办班期数和学员逐年增加，培训内容日趋广泛。①

据统计，截至2011年年末，互助、大通与民和三县的教育发展现状如下：

互助土族自治县拥有各类学校248所，其中幼儿园32所，小学188所，初中19所，高级中学1所，完全中学6所，职业中学1所，特殊教育学校1所，全县在职教职工4173人，中小学学生共57628人。全县“两基”人口覆盖率、适龄儿童入学率和巩固率均保持了100%，初中毛入学率和巩固率分别为101.6%和99.58%，高中入学率为77.2%，高中上线人数2770人，升学率达96.4%。全县发放“两免一补”、贫困寄宿生生活补助等各类补助6031.3万元，救助贫困大学生和高中生2840名。完成了24项校舍改造项目，总建筑面积2.25万平方米，投入资金5032万元。

大通回族土族自治县全县有各类学校114所，其中小学77所，初级中学2所，九年一贯制学校26所，完全中学4所，十二年一贯制学校3所，特殊教育学校1所，省级重点中等职业技术学校1所，公办幼

① 互助土族自治县县志编纂委员会：《互助土族自治县县志》，青海人民出版社1993年版，第181—189页。

儿园1所。全县现有各级各类在校学生6.8万人，其中女学生3.2万人，少数民族学生3.65万人；现有教职工4387人，其中女性2058人，少数民族职工1345人。集体办和民办幼儿园91所，在园幼儿1.26万人。2011年，全县小学入学率、巩固率均达到100%；初中入学率为99.7%，巩固率为100%；高考上线率达到96.2%，其中，本科率为59.56%，重点本科率为19.7%。

民和回族土族自治县有各级各类学校306所，其中，乡镇中心学校22所，小学148所，教学点87个，高级中学3所，完全中学3所，初级中学18所，九年一贯制学校13所，职工技术学校1所，特殊学校1所，青少年活动中心1所，幼儿园30所（含民办园21所）。教职工总数3971人。各级各类在校学生80027人，其中，在园幼儿10637人，小学生37215人，初中生17433人，高中生8939人，职校生5803人。2011年，全县学前入学率达到60.1%，7—12岁适龄儿童入学率为99.9%，初中入学率为100.9%，高中入学率为78.5%，高考重点本科上线率为12.7%。

第三节　土族民族教育的发展现状

互助、民和与大通三县的教育发展与土族的民族教育发展之间既有联系，又有区别。相对而言，土族乡镇的教育与全县教育事业的发展相比，是有一定差距的。跟省内其他地区一样，土族地区的民族教育也走过了从无到有、从初具规模到蓬勃发展的历程。从1989年开始，土族地区已形成了现代普通教育网点，小村庄有初级小学或教学点，大村庄有完全小学，乡有初级中学或完全中学，县有民族中学，城镇有普通教育、幼儿教育、业余教育、师资培训等。

一　学前教育现状

由于青海绝大多数土族人生活在农村和山区，受地理环境和经济条件的限制，其学前教育起步晚，整体发展水平不高。土族的学前教育初始于1958年人民公社时期，各大队陆续开办了一些幼儿园和托儿所。1965年，互助县城南、城北完小设立了3个学前班，有教师3名，学生93名。1980年，县城建立保育所1所，分大班、中班和小班，有保育员8名，入园幼儿100名。从1981年至1985年，威远镇、东沟、红崖子沟等地的一些小学开办有民办公助的学前班6所，共有24个班，800多名学生，23名保育员。2000年，互助全县有幼儿园1所，263个班，5857人，其中土族学生872人。2004年，互助县的学前教育重新被调整，其幼儿教育以学前三年为主要形式，入园幼儿多达4582名，入学率为35.1%。[①] 据统计，2011年，互助全县有幼儿园32所，在园幼儿5111人。其中，公办幼儿园4所，教学班30个，幼儿1999人；民办幼儿园28所，入园幼儿3912名。另外，全县208所小学均设了学前班208个，在校学前班学生6248名，其全县学前教育一年入班率97%。[②]

就土族各乡镇来说，其学前教育的发展并不平衡。据县教育局统计材料，2011年，丹麻镇有17个村落，有2所幼儿园，其覆盖率为11.76%；五十镇有19个村落，仅有1所幼儿园，覆盖率为5.26%；东沟乡有16个村落，有3所幼儿园，覆盖率为18.75%；东山乡有12个村落，尚没有建立幼儿园，覆盖率为0。其中，丹麻镇入园幼儿人数为243名，五十镇为139人，东沟乡351名。这6所幼儿园共有教学班23个，教职工48名，专任教师33名。虽然土族地区的幼儿教育开始步入正轨，有了一定的发展，但远远满足不了土族地区学前教育的发展，如土族聚居的东山乡尚没有1所正规学前教育机构。而从收费方面来说，互助县幼儿园按照县物价局定的标准收费，其2011年的收费约为3000多元，这对很多贫困农村和山区的土族家庭来说是个沉重的负担，因此很多家长选择让爷爷奶奶看管孩子，只是在孩子上学前在附小上一年学前班算是完成了学前教育。从幼儿园的设备和师资力量来说，土族乡镇的这6所幼儿园没有专门的园舍，大都是租用当地村委会活动室或商用场地，园舍简陋，缺乏必要的活动场地、幼儿活动器材和设施，卫生设施和卫生条件也比较差。上述情况亟待改

① 赫时远、任一飞：《中国少数民族现状与发展调查研究丛书·互助县土族卷》，民族出版社2006年版，第111—112页。

② 互助土族自治县教育局：《互助土族自治县幼儿园基本资料统计表》。

善。

二　小学教育现状

目前，土族各乡镇均已形成了小村庄有初级小学或教学点、大村庄有完全小学、乡镇有中心小学的小学教育格局。为了切实了解互助、民和与同仁等地土族小学教育的发展现状，2014 年 6 月至 10 月，笔者对民和三川地区的 5 所小学（中川乡清泉小学、红崖小学、美一小学，官亭镇鲍家小学、赵木川小学）、互助县东山乡 1 所小学（大庄村小学）、黄南州同仁县年都乎乡 1 所小学（年都乎村小学）进行了调查，并填写了 7 份“土族社会发展现状学校调查问卷”，现将各学校的校舍建设、教师、学生及教学设备情况介绍如下：

民和县官亭镇鲍家小学为寄宿制学校，学校校舍建筑面积为 1276 平方米，有教室 16 间，办公室 4 间，教师宿舍 7 间，学生宿舍 7 间，食堂 2 间，办公桌 12 张，办公椅 12 把，电脑 3 台，操场面积 4200 平方米。学校有 11 位老师，其中，男老师 6 人，女老师 5 人，年龄最大的 53 岁，年龄最小的 21 岁，土族老师 10 名，占教师总人数的 90.9%。学校老师中有 2 位学历为本科，占教师总数的 18.2%，7 位为专科，占教师总数的 63.6%；民转公办老师为 6 人，占教师总数的 54.5%。2013 年，鲍家小学在校生人数为 287 人，其中，男生 145 人，占学生总数的 50.5%，女生 142 人，占学生总数的 49.5%。土族学生 277 人，占学生总数的 96.5%，藏族学生 10 人，占学生总数的 3.48%。2014 年升入上一级学校的人数为 40 人，男生 22 人，女生 18 名。2013 年，学校有 139 名寄宿生，均来自官亭镇梧释村，国家对其有生活费及营养餐补助。学校图书馆藏书量为 2304 册，没有实验室、电化教室，也不能使用互联网，没有乡土教育课程和校本课程，教学设备极其缺乏。

民和县官亭中心学校赵木川小学的校舍建筑面积为 936 平方米，有教室 17 间，办公室 3 间，教师宿舍 8 间，办公桌 15 张，办公椅 15 把，电脑 4 台，操场面积 1400 平方米。学校有 15 位老师，其中，男老师 5 人，女老师 10 人，年龄最大的 57 岁，年龄最小的 19 岁，土族老师 7 名，占教师总人数的 46.7%。学校老师中有 5 位学历为本科，占教师总数的 33.3%，3 位为专科，占教师总数的 20%；民转公办老师为 4

人，占教师总数的26.7%。2013年，赵木川小学在校生人数为301人，其中，男生173人，占学生总数的57.5%，女生128人，占学生总数的42.5%。土族学生301人，占学生总数的100%。2014年升入上一级学校的人数为46人，男生25人，女生21人，土族学生人数46人。该校的教学设备情况比鲍家村稍好一些，学校图书馆藏书量为3288册，有多媒体教室、科学实验室，开设有电脑和网络教学，学校能使用互联网，有单杠、双杠、篮球等体育器材和电子琴等音乐器材，但没有开设乡土教育课程和校本课程。

民和县中川乡清泉小学为寄宿制学校，也是中川乡规模最大，教学设备最好的小学。该校位于乡政府西面，校舍建筑面积为1517平方米，有教室12间，办公室3间，教师宿舍17间，学生宿舍3间，食堂3间，办公桌20张，办公椅20把，电脑45台，操场面积2780平方米。学校有14位老师，其中，男老师7人，女老师7人，年龄最大的53岁，年龄最小的25岁，土族老师9名，占教师总人数的64.3%。学校老师中有9位学历为本科，占教师总数的64.3%，3位为专科，占教师总数的21.4%；民转公办老师为2人，占教师总数的14.3%。2013年，清泉小学在校生人数为339人，其中，男生169人，占学生总数的49.9%，女生170人，占学生总数的50.1%。土族学生231人，占学生总数的68.1%，回族学生108人，占学生总数的31.9%。2014年升入上一级学校的人数生为110人，男生57人，女生53名。该校有95名寄宿生，来自于该乡的八大山等脑山地区，学生享受国家的“两免一补”和营养餐补助。该校的教学设备情况在乡各小学中是最好的，学校图书馆藏书量为6240册，教学器材较为齐全，有多媒体教室、微机室和投影仪，学校能使用互联网，有单杠、双杠、篮球架、羽毛球架、木马等体育器材，有2台电子琴，但没有开设电脑和网络教学，也没有设乡土教育课程和校本课程。

民和县中川乡美一小学的校舍建筑面积为981平方米，有教室10间，办公室4间，教师宿舍8间，办公桌10张，办公椅10把，电脑6台，操场面积200平方米。学校有8位老师，其中，男老师6人，女老师2人，年龄最大的55岁，年龄最小的35岁，土族老师6名，占教师总人数的75%。学校老师中有2位学历为本科，占教师总数的25%，5

位为专科，占教师总数的 62.5%；民转公办老师为 3 人，占教师总数的 37.5%。2013 年，美一小学在校生人数为 134 人，其中，男生 66 人，占学生总数的 49.3%，女生 68 人，占学生总数的 50.7%。土族学生 134 人，占学生总数的 100%。2014 年升入上一级学校的人数为 30 人，男生 18 人，女生 12 人。该校图书馆藏书量为 2500 册，学校没有多媒体教室和科学实验室，也没有开设电脑和网络教学，但学校能使用互联网，体育器材较充足，有 2 台电子琴，没有开设乡土教育课程和校本课程。

民和县中川乡红崖小学的校舍建筑面积为 755 平方米，有教室 10 间，办公室 1 间，教师宿舍 1 间，食堂 1 间，办公桌 8 张，办公椅 8 把，电脑 3 台，操场面积 360 平方米。学校有 5 位老师，其中，男老师 4 人，女老师 1 人，年龄最大的 52 岁，年龄最小的 28 岁，土族老师 5 名，占教师总人数的 100%。学校老师中有 2 位学历为本科，占教师总数的 40%，3 位为专科，占教师总数的 60%；民转公办老师为 2 人，占教师总数的 40%。2013 年，红崖小学在校生人数为 93 人，其中，男生 50 人，占学生总数的 53%，女生 43 人，占学生总数的 46%。土族学生 45 人，占学生总数的 48%；回族学生 48 人，占学生总数的 51%。2014 年升入上一级学校的人数为 36 人，男生 23 人，女生 13 人。该校图书馆藏书量为 3500 册，学校没有多媒体教室和科学实验室，也没有开设电脑和网络教学，但学校能使用互联网，有足球、篮球、跳绳等体育器材和电子琴等音乐器材，没有开设乡土教育课程和校本课程。

互助县东山乡大庄村小学的校舍建筑面积为 800 平方米，有教室 8 间，办公室 2 间，办公桌 3 张，办公椅 3 把，电脑 1 台，操场面积 540 平方米。学校有 3 位老师，其中，男老师 1 人，女老师 2 人，年龄最大的 52 岁，年龄最小的 21 岁，土族老师 2 名，占教师总人数的 66.7%。学校老师中有 2 位学历为专科，占教师总数的 66.7%；民转公办老师为 1 人，占教师总数的 33.3%。2013 年，大庄村小学在校生人数为 120 人，其中，男生 65 人，占学生总数的 54.2%，女生 55 人，占学生总数的 45.8%。土族学生 13 人，占学生总数的 10.8%；藏族学生 107 人，占学生总数的 89.2%。2014 年升入上一级学校的人数为 27 人，男生 13 人，女生 14 人，土族学生为 3 人。该校图书馆藏书量为 213 册，学校没有多媒体教室和科学实验室，也没有开设电脑和网络教学，不能使用互联网，体育器材和音乐器材都极为缺乏，没有开设乡土教育课程和校本课程，其英语教学较为滞后，整体教育质量也有待提高。

黄南州同仁县年都乎乡年都乎村完全小学的教学规模及设备状况良好，该校校舍建筑面积为3255平方米，有教室8间，办公室3间，学生宿舍36间，食堂2间，办公桌15张，办公椅15把，电脑30台，操场面积1500平方米。学校有14位老师，其中，男老师1人，女老师13人，年龄最大的50岁，年龄最小的35岁，土族老师6名，占教师总数的42.9%。学校老师中有研究生1名，占教师总数的7.1%；本科生10名，占教师总数的71.4%，专科生3名，占教师总数的21.4%。2013年，年都乎完全小学在校生人数为178人，其中，男生82人，占学生总数的46.1%，女生96人，占学生总数的53.9%。土族学生136人，占学生总数的76.4%；藏族学生42人，占学生总数的23.6%。2014年升入上一级学校的人数为36人，男生20人，女生16人，其中土族学生34人。该校图书馆藏书量为30000册，学校设有多媒体电化教室，开设有电脑和网络教学，但学校不能使用互联网，有足球、篮球、乒乓球、羽毛球、跳绳等体育器材和电子琴等音乐器材，开设有乡土教育课程和结合当地传统手工艺开设的校本课程。

从以上情况看，除了同仁县年都乎乡的年都乎完全小学因靠近县城，学校有一所漂亮的六层教学楼，图书室藏书量丰富，操场体育设备齐全，电教设备较为齐全外，其他各小学的校舍均较为简陋，教学设备缺乏，师资也较为薄弱，甚至有些小学图书室的藏书量仅有几百本，如互助县东山乡大庄村小学的藏书量仅有213册。寄宿制小学的宿舍不仅数量少，而且条件十分艰苦，如民和县中川乡清泉小学有95名寄宿生，却仅有3间学生宿舍，平均每间宿舍住约30名学生。民和县官亭镇鲍家小学情况也是大致相似，有139名寄宿生，却仅有7间宿舍，平均每间宿舍住18人。而且这两个学校的老师数量也不多，清泉小学有14位老师，鲍家小学有11位老师，老师们不仅承担着繁重的教学任务，还要兼管学生们的吃住，工作量很大，但待遇并不高。可以说，土族乡镇的小学教育发展较为滞后，其校舍建筑、师资力量、教学设备、教学质量等状况堪忧，亟待改造和改善。

三　中等教育现状

中等教育指的是在初等教育基础上继续实施的中等普通教育和中等专业教育。中等普通教育包括初中教育和高中教育，普通中学是其主要部分，担负着为高一级学校输送合格新生以及为国家建设培养劳动后备力量的双重任务。中等专业教育包括中等技术学校、中等师范学校，担负着为国民经济各部门培养中等专业技术人员的任务。互助、民和与大通等土族聚居的地区，各乡镇均有中心学校，土族聚居区面积较大的区域还有土族中学，如民和三川地区的官亭土族中学，各自治县还有民族中学，如互助民族中学。

因民和三川地区的中等教育历来发展较好，2014 年 10 月，笔者以民和三川地区的中等教育为个案，对官亭镇中心学校、中川乡中心学校、官亭土族中学进行了问卷调查，其校舍、师资、学生数量、教学设备情况如下：

民和县中川乡中心学校为寄宿制学校，是中川乡唯一的一所初中教育中等学校。该校位于乡政府北面，校舍建筑面积为 16249 平方米，有教室 72 间，办公室 20 间，教师宿舍 90 间，学生宿舍 108 间，食堂 20 间，办公桌 80 张，办公椅 80 把，电脑 17 台，操场面积 16600 平方米。学校有 79 位老师，其中，男老师 44 人，女老师 35 人，年龄最大的 52 岁，年龄最小的 22 岁。土族老师为 57 名，占教师总人数的 72.1%。学校老师中有 59 位学历为本科，占教师总数的 74.7%，20 位为专科，占教师总数的 25.3%；民转公办老师为 2 人，占教师总数的 2.5%。2013 年，中川乡中心学校在校生人数为 1278 人，其中，男生 706 人，占学生总数的 55.2%；女生 572 人，占学生总数的 44.8%；土族学生 891 人，占学生总数的 69.7%；回族学生 339 人，占学生总数的 26.5%；藏族学生 48 人，占学生总数的 3.8%。2014 年升入上一级学校的人数为 242 人，男生 121 人，女生 121 人，土族学生人数 69 人。该校有 341 名寄宿生，来自于中川乡 21 个行政村。学生享受国家的“两免一补”、寄宿生补助金额与营养餐补助。该校图书馆藏书量为 18196 册，教学器材较为齐全，有多媒体教室、微机室和投影仪，学校能使用互联网，有单杠、双杠、篮球架、足球等体育器材，有电子琴等音乐器材，开设有电脑和网络教学，但没有设乡土教育课程和校本课程。

民和县官亭镇中心学校为寄宿制学校，其性质为初中教育中等学校。该校位于镇政府南面，校舍建筑面积为3440平方米，有教室50间，办公室12间，教师宿舍30间，学生宿舍32间，食堂6间，办公桌63张，办公椅63把，电脑32台，操场面积3600平方米。学校有63位老师，其中，男老师28人，女老师35人，年龄最大的59岁，年龄最小的22岁。土族老师为32人，占教师总人数的50.8%。学校老师中有55位学历为本科，占教师总数的87.3%，8位为专科，占教师总数的12.7%。2013年，官亭镇中心学校在校生人数为970人，其中，男生510人，占学生总数的52.6%；女生460人，占学生总数的47.4%；土族学生900人，占学生总数的92.8%；回族学生60人，占学生总数的6.2%；藏族学生10人，占学生总数的1%。2014年升入上一级学校的人数为210人，男生120人，女生90人，土族学生人数201人。该校有520名寄宿生，来自于官亭镇各山区，学生享受国家的“两免一补”、寄宿生补助金额与营养餐补助。该校学校图书馆藏书量为11640册，教学器材较为齐全，有13套多媒体电教器材，教学、体育器材较为齐全，但音乐器材不足，没有电化教室，学校也没有开设电脑和网络教学，但能使用互联网，没有设乡土教育课程和校本课程。

民和县官亭土族中学为寄宿制学校，县直属全日制完全中学，也是三川土族地区唯一一所设有初高中教学的中等学校。该校位于镇政府西，校舍建筑面积48000多平方米，有教室30间，办公室16间，教师宿舍116间，学生宿舍66间，食堂1间，办公桌85张，办公椅85把，电脑60台，操场面积26600平方米。学校有81位老师，其中，男老师47人，女老师34人，年龄最大的55岁，年龄最小的24岁。土族老师42名，占教师总人数的51.9%。学校老师中有80位学历为本科，占教师总数的98.8%，1位为专科，占教师总数的1.2%。2013年，官亭土族中学在校生人数为786人，其中，男生401人，占学生总数的51%；女生385人，占学生总数的49%；土族学生540人，占学生总数的68.7%；汉族学生128人，占学生总数的16.3%；回族学生60人，占学生总数的7.6%；藏族学生58人，占学生总数的7.4%。2014年升入上一级学校的人数为224人，男生121人，女生103人，土族学生人数198人。该校实行住宿制，所有学生均需住校，初中住宿生享受国家的“两免一补”、寄宿生补助金额与营养餐补助，高中生则不再享受此政策。该校学校图书馆藏书量为10000册，教学器材较为齐全，学校有多功能教室，有饮水锅炉，冬季实行集中供暖，但没有开设电脑和网络教学、乡土教育课程、校本课程，能使用互联网，其教学设备与器材、体育器材、音乐器材均较为缺乏。

官亭土族中学历史悠久，始建于1934年，其前身为朱海山先生创建的官亭小学，1981年正式改为现名。学生中90%为土族，其余为汉、回、藏、东乡等民族。70多年来，官亭土族中学已发展成为一所各项配套设施齐全、规模较大的民族完全中学，也为民和土族地区培养了大量人才。自20世纪八九十年代开始，官亭中学的师资力量较为雄厚，教学质量在民和地区也是数得上的。如2006年高考，官亭中学总上线人数165人，总上线率在海东地区排名第16位，本科上线人数达80人，一般本科上线率在海东排第7位，重点本科上线率在海东排第13位。2007年，官亭中学高考总上线人数达到246人，本科上线人数达112人，重点本科上线人数突破15人。截至2009年，该校有30个教学班，学生1800多名，其中高中26个教学班，高中在校生1700名；住校生1000名；专任教师122名，其中高级教师21名，中级教师68名，本科以上学历113名。但近年来，该校的教师人才流失严重，教学质量逐渐下降，三川地区经济条件尚可的家庭都选择将孩子送到县城川口镇上高中，优秀生源流失，其高考升学率有所下降。

互助县民族中学创建于1982年，该校占地面积为63979平方米，建筑面积13658平方米。是一所以土族学生为主体，兼藏、回、蒙古、汉等民族成分的全寄宿完全中学，现有教职工153名，其中高级职称教师47人，中级职称教师53人，县级骨干教师33名；全校共有36个教学班（初中12个教学班，学生792人，高中24个教学班，学生1276人），在校学生2068名，少数民族学生占学生总数的83%以上，其中，土族学生占在校生总人数的80%，这些土族学生大部分来自本县的五十、丹麻、东沟、东山等乡镇。该学教学设备较为齐全，图书馆藏书量为6853册，有3间微机室，100台电脑，学生每星期可上一节微机课。自2002年以来，该校高考升学率一直保持在90%以上，文科教学尤为突出，连续3年被海东地区评为高中“文科教学优秀学校”。建校以来，共培养初、高中毕业生7009名，向大中专院校输送学生2758名，既是全省民族教学的窗口学校，也是互助土族人才的摇篮。据统计，2010年，该校高考重点学校上线率为26.6%，本科上线率为75.4%，两者均名列全县第一。2013年高考，互助县民族中学上线率为100%，名列全县第一；考上重点的人数比2012年翻了一番，重点率为18.3%，比2012年增长了8个百分点，名列全县第二，本科率为73.9%，名列全县第一；中考取得了四个全县单科第一，三个单科第二的好成绩。

从学校基础设施建设方面来说，2013年，互助县民族中学在落实标准化学校建设项目的同时，积极争取县委、县政府和教育局的大力支持，先后落实完成了建筑面积3930平方米，双面四层、框间结构、六度抗震设防的初中部综合教学楼，内设教室13个，图书室、阅览室各1个，实验室13个，办公室6个。新建学生宿舍楼，双面五层框间结构，六度抗震设防，建筑面积3400平方米，2013年11月竣工并交付使用，内设学生宿舍89间，床位784个，厕所5个，洗手间5个。新建学生食堂，两层框间结构，六度抗震设防，建筑面积1600平方米，2013年11月竣工并交付使用。同时，积极争取县委、县政府和教育局的大力支持，强化基础设施建设，硬化校园4000平方米，多渠道争取到教师办公用电脑25台、学生床750张，新建水冲式厕所正在施工中，建成后能满足千名学生如厕。

从对贫困学生的资助来说，2013年，互助县民族中学除“两免一补”、营养改善计划外，学校还争取到民建中央资助50名学生、青海省昕源救助中心108名、“格桑花”资助27名、“金至尊”助学50名、香港慈善总会等20个资助项目，累计资助资金近1214370元，资助学生1284人次，特别是青海省安徽商会为互助县20名贫困大学生每人捐助助学金10000元，其中互助县民族中学毕业生8名，这些措施有效地解决了贫困学生的实际困难，极大地调动了学生克服困难、努力学习的积极性。[①]

虽然有国家的“两免一补”政策，学校也在努力争取多方面的助学资金，但由于互助县经济不发达，有很多土族学生来自贫困山区和农村，仍难以负担高中阶段相对高昂的学习开支。根据调查，互助县民族中学高中生的学费、取暖费、书本费、上机费、住宿费共计800元，高中生的学费、生活费各种费用一年为4000元左右，对贫困家庭来说负担较重，而初中生享受“两免一补”政策、寄宿生补助金额与营养餐补助，只需部分生活费。学生在学校食堂就餐，每顿伙食费为两三元，有些家庭条件极为困难的学生每星期生活费只有十几元，无法到食堂吃饭，一日三餐为开水就馍，约有五分之一的学生每天只在食堂吃一餐饭，学习生活条件十分艰苦。

① 互助县民族中学：《2013—2014学年度第一学期学校工作总结》。

第七章　土族的文化

土族世代繁衍生息的甘青地区自古以来就是一个多民族聚居的地区，汉、藏、蒙古、回、土、撒拉等各民族交错分布、友好往来，儒释道文化、藏传佛教文化和伊斯兰三大文化圈共生并存、相互交融，形成了这一地区多民族文化多元交汇并存的异质文化特点。在长期的历史发展进程中，土族人民与邻近的兄弟民族和睦相处、携手并进，共同开发了祖国的大西北，也创造了兼容并蓄、丰厚独特的民族文化。由于受自然环境、社会环境和人文环境等多方面的影响，土族文化具有浓厚的多元融合的特点：既形成了以农业文化为主体的农业文明形态，又遗留有许多牧业文化的痕迹；既有根深蒂固的本民族传统文化，又融合有大量的汉藏文化因素；既有国家主流文化的成分，又有区域地方社会的文化传统。可以说，土族文化具有强烈的“多重文化时空层叠整合”的特征，是在不断融合众多民族文化因素的基础上形成、发展和变迁的，既是一种典型的兼收并蓄的复合型文化，也是中华民族传统文化多元一体的典型例证。

文化是社会学和其他人文学科研究的基本问题之一，有广义文化和狭义文化之分。英国人类学家 E. B. 泰勒在 1871 年出版的《原始文化》一书中指出：“文化，或文明就其广泛的民族学意义来说，是包括知识、信仰、艺术、道德、法律、风俗和作为一个社会成员的人所掌握并接受的任何其他的能力和习惯的复合体。”[①] 英国人类学家 B. K. 马林诺夫斯基发展了泰勒的文化定义，在 20 世纪 30 年代著《文化论》一书

① ［英］爱德华·泰勒：《原始文化》，连树声译，广西师范大学出版社 2005 年版，第 1 页。

中提出："文化是指那一群传统的器物，货品，技术，思想，习惯及价值而言的，这概念实包容着及调节着一切社会科学。"① 他还进一步把文化分为物质的和精神的，即所谓"已改造的环境和已变更的人类有机体"两种主要成分。从这些文化的定义中可以看出，文化是一个包罗万象的概念，几乎包括了人类全部的生活和生产实践；它还是一个鲜活、动态的概念，不是一成不变的，而是始终在不断地被创造、丰富和发展。土族文化也是一个复杂的综合体，既包括历史文化，也包括现代文化；既包括物质文化，也包括精神文化；既包括民间文化，也包括精英文化。从土族文化在社会转型时期的发展实际出发，在该章中，笔者主要介绍土族的语言文字、民间文化和文学艺术的传承与发展现状。

第一节　语言文字的使用

语言文字是文化的重要组成部分，它是社会有机体联系的纽带，具有横向联系和纵向联系的作用。从纵向联系看，语言文字是传承先辈思想文化和实现代际传承的重要载体。从横向看，语言文字是社会群体中个体交流的工具，具有促进社会合作与秩序形成的重要功能。

一　语言的使用情况

语言是一个民族标志性的文化事象。土族历史上只有语言而没有文字，语言既是其民族文化最基本的表现形式，也是土族民众传承民族文化的重要方式，是土族与其他民族相区别的文化标识。土族语言属于阿尔泰语系蒙古语族。它和同语族的蒙古语、达斡尔语、东乡语、保安语、东部裕固语在语音上有明显的对应关系，在词汇上有很大数量的同源词，在语法上有大部分共同的语法范畴及同一来源的语法形式，造句法也与上述语言基本一致。②

目前，学界将土族语言分为互助、民和、同仁三个比较大的方言

---

① ［英］马林诺夫斯基：《文化论》，费孝通等译，中国民间文艺出版社1987年版，第2页。

② 宝日乐：《土族、羌族语言及新创文字使用发展研究》，民族出版社2011年版，第31—32页。

区。其中，互助方言指青海省的互助、大通、乐都等县以及甘肃省的天祝县土族语言，民和方言指青海省民和县三川地区的土族语言，同仁方言指青海省黄南藏族自治州同仁地区的土族语言。互助方言和同仁方言下又可分小方言区。互助方言分哈拉直沟、红崖子沟、那龙沟、大通4个小方言区，这4个小方言只有语音的微小差别，相互交际畅通无阻，这4个方言区的部分土族群众还兼通汉语和藏语。同仁方言分为2个小方言区，一是年都乎、郭麻日、尕洒日、保安下庄4村的土族语，二是吾屯上下庄和加查麻村的吾屯话，吾屯话既不同于藏语，也不同于汉语，更与土族语无关，是一种很特别的方言。[①] 同仁方言区的土族群众绝大多数都通藏语和汉语。民和方言区的土族兼通汉语。互助、民和、同仁三地土族在历史上长期隔绝，交往较少，其语言差异较大，尤其是同仁的土族语，与其他2个方言区的土族语差别较大。此外，这3个方言区的土族民众在与周围民族交往的过程中，不断地汲取其他民族语言的词汇，以充实和丰富自己的语言，因而造成互助、同仁方言中藏语借词较多、民和方言中汉语借词较多的现象。

土语与蒙古语的关系十分密切。20世纪二三十年代，法国传教士德斯迈（Desmedt）和田清波（A. Mostaert）曾对土族语言做过词汇记录和研究，他们认为土族语言就是十三、十四世纪的蒙古方言。当时中国的语言学家罗常培、傅懋勣也认为土语与蒙古语相近，并且把土语列入了阿尔泰语系蒙古语族。1953年，中央民族学院（今中央民族大学）研究部的陈永龄老师等人在互助县调查了341个土语基本日常词汇，其中有165个词汇与蒙古语相同或相近，且土语的语序与蒙古语的语序大致一样。此外，他们还将互助土语和黑龙江的达斡尔语、甘肃的东乡语相比较，发现在341个基本词汇中，与达斡尔语相近的有106个，与东乡语词汇相近的有84个。他们还发现，土族语言中除了蒙古语词汇外，还有一些藏语和汉语。当时，土语中的宗教词汇，完全采用了藏语；土语的亲属称谓，则受到了汉语的影响。

从民国到现今，土族语的词汇构成发生了较大的变化，其固有词汇

---

① 宝日乐：《土族、羌族语言及新创文字使用发展研究》，民族出版社2011年版，第32页。

大量流失，汉语借词越来越多，而藏语借词相对稳定。从固有词汇的流失来说，包括数字、一些传统的生产和生活用具。笔者在田野调查中发现，民和土族已基本没有人会用土族语数数字，而互助山区还有一些个别老人能用土语数数字，绝大多数人已经不会用土语数数字了；传统的农业、畜牧业生产工具和木匠、石匠等匠人的生产工具，除了一些年长的人，基本都不会说了。土族语中数量最多的是汉语借词，目前还呈现出汉语借词越来越多的倾向。如不仅城市里的土族孩子用汉族称谓来称呼父母，连农村的土族孩子也开始普遍用汉语称谓来称呼父母；而土族语中有关社会政治、农用机械、科学教育、电器产品等方面的现代文化与科技产品，几乎全部直接借用了汉语借词。

民国时期，土族语是大部分土族人主要的交流工具。20 世纪 50 年代，土族聚居的地方，80% 以上的土族人仍用本民族语言进行交流，只有少部分男性稍懂汉语，当时 80% 的学龄前儿童在入校之前没有或很少接触汉语，老师要用双语教学才能教这些孩子。20 世纪 80 年代，“大通土族除老年人外，多已使用汉语。”① 现今，大通土族已经完全转用汉语，互助、民和、同仁三地土族居住较集中的地区，仍以土族语作为本民族成员间的交际工具，但与其他民族交流时使用汉语。在互助县东山乡的山区，一些年龄较大的妇女完全用土族语交流，听不懂汉语，外人很难与其交流。西宁、互助县威远镇、民和县川口镇等地的土族，由于受工作生活环境影响，主要用汉语交流，即使家庭成员全是土族，也习惯用汉语交流。城镇出生的土族孩子，即使父母全是土族，大部分人也不会说土族语。当前，土族语不仅固有词汇量减少，使用人数也越来越少。虽然土族人口增长较为迅速，但说土族语的人却在锐减，土族语的使用和传承情况堪忧。据有关研究统计，土族语目前的使用人口大约有 10 万人。

为了解土族语的传承与使用情况，“土族社会发展现状家庭调查问卷”特意在第五部分设计了“民族语言使用”的若干问题，发放了 180 份问卷，有效收回 173 份。这 173 份问卷调查是在互助县东山乡大庄村、威远镇小庄村，民和县中川乡胡李家村、官亭镇官中村和梧释村，同仁

① 《土族简史》编写组编：《土族简史》，人民出版社 1982 年版，第 2 页。

县年都乎乡年都乎村做的，这 6 个村庄都是土族居住相对集中的地方，目前仍在用土族语作为其主要的交际工具。需要说明的是，东山乡大庄村的 1 份问卷是入赘的藏族女婿做的，他对土族语言不了解，因此没做该份问卷中的第五部分。调查结果表明，在有效的 172 位调查对象中：

关于“您对本民族语言的熟悉程度如何”问题，熟练地使用、不用汉语的有 150 人，占被调查人总数的 87.2%；会用于日常生活用语对话的有 18 人，占被调查人总数的 10.5%；会说几句、主要用汉语的有 2 人，占被调查人总数的 1.1%；不能说、但能听懂的有 1 人，占被调查人总数的 0.6%；不会说的有 1 人，占被调查人总数的 0.6%。

关于“您家中日常使用何种语言”问题，使用民族语的有 144 人，占被调查人总数的 83.7%；使用汉语的有 8 人，占被调查人总数的 4.7%，使用两种语言的有 20 人，占被调查人总数的 11.6%。

关于“您愿意说民族语言吗”问题，不愿意说的有 5 人，占被调查人总数的 2.9%；很多时候都愿意说的有 119 人，占被调查人总数的 69.1%；只在和本民族人在一起时才愿意说的有 43 人，占被调查人总数的 25%；不好说的有 5 人，占被调查人总数的 2.9%。

关于“您是如何学会说民族语的”问题，跟长辈学的有 169 人，占被调查人总数的 98.2%；在学校学的有 1 人，占被调查人总数的 0.6%；跟同伴学的有 1 人，占被调查人总数的 0.6%；不予回答的 1 人，占被调查总人数的 0.6%。

关于“您是如何学会说汉语的”问题，跟长辈学的有 45 人，占被调查人总数的 26.2%；在学校学的有 88 人，占被调查人总数的 51.2%；跟汉族同伴学的有 36 人，占被调查人总数的 20.9%；通过电视广播学的有 3 人，占被调查人总数的 1.7%。

关于“您觉得民族语重要还是汉语重要”问题，认为汉语重要的有 73 人，占被调查人总数的 42.4%；认为民族语重要的有 19 人，占被调查人总数的 11.1%；认为两个都重要的有 80 人，占被调查人总数的 46.5%。

关于“您是否认为本民族的人必须学习民族语”问题，认为必须学习的有 110 人，占被调查人总数的 63.9%；认为没必要的有 62 人，占被调查人总数的 36.1%。

关于“跟前些年相比，当地说民族语的人数有何变化”问题，认为越来越多的有 5 人，占被调查人总数的 2.9%；认为越来越少的有 108 人，占被调查人总数的 62.8%；认为跟以前差不多的有 59 人，占被调查人总数的 34.3%。

关于“您是否担心学习民族语的人越来越少”问题，担心的有 81 人，占被调查人总数的 47.1%；不担心的有 91 人，占被调查人总数的 52.9%。

关于“您是否认为学习汉语会妨碍人们学习和使用民族语”问题，认为会妨碍的有 48 人，占被调查人总数的 27.9%；认为不会妨碍的有 124 人，占被调查人总数的 72.1%。

关于“您觉得会说汉语对您有好处吗”问题，认为有好处、方便与其他民族交往的有 85 人，占被调查人总数的 49.4%；认为有好处、方便做买卖的有 12 人，占被调查人总数的 7.0%；认为对工作生活各方面都有好处的有 74 人，占被调查人总数的 43%；认为不好说的有 1 人，占被调查人总数的 0.6%。

从对土族语言的传承和使用情况来看，这 6 个村庄的绝大多数土族家庭成员都能熟练地使用土族语言，只有极少部分人能听懂但不会说；在日常生活中，绝大多数家庭日常生活用语为土族语，只有少部分家庭因是汉土、汉藏结合家庭，日常生活中使用两种语言；土族语言的传承主要还是靠代际传承；绝大多数土族人喜欢和愿意说自己的民族语言，并且认为土族人应该学习自己的民族语言，但也有为数不少的人认为土族人不一定必须学习民族语言；绝大多数土族人认为当地说民族语言的人越来越少，但过半数的人不担心这种情况，有 46.8% 的人担心这种情况。

从对汉语的学习和使用情况看，土族人主要是在学校学会汉语的，也有一些人是通过长辈和汉族伙伴学会说汉语的；71.7% 的土族人认为学习汉语不妨碍自己学习土族语，但也有为数不少的人认为学习汉语妨碍土族语学习；绝大多数土族人认为汉语比民族语更重要，方便与其他民族交往或做生意，对工作和生活各方面也有好处。

值得关注的是，在互助和民和两县土族聚居区的农村小学中，因大部分学生入学前汉语不太熟练，学前班和低年级教学还需用土族语辅助讲解，因此，学校往往会安排会土族语的教师给低年级学生授课，从小学三年级开始，才基本用汉语授课。

二　新创文字的使用

土族原来没有本民族文字，土族文化是用土族语和汉语为重要载体世代传承下来的。20 世纪 50 年代，互助土族民众向到互助进行调查的少数民族语言调查队提出了为土族创制民族文字的请求。20 世纪 70 年代，土族民众又一次提出了创制土族文字的要求，得到了青海省人民政府的支持。根据广大土族群众的意愿，在党和政府的关怀下，有关民族语文工作者以互助方言为基础，以互助县东沟乡大庄话为标准音参考点，设计了拉丁字母形式的《土族文字方案》。该方案用 26 个拉丁字母表示土族语里 12 个单元音和 26 个单辅音。1979 年，该方案在青海省互助土族自治县人民代表大会上通过。1980 年 3 月，互助土族自治县民族语文工作办公室成立，创制、推行土族文字领导小组随之成立，成员有董思源、白光达烈、严兴礼、耿瑞祥、李生泮、王连纯、谢学仁、唐有财、李克郁、刁文庆、李永顺、李玉兰、伊耀安 13 人，董思源任组长。互助县民族语文办公室成立后，积极进行土族新创文字的试行和推广工作。

1981 年，新创制的土族文字开始在互助土族自治县实验推行。在实验推行过程中，互助民族语文办公室培训了师资，编写了教材和工具书，在部分小学进行了试教，译制了电影，开通了土族语广播，还于 1983 年开始创办土文综合性季刊《赤列布》，使学习土文的人有书看，有一个写作和交流的平台。1986 年，互助县召开了第一次土族语文工作座谈会，对试行工作进行了总结，产生了《会议纪要》。省政府办公厅以〔1986〕234 号文批转了该《纪要》,《纪要》中指出："目前《土文方案》的试行工作已基本完成，可在土族群众中逐步推广。在推广的过程中，应采取积极慎重的态度；进一步完善土文方案；对群众学习土文，坚持自愿自择的原则，予以支持和帮助；组织协调工作由省民委牵头各有关单位积极配合，共同做好土文的推行工作。"1987 年 12 月，青海省民委、互助县人民政府在北京召开了土族文字专家研讨会，在会上产生了"关于土族文字专家研讨会纪要"。会议认为："《土文方案》

是在对土族语言进行长期调查研究的基础上，采用《汉语拼音方案》26个字母制定的。字母的设计和读音充分表达了土族语言的特点，其科学性、实用性较强，符合国务院关于设计字母的五项原则，是切实可行的。”1996年11月，土文通过了省级验收。

为了试行推广土文，互助民族语文办公室先后编印了《土文课本》（一至十册）及《土文试行课本》（一至三册，扫盲教材），并从1979年12月至1996年7月，共举办了13期师资培训班和4期土文教师提高班，参加人数522名，还给甘肃省天祝县代培了3名公办土文教师。师资培训班每期为40天左右。除了培训师资，互助民族语文办公室还在土族群众中开展了土文扫盲工作，从1983年到1996年12月，他们在土族聚居的村社共设了70个农村业余扫盲点，参加的学员有3952人。为了推广新创制的土文，互助民族语文办公室还用土文翻译了一些民间文学和知识性读物，如《民族民间文学》《知识性故事》《土族新歌》等。截至2001年，共铅印教材、读物12种、油印教材、工具书6种，计55000余册。[①]

根据《第一次土族语文工作座谈会纪要》中“土族文字进学校问题本着积极、慎重科学的原则，先在几个条件较好的小学中进行试点，在取得经验的基础上逐步展开”的精神，互助民族语文办公室从1989年3月开始在东沟乡大庄小学等10余所小学低年级中试教了土文。1995年开始在东沟大庄小学、塘拉小学、台子乡多士代小学、东山乡东山小学、五十乡三庄小学5所小学的一至五年级系统地进行了试教，每周授课二至三节。2001年，土文教学陆续停止。

在设计“土族社会发展现状家庭调查问卷”时，为了解土族民众对现行土文的了解程度，笔者简单地设计了4个问题，在有效的172份调查问卷中，调查结果如下：

关于“您知道有土族文字吗”问题，知道的有35人，占被调查人总数的20.3%；不知道的有137人，占被调查人总数的79.7%。

关于“您会土文吗”问题，会的有1人，占被调查人总数的

---

① 民族宗教事务局局长李林财：《互助土族自治县土族语文和土族古籍工作情况的汇报》，在此感谢提供资料的互助民族语文办公室的工作人员。

0.6%；不会的有171人，占被调查人总数的99.4%。

关于“您对土文的熟悉程度如何”问题，不会读不会写的有168人，占被调查人总数的97.7%；会读不会写的4人，占被调查人总数的2.3%。

关于“您是否认为本民族的人必须学习土文”问题，认为必须学习的有78人，占被调查人总数的45.4%；认为没必要的有91人，占被调查人总数的52.9%；答案缺失的有3人。

在田野访谈中，笔者发现，互助和同仁地区知道有土文的人数量较多，民和土族地区知道有土文的只有几个文化程度较高的人，绝大多数人不知道有土族文字。在“您会土文吗”问题中唯一选择会土文的受访者是互助县威远镇小庄村人，男性，生于1965年，初中文化程度，据他介绍参加过土文扫盲班，学过土文，目前会读不会写。

互助民族语文办公室虽然不再开展土文的教学和推广工作，但在积极搜集土族口头传统和民间文化方面做了大量卓有成效的工作。早在20世纪80年代，互助民族语文办公室就组织力量搜集、整理土族民间传说、故事、叙事歌、神话、土语词汇、民俗等口头传统，用土汉文对照整理了《土族婚俗》《土族丧俗》，整理了叙事长诗《拉仁布与且门索》《祁家延西》，完成了《土族历世著名活佛》《土族服饰和头饰》《土族地区历代土司制》《土族诸彦》等民间古籍的搜集整理工作。进入21世纪后，互助民族语文办公室陆续出版了《青海土族民间文化集》《土族民间叙事长诗》《土族情歌》《土族赞歌》《土族婚丧习俗》等书，其中，除了《青海土族民间文化集》一书是汉文外，其他几本全是土汉对照文。

第二节　非物质文化遗产保护与开发

一　土族的非物质文化遗产项目保护现状

非物质文化遗产是联合国教科文组织为完善世界文化遗产保护体系而提出的新概念，它是指“被各社区、群体，有时为个人视为其文化遗产组成部分的各种社会实践、观念表述、表现形式、知识、技能及相关的工具、实物、工艺品和文化场所”①。其内容包括口头传统和表现形式、表演艺术、社会风俗、礼仪、节庆、有关自然界的知识和实践、传统的手工艺技能等。非物质文化遗产是人类通过口传心授方式代代相传的、活态流变的文化遗产，是各民族古老的生命记忆和活态的文化基因，体现着各民族的智慧和精神，是一种不可再生的、珍贵的、具有重要价值的文化资源。

土族有着悠久的历史和灿烂的文化，勤劳智慧的土族人民在长期的历史发展中，与周边民族友好交往，互相交融，创造了内容丰富、个性鲜明的民族文化。由于土族历史上只有语言，没有文字，口头和非物质文化在其民族文化中有着十分重要的地位，甚至在某种程度上可以说，土族的民族文化主要是通过口头和非物质文化来世代延续、传承的。土族的非物质文化资源种类繁多，形式古朴，特色鲜明，主要有口头文学、传统表演艺术、传统手工技艺、民风习俗等。

土族的口头文学绚丽多彩，是其非物质文化遗产的重要组成部分，代表性作品有《阳世的形成》《牛耕地的传说》《鲁氏太太斩王莽》等神话传说，《混沌周末歌》《唐德格玛》《素布吾拉》等古歌，土族《格赛尔》英雄史诗，《拉仁布与吉门索》《祁家延西》《“合尼”之歌》等民间叙事诗，《蟒古斯》《花牛犊》《黑马张三哥》等民间故事以及言简意赅、风趣幽默的民间笑话和谚语，等等。如今，在现代化浪潮和现代传媒的冲击下，电视、书籍、网络已遍布土族乡村的各个角落，土族人已远离了这些生动的讲述与歌唱，除了以婚礼歌为代表的仪式歌还在民间顽强传承之外，其他的口头文学已被收集进各种民间文学资料集中，成为凝固的叙述，不再是鲜活、有生命的民族瑰宝了。笔者在调查中发现，即使是婚礼歌，也只是50多岁的人还能唱一些，年轻人大多只能跟唱，已不能完整地唱完较长的传统歌曲了，而《祁家延西》《拉仁布与且门索》等叙事诗只有个别老人会唱，土族的口头文学传承情况堪忧。

土族人民能歌善舞，有着绚丽的表演艺术。土族民歌用汉、土、藏语来演唱，有自己独特的内容和风格，如土族的传统情歌“阿日洛”

① 王文章：《非物质文化遗产概论》，文化艺术出版社2006年版，第10页。

和“库咕加”，互助土族婚礼歌和民和的“道拉”，土族赞歌和“花儿”等。土族舞蹈多姿多彩，颇具特色；如互助、甘肃土族的“安昭”舞，民和土族的“纳顿”舞、“阳廓”舞（即土族社火舞），同仁土族的“於菟”舞、“鲁若”舞，大通土族的“踏灰”舞，甘肃卓尼土族的“巴郎鼓”舞等。土族的传统表演艺术丰富多彩，形式古朴，是颇具价值的非物质文化遗产资源。除了大通土族的“踏灰”舞和甘肃卓尼土族的“巴郎鼓”舞外，安昭舞、纳顿舞、社火舞等其他民间舞蹈由于借助了传统节日的载体，加上学界一直较为关注，其传承和保护情况相对好一些，在河湟区域社会中有较高声誉和影响。

传统手工技艺是非物质文化遗产工程重点保护的项目之一。土族的传统手工技艺主要有唐卡、堆绣、雕塑、刺绣、盘绣、木雕、民族服饰制作等。其中，以唐卡、堆绣和雕塑为代表的热贡艺术历史悠久，工艺精湛，是土族文化宝库中一朵瑰丽的艺术奇葩，而花样繁多、色彩艳丽的刺绣、盘绣是土族民族工艺中的艺术精品，其奇特的造型和精妙的技艺令人惊叹。土族服饰古朴绚丽，其传统的用料、样式和缝制也颇具特色。目前，受文化产业化的影响，土族的传统手工技艺，尤其是唐卡、堆绣的制作已初步走上了产业化的轨道。

目前，土族入选第一、二、三、四批国家级非物质文化遗产名录的项目有 12 项，涉及民间文学、民间音乐、民间舞蹈、民间美术、民俗、传统体育 6 个类别。入选青海、甘肃两省第一批和第二批省级非物质文化遗产名录的项目有 25 项，涉及民间文学、民间音乐、民间舞蹈、民间美术、民俗、传统体育 6 个类别。此外，土族入选第一、二、三、四批国家级非物质文化遗产项目传承人名录的有 7 人，其项目涉及民间文学、民间音乐、民间舞蹈、民间美术 4 个类别，入选第一、二、三批省级非物质文化遗产传承人名录的有 29 人，涉及民间文学、民间音乐、传统舞蹈、传统美术、民俗、传统技艺、杂技与竞技等 7 个类别。这些成绩充分说明了土族的非物质文化遗产储藏极其丰厚，而由于历史上地处偏远，经济发展相对缓慢，受现代文明冲击较小，土族的非物质文化遗产不仅资源丰富，还呈现出了神秘、奇特、古老、宗教色彩浓郁、民族特性和地域特征鲜明的文化特质，有较高的历史、文化、科学价值，在传承区域内具有较大影响力。

现将土族入选国家级和省级非物质文化遗产名录的项目列表如下。

表 7－1　　土族国家级非物质文化遗产项目名录

序号	项目编号	类别	项目名称	申报地区或单位	入选时间
1	Ⅰ－29	民间文学	拉仁布与吉门索	青海省互助土族自治县人民政府	2006 年 5 月
2	Ⅰ－27	民间文学	天祝土族《格萨尔》	西北民族大学	2006 年 5 月
3	Ⅱ－20	民间音乐	丹麻土族花儿会	青海省互助土族自治县人民政府	2006 年 5 月
4	Ⅲ－40	民间舞蹈	土族於菟	青海省同仁县人民政府	2006 年 5 月
5	Ⅲ－91	民间舞蹈	巴郎鼓舞	甘肃省卓尼县	2008 年 6 月
6	Ⅶ－24	民间美术	土族盘绣	青海省互助土族自治县人民政府	2006 年 5 月
7	Ⅹ－29	民俗	土族纳顿节	青海省民和回族土族自治县人民政府	2006 年 5 月
8	Ⅹ－56	民俗	土族婚礼	青海省互助土族自治县人民政府	2006 年 5 月
9	Ⅹ－115	民俗	土族服饰	甘肃省卓尼县	2008 年 6 月
10	Ⅵ－45	传统体育游艺与杂技	土族轮子秋	青海省互助土族自治县	2008 年 6 月
11	Ⅲ－109	传统舞蹈	安昭	青海省互助土族自治县	2011 年 6 月
12	Ⅰ－154	民间文学	祁家延西	青海省互助土族自治县	2014 年 12 月

表 7－2　　土族国家级非物质文化遗产项目代表性传承人名录

序号	姓名	性别	项目编码	项目名称	申报地区或单位	入选时间
1	何金梅	女	Ⅰ－29	拉仁布与吉门索	互助土族自治县	2007 年 6 月
2	王永福	男	Ⅰ－27	天祝土族《格萨尔》	天祝藏族自治县	2007 年 6 月
3	马明山	女	Ⅱ－2	花儿（丹麻土族花儿会）	互助土族自治县	2008 年 2 月
4	阿吾	男	Ⅲ－40	土族於菟	同仁县	2008 年 2 月
5	娘本	男	Ⅶ－49	热贡艺术	同仁县	2009 年 7 月
6	夏吾角	男	Ⅶ－49	热贡艺术	同仁县	2009 年 7 月
7	董思明	男	Ⅹ－56	土族婚礼	互助土族自治县	2012 年 12 月

表 7－3　土族省级非物质文化遗产项目名录

序号	项目编号	类别	项目名称	申报地区或单位	入选时间
1	Ⅰ－1	民间文学	天祝土族《格萨尔》	西北民族大学	2006 年 10 月
2	Ⅰ－2	民间文学	拉仁布与吉门索	互助土族自治县	2006 年 11 月
3	Ⅰ－3	民间文学	财宝神	民和回族土族自治县	2006 年 11 月
4	Ⅰ－2	民间文学	祁家延西	互助土族自治县	2007 年 5 月
5	Ⅱ－2	民间音乐	丹麻土族花儿会	互助土族自治县	2006 年 11 月
6	Ⅱ－1	民间音乐	民和土族婚礼歌	民和回族土族自治县	2007 年 5 月
7	Ⅱ－7	民间音乐	卓尼土族民歌	甘南州卓尼县	2008 年 6 月
8	Ⅲ－2	民间舞蹈	土族於菟	黄南州同仁县	2006 年 11 月
9	Ⅲ－11	民间舞蹈	巴郎鼓舞	甘南州卓尼县	2006 年 10 月
10	Ⅲ－5	民间舞蹈	天祝土族安召	武威市天祝县	2008 年 6 月
11	Ⅸ－1	民俗	土族纳顿节	民和回族土族自治县	2006 年 11 月
12	Ⅸ－3	民俗	土族婚礼	互助土族自治县	2006 年 11 月
13	Ⅹ－2	民俗	天祝土族婚俗	武威市天祝县	2008 年 6 月
14	Ⅹ－7	民俗	土族哪哪会	互助土族自治县	2007 年 5 月
15	Ⅹ－9	民俗	互助土族服饰	互助土族自治县	2007 年 5 月
16	Ⅶ－1	民间美术	土族盘绣	互助土族自治县	2006 年 11 月
17	Ⅵ－1	杂技与竞技	土族轮子秋	互助土族自治县	2007 年 5 月
18	Ⅱ－1	传统音乐	土族宴席曲	互助土族自治县	2009 年 9 月
19	Ⅲ－3	传统舞蹈	土族安昭舞	互助土族自治县	2009 年 9 月
20	Ⅹ－3	民俗	土族民间法舞	互助土族自治县	2009 年 9 月
21	Ⅰ－1	民间文学	布柔有	互助土族自治县	2013 年 11 月
22	Ⅱ－2	传统音乐	土族民间歌曲“库咕茄”	民和回族土族自治县	2013 年 11 月
23	Ⅲ－3	传统舞蹈	土族鼓舞	民和回族土族自治县	2013 年 11 月
24	Ⅷ－3	传统技艺	土族擀毡技艺	民和回族土族自治县	2013 年 11 月
25	Ⅹ－5	民俗	土族“背口袋”饮食习俗	互助土族自治县	2013 年 12 月

表 7－4　　土族省级非物质文化遗产项目代表性传承人名录

序号	姓名	性别	类别	项目名称	申报地区或单位	入选时间
1	何金梅	女	民间文学	拉仁布与吉门索	互助县文化馆	2008 年 12 月
2	林菊花	女	民间文学	拉仁布与吉门索	互助县文化馆	2008 年 12 月
3	索成龙	男	民间文学	拉仁布与吉门索	互助县文化馆	2008 年 12 月
4	李生龙	男	民间文学	祁家延西	互助县文化馆	2008 年 12 月
5	马明山	女	传统音乐	丹麻土族花儿会	互助县文化馆	2008 年 12 月
6	席恒雄	男	传统音乐	丹麻土族花儿会	互助县文化馆	2008 年 12 月
7	湛明生	男	传统音乐	丹麻土族花儿会	互助县文化馆	2008 年 12 月
8	席淑花	女	传统音乐	丹麻土族花儿会	互助县文化馆	2008 年 12 月
9	张英芝	女	传统音乐	七里寺花儿会	民和县文化馆	2008 年 12 月
10	阿吾	男	传统舞蹈	土族於菟	同仁县文体广电局	2008 年 12 月
11	胡宗显	男	传统体育	土族轮子秋	互助县文化馆	2008 年 12 月
12	夏吾角	男	传统美术	热贡艺术	同仁县文体广电局	2008 年 12 月
13	桑斗合	男	传统美术	热贡艺术	同仁县文体广电局	2008 年 12 月
14	桓贡	男	传统美术	热贡艺术	同仁县文体广电局	2008 年 12 月
15	娘本	男	传统美术	热贡艺术	同仁县文体广电局	2008 年 12 月
16	李发秀	女	传统美术	土族盘绣	互助县文化馆	2008 年 12 月
17	马有莲	女	传统美术	土族盘绣	互助县文化馆	2008 年 12 月
18	麻宝琴	女	传统美术	土族盘绣	互助县文化馆	2008 年 12 月
19	董兴林	男	传统技艺	威远酩酼酒	互助县文化馆	2008 年 12 月
20	姚生德	男	传统技艺	威远酩酼酒	互助县文化馆	2008 年 12 月
21	董思明	男	民俗	土族婚礼	互助县文化馆	2008 年 12 月
22	李延海	男	民俗	土族婚礼	互助县文化馆	2008 年 12 月
23	席秀忠	女	民俗	土族婚礼	互助县文化馆	2008 年 12 月
24	张吉然	男	民俗	土族婚礼	互助县文化馆	2008 年 12 月
25	徐秀福	男	民俗	土族纳顿节	民和县社发局	2008 年 12 月
26	乔正祥	男	民俗	土族纳顿节	民和县社发局	2008 年 12 月
27	李长明	男	民俗	土族纳顿节	民和县社发局	2008 年 12 月
28	马安奎	男	民俗	互助土族会	互助县文化馆	2008 年 12 月
29	李占森	男	民俗	互助土族会	互助县文化馆	2008 年 12 月

近年来，互助土族自治县在非物质文化遗产保护方面做了大量工作，成绩斐然。在县委、县政府的高度重视下，有关文化部门通过对非遗项目普查、登记培训、举办活动等方式，传承、保护和弘扬土族非物质文化遗产。首先，自2005年以来，按照国家和省、地关于加强非物质文化遗产保护工作的要求，互助县社会发展局抽调专门工作队伍，对县内非物质文化遗产遗存情况进行全面普查，通过文本、图片、音像、实物等方式记录、存档，并积极申报，其申报的项目立项是各土族县中最多的，如在12个已获准立项的国家级非遗项目中，互助的项目就占8个，为土族国家级非遗项目总数的67%；在25个已获准立项的省级非遗项目中，互助的项目占13个，为土族省级非遗项目总数的52%。其次，互助县加大培训力度，通过家庭式、“一家一技”“一村一品”等形式进行文化技能培训，积极传承非遗文化。截至2008年，互助县采取在县城集中培训、在乡镇巡回培训文化能人的方式，累计举办培训班85期，培训刺绣艺人1200人（次），培训土族歌舞演艺人员3500人（次），使珍贵的文化遗产得以保护，文化技艺得以传承。此外，互助县还建立了东沟乡年先村土族婚礼保护基地、五十镇土族盘绣保护基地等一批非物质文化遗产项目保护基地。第三，互助县举办多种活动宣传非遗项目，扩大非遗项目的影响力。如2007年春节，互助县将土族婚礼改编成歌舞节目，将土族服饰搬上舞台，取得圆满成功；春节期间，通过人物花车展演的形式生动形象、艺术逼真地展现了土族盘绣等项目；创作、编排、演出了“千人安昭”舞表演等。这些形式多样、内容丰富的活动不仅丰富了广大群众的精神文化生活，还使各项非物质文化遗产成为群众文化活动的主要内容。第四，改善保护方式，力求每个项目都有文本、音像、图片和实物；投资10万元，摄制、出版了中国土族风情书画册，中国土族剧《彩虹部落》剧照宣传画册和互助土族非物质文化遗产画册；摄制、刻录了土族非物质文化遗产光盘25盘。为将非物质文化遗产实现物质化表现，县上还拟投资2300万元修建土族非物质文化遗产广场——彩虹园，园内将以雕塑群和雕塑墙的形式永久地展示各项非物质文化遗产，实现永久的保护传承。

但互助、民和、同仁等地的土族非遗保护工作也存在一些普遍的问题，如由于普查手段落后，缺少先进的摄、录设备，导致文字性资料、图片、音像等有形资料少；开展非物质文化遗产保护工作需要足够的经费保障，但近年来，由于经费紧张，使应征资料不能完全征集回来，编辑出的相关资料不能出版发行，不利于保护工作的开展；现有的工作人员中，非物质文化遗产保护的专业人才，特别是摄录、照相、记谱、文字撰写、音像资料制作人员更为匮乏，影响保护工作的进程和效果。

二　土族非物质文化遗产的开发现状

土族有着丰富的非物质文化遗产，但在漫长的历史发展中，土族的非物质文化遗产一直处于自生自灭的原生状态。中华人民共和国成立后，在党和政府的关怀和重视下，土族的民间文学得到了大规模的搜集整理，其间虽然经历了“文化大革命”期间的沉寂，但在十一届三中全会之后，土族的民族文化获得了新生，许多被中断了的民间传统又得到了恢复和弘扬，如土族纳顿节、青苗会、花儿会等传统节日就是从20世纪80年代初开始恢复的。进入21世纪之后，随着国家深入开展各民族非物质文化遗产保护工作，土族的非物质文化遗产得到了全面、系统的挖掘、保护和开发，不仅有许多项目被列入国家和省级非物质文化遗产名录，还有一些颇具开发价值的项目走上了产业化发展的轨道，成为拉动县域经济发展的催化剂和土族民众脱贫致富的重要文化资源。

（一）民俗旅游中的非物质文化遗产开发

由于非物质文化遗产独特的民族性、特殊的地域性和传承的经验性，具有很大的旅游开发价值，是各民族发展民俗旅游的重要人文资源。土族地区的民俗旅游起步较早，早在20世纪90年代初，互助土族自治县威远镇小庄村利用地理和文化优势开始发展民俗旅游，经过20多年的发展，小庄村的旅游已形成规模，并带动了小庄周边地区和东沟乡的大庄、姚马等村民俗旅游的发展，成为青海民俗旅游的著名品牌。

互助土族的民俗旅游已建立了比较成功的模式，并取得了可观的经济效益。截至2009年年底，全县有较大规模的风情园4家，民俗旅游接待点40家，集餐饮、观赏、娱乐为一体的茶园96家，总投资达到7000多万元，旅游业直接从业人员达2000多人，间接从业人员5000多人。2009年全县共接待游客103万人次，同比增长46%；实现旅游收入1.1亿元，同比增长97%。民俗旅游接待游客35万人次，民俗旅游收入达3850万元，民俗旅游收入占旅游综合收入的35%。[①] 据统计，2013年，小庄村从事民俗旅游的接待户达到90家，占总农户的56%。全年接待游客12万人次，全村经济总收入547.6万元，农民人均收入8352元，其中76.6%为旅游业收入。[②] 目前，互助已建立了西部土族风情园、“纳顿”庄园、吐谷浑大营等规模较大的民俗旅游接待点，这些接待点集住宿、餐饮、购物、娱乐功能为一体，不仅提供具有土乡特点的饮食和住宿接待，还推出了具有浓郁民族特色的花儿、婚俗、歌舞、轮子秋等文艺表演，深受游客喜爱。

互助县的民俗旅游不仅充分利用和开发了土族的非物质文化遗产，还对其保护和传承发挥了积极的效应。“许多土族风情园搜集、汇集了大批非物质文化遗产和传承人，为部分非物质文化遗产的产权保护、文化传承、技艺拓展等提供了支撑，使其在现代社会得到了有效继承与发扬。”[③] 如2004年，小庄村“纳顿”庄园不仅搜集了整套的传统酩醯酒酿造工具，还聘请了熟悉传统工艺的土族老人为酿酒师，按照传统工艺酿造酩醯酒给游客品尝，使传承濒临中断的土族酿酒工艺得到了有效抢救与保护。在土族风情园，一些原先几乎被人们遗忘的传统习俗和文化活动得到了恢复，传统的音乐、舞蹈、饮食被发掘出来，得到了发扬光大。小庄、姚马、大庄等村土族将安昭舞、土族花儿、土族婚礼、轮子秋、土族服饰表演等作为旅游开发项目，搬上了民俗风情园的舞台，而土族传统饮食、土族刺绣则成为特色旅游产品。在这几个村庄的土族风情园中，人们还可以领略土族传统民居的风采，如庄廓庭院中形状各异的花坛，雕梁画栋、冬暖夏凉的房屋，屋内的壁柜、面柜、炕桌、神龛等，都是土族传统民居、生产生活用具的特色展现。可以说，民俗旅游为土族的非物质文化遗产提供了现代发展空间和环境，民俗旅游的发展有效地促进了非物质文化遗产的保护与开发。

此外，互助县有关部门还利用民俗旅游发展的契机，改进土族传统歌舞，使其更适宜在民俗风情园的舞台上表演。21世纪初，县文化馆的

① 互助县旅游局：《互助县民俗旅游发展情况汇报》，2010年4月22日。

② http://qh.people.com.cn/n2/2016/0819/c377635-28861320.html.

③ 鄂崇荣：《旅游开发对土族非物质文化遗产保护的影响》，《青海民族大学学报》2010年第7期，第52页。

专家曾定期到小庄村指导编舞，改编的舞蹈曲目多达十几种，如《土族迎亲舞蹈》《土族敬酒歌舞》《七彩袖》《请到土族家乡来》等。而当地一些熟悉土族民间文化的人被聘请到土族风情园中，传授土族歌舞、土族礼仪、土族民俗方面的知识，尤其是一些民间歌手，被聘请到土族风情园表演土族歌舞，他们中的一些人甚至组建了自己的表演团队，如土族民间歌手杨海春组建了纳顿金花艺术团，专门在土族风情园演唱。

但值得关注的是，在互助县民俗旅游的开发过程中，也存在一些消极因素。小庄、大庄等村的土族风情园在发展过程中，片面地追求旅游规模和经济效益，一些非物质文化遗产逐渐表演化和商业化，失去了原有的韵味和风貌。近几年来，随着现代化的冲击，外地大量游客的涌入，不同的民族及其文化、价值观、生活方式、思想意识的引入，使土族传统的文化和民俗风情逐渐被淡化、同化和消亡，互助的土族民俗旅游正在丧失自己的民族特色和地方特色，土族的非物质文化遗产也被庸俗化，失去了原有的淳朴性和粗犷性。如一些演员只会唱几首土族歌曲就匆忙上台表演，甚至还有些人随意篡改传统歌曲；一些年轻人受商业利益驱动，将伪劣工艺品出售给游客，牟取暴利，造成了不良影响。

（二）文化产业发展中的非物质文化遗产开发

产业化发展是非物质文化遗产开发的一条重要途径，互助、同仁等地积极利用土族非物质文化遗产资源，开发文化产品，组建文化企业，变文化优势为经济优势，为土族非物质文化遗产的长久保护和有序利用奠定了产业化基础。

近几年，互助县土族在非物质文化遗产产业化发展方面做了一些积极的探索，取得了可喜的成绩。如 2007 年，互助县社会发展局和刺绣行业协会共同组建了由全县 10 个刺绣加工基地和 120 多名农民组成的刺绣产业加工营销网络，该网络由互助七彩情土族民俗文化产品开发有限公司和青海藏之堂土族刺绣厂为龙头企业，以威远、东沟、丹麻等乡镇的 8 家刺绣加工基地为主干，并吸收 120 多名有刺绣技艺特长的农民。而互助土族文化传播有限公司则采取“公司 + 基地 + 农户”的发展经营模式，大力开发土族国家级非物质文化遗产项目——盘绣。截至 2011 年 12 月，该公司已发展土族刺绣基地 12 个，带动刺绣农户 500 多户，年产值达到 120 多万元。

同仁是全国著名的“热贡艺术之乡”。热贡艺术是藏传佛教艺术的重要流派，包括唐卡、壁画、雕塑、堆绣、建筑装饰图案等多种形式。2009 年，热贡艺术被联合国教科文组织列入世界级非物质文化遗产项目。同仁年都乎、吾屯、郭麻日等村的土族是热贡艺术的重要创造者和传承者之一，热贡艺术熔铸着土族人民的聪明才智和艺术创造才能。21 世纪以来，随着文化产业化的发展，黄南州政府和同仁县政府将热贡艺术开发、保护和利用作为热贡文化产业发展的突破口，将热贡唐卡、堆绣、木雕、剪纸、银饰、石刻、服饰等研发生产与现代商业展售相结合，将非物质文化遗产资源转为产业资源，促进了热贡文化产业的快速发展，培育了一批具有一定影响力和知名度的文化企业和热贡艺人，初步形成了以唐卡、雕塑、堆绣、石刻技艺、民间歌舞为主的文化产业群体。截至 2012 年年底，全州文化产业经营户达到了 4714 家。此外，黄南州还积极推进热贡艺术“走出去”展演、展出、展示，在北京、上海、深圳等地设立了热贡艺术窗口，热贡艺人在全国开设了近 200 家创作展销窗口，让热贡艺术走进了大众的视线，使热贡文化的知名度和影响力得到大幅提升。①

从唐卡产业的发展来说，从 2006 年开始，同仁县就围绕热贡文化实施“千家万户绘唐卡”工程，大力发展唐卡产业。土族聚居的吾屯上下庄、郭麻日、年都乎等村如今已形成了“家家是画室，人人是画师”的热闹局面，目前被评为国家级非物质文化遗产项目传承人的土族热贡大师有娘本和夏吾角 2 人，被评为省级非物质文化遗产项目传承人的土族热贡大师有夏吾角、桑斗合、桓贡、娘本 4 人。据统计，“‘十一五’期末，同仁全县唐卡从业人员 3083 人，产业收入达到 14067.05 万元，人均创收 4.56 万元。2011 年，全县唐卡文化企业达到 87 家，从业人员 1.26 万人，实现文化经营收入 2.04 万元，人均收入超万元”②。

同仁热贡艺术的传承和产业化发展主要采取“公司 + 农户”的模式，根据同仁县政府统计，截至 2010 年 3 月 10 日，全县共有“公司 +

① 张晓阳：《热贡艺术产业化发展》，www.tibetcutulture.net，2013 - 3 - 31

② 彭兆荣：《热贡唐卡考察录》，民族出版社 2012 年版，第 238 页。

农户”热贡艺术品企业87家。其中，国家级传承大师娘本的热贡画院和国家级传承大师夏吾角的青海仁俊热贡艺术有限责任公司与雕塑传习院规模较大，发展势头强劲。热贡画院位于吾屯村，内设展示部、培训部、创作部和市场外联部，是一个集唐卡、堆绣、刺绣、泥塑、石雕、木雕和铜制品等收藏、展销、培训为一体的热贡艺术保护和产业示范基地。截至2012年7月，热贡画院收藏有明清时期老唐卡及过世老艺人作品130幅、当代国家级大师精美唐卡600余幅；汇集国家工艺美术大师、唐卡大师和民间艺人180人，签约画师600余人，年均生产唐卡、堆绣、刺绣等热贡艺术品6000余幅，带动了当地500户农牧户从事热贡艺术事业，平均每户增收2万至7万元不等。值得高度赞扬的是，在土族热贡艺术大师娘本先生的努力下，热贡画院还抢救、恢复和创新了藏传佛教失传已久的皮绣唐卡技艺和珍珠唐卡技艺，用这两种技艺创作了《大黑天》《木质浮雕唐》等唐卡作品。目前，热贡画院除了热贡艺术创作和展示外，还成为同仁县的著名旅游景点，每年要接待数十万的国内外游客。热贡画院的唐卡作品除了多次在北京、上海、香港、澳门、台湾等地进行文化展示外，还走出了国门，远赴澳大利亚、日本、荷兰、德国、比利时等国家参加大型文化展演活动。由于热贡画院多年来在热贡艺术传承、保护与开发方面所做的突出贡献，热贡画院于2009年被青海省文化厅评为“青海省文化产业示范基地”；2009年8月被青海省黄南州人民政府评为“优秀非公有制企业”；2009年，娘本大师还被评为“全国非物质文化遗产先进个人”；2010年3月被省文化厅立为“青海省热贡艺术传习所”；2010年11月被文化部评为“国家文化产业示范基地”；2011年1月被青海省扶贫开发局评为“青海省产业化扶贫龙头企业”①。

同仁土族的另一位国家级非物质文化遗产传承人夏吾角大师也是热贡文化龙头企业的领军人物，他于2008年5月创办了青海仁骏热贡艺术有限公司，并于2011年成立雕塑传习院，主要传授泥塑技艺。雕塑传习院建设时，黄南州和同仁县政府从用地、贷款、资金等方面给予了他很大支持。传习院成立后，正式招收学员，第一年没有工资收入，一

① 彭兆荣：《热贡唐卡考察录》，民族出版社2012年版，第239页。

年后正式招作学徒并按等级每人每月发放1000—5000元的工资。2012年，公司里学雕塑的学生有50多人，能独立完成泥塑的高级技师有3人。此外，青海仁骏热贡艺术有限公司的经营范围还包括精品雕塑、铜佛、玻璃钢佛像、手绘唐卡、堆绣唐卡、壁画及加工各种民族工艺品的藏式家具，并承接宾馆、舞厅、餐厅的藏式风格装修和设计。

土族聚居的年都乎乡素有“堆绣村”之称，也是热贡艺术品的主要制作地之一。笔者在田野调查中了解到，年都乎村有8个生产合作社，385户，1338人。2013年，全村共有艺人之家85个，从事以“堆绣”为主的热贡艺人845人，占全村总人数的63%，注册的热贡艺术品公司3家，从业人数36人，年收入12000万元左右。

热贡文化的商业化、产业化发展给同仁地区的非物质文化遗产带来了新的生命力和活力，唐卡、堆绣、雕塑、壁画等传统非遗项目得到了有效的开发和利用，其诸多价值得到了充分展现，经济价值更是成倍增长，热贡非遗项目的知名度与市场价值得到了空前提升，从而形成了同仁地区人人学习热贡艺术、家家制作热贡艺术品的局面。可以说，在21世纪第一个十年，随着全国性的、如火如荼的“非遗”保护活动的开展，沉寂了数百年的热贡艺术从寺院走向民间，又从民间走向市场，其发展达到了顶峰。但另一方面，我们也要清醒地意识到，热贡艺术的产业化发展虽带来了可观的经济效益，但也产生了一些负面影响，如一些艺人一味追求经济效益，不按规范使用矿物颜料，以次充好，甚至还有人冒充大师的名字等现象，在一定程度上损害了热贡艺术的声誉，也不利于其良性传承。

（三）文化生态实验区建设中非遗文化的整体性保护与开发

“文化生态实验保护区是指在一个特定的自然和文化生态环境区域中，有形的物质文化遗产如古建筑、历史街区与乡镇、传统民居及历史遗迹等和无形的非物质文化遗产，如口头传统、传统表演艺术、民俗活动、礼仪、节庆、传统手工技艺等相依相存，并与人们依存的自然和文化生态环境密切相关，和谐相处。”[①] 文化生态实验区是我国非物质文

① 黄小驹、陈至立：《加强文化生态保护　提高文化遗产保护水平》，《中国文化报》2007年4月3日。

化遗产保护工作进一步深化的产物，是现阶段实现文化整体性保护的创新和科学探索。2008 年获批设立的青海热贡文化生态实验保护区是我国第三个国家级文化生态保护区，也是在少数民族地区设立的首个国家级文化生态实验保护区。该保护区以同仁县为核心，辐射尖扎、泽库二县及坎布拉景区等地区，总面积达 1.2 万平方米，覆盖人口 20 余万，其建设工作重点是以黄南地区藏族、土族、汉族、回族、蒙古族等世居民族创造和传承的文化遗产为保护内容，如现存的寺庙、古城堡、古村寨、民居等传统建筑，唐卡、堆绣、泥塑、木雕、石刻等传统技艺，六月会、於菟、各种法会等传统节庆盛会，神话传说、歌谣、音乐舞蹈、剪纸刺绣、服饰、手工技艺等民间文艺，多元信仰、婚丧、礼仪、饮食、生产和生活方式等丰富多彩的非物质文化遗产等，它们既是构建文化生态保护区的地方文化元素，也是重要的保护内容。

黄南州在生态实验保护区建设方面做了大量工作，促进了其良性发展。如近两年，黄南州完成投资 6.42 亿元，实施了热贡文化产品园、隆务寺及附属寺院古建筑维修、黄南州非物质文化遗产博物馆、热贡艺术传习所建设、千米唐卡世界精品绘制工程、坎布拉宗喀巴文化园区大藏经石刻工程等项目，有力地改善了生态区的基础设施条件。黄南州还开辟了多种传承渠道，让热贡艺术走进了学校和课堂，设立热贡艺术传习所、实施“阳光工程培训”等，初步形成了以唐卡、雕塑、堆绣、建筑彩绘、藏戏、石刻技艺为主体的文化传习群体。截至 2011 年 11 月，全州热贡文化从业人员达 15102 人，其中，从事热贡艺术创作生产的民间艺人达 12940 人，热贡文化企业 104 家，热贡文化产业收入达 22160.9 万元。

黄南州的热贡文化实验区建设和热贡文化产业的发展不仅产生了巨大的经济和社会效益，还有力地促进了热贡文化的传承和发展。在热贡地区，许多孩子从五六岁就随祖辈、父兄学绘唐卡，许多人小学、初中毕业后就专门从事唐卡绘画，而同仁县吾屯村、年都乎村，几乎家家都从事唐卡、堆绣和雕塑生产，唐卡在热贡地区已经得到了普及，而那些承载着深厚历史文化信息的各类非物质文化已成为热贡文化生态保护区各民族群众日常生活的一部分，热贡的优秀传统文化走上了生产性保护的渠道，焕发出了强盛的生命力，实现了良性传承。

最后，互助小庄民俗旅游村和黄南热贡文化生态实验区的成功实践表明，民俗旅游村和文化生态实验区建设是传承和弘扬各民族非物质文化遗产的有效途径。当前，我们要借鉴小庄村的成功经验，改变目前许多民俗旅游村只是一个符号和标牌，缺乏实质内容的现状，积极开发多种形式的民俗旅游项目，将土族独特的饮食、歌舞、礼仪、民间工艺美术、手艺技艺等民俗文化元素实实在在地融入文化旅游中，用绚丽多彩的民俗文化招揽游客，赢得美誉，进而通过民俗旅游村建设，激发土族民族文化的自我创造性、自我发展和更新能力，唤醒其民族文化的生机和活力。在热贡文化生态实验区建设中，我们要注意文化生态空间的整体性保护，建立以非遗传承人和传承群体为主体、以非遗保护为核心、以文化空间和"文化基质"为保护重点的保护体系，实现热贡文化的科学保护、整体保护、活态保护和文化遗产的良性传承发展。在严格保护文化遗产项目及其传承人和文化空间的前提下，科学发展热贡文化产业，允许能尽快产生经济效益的项目扩大发展，但也不能忽视对经济效益产生较慢，甚至只有社会效益的文化遗产项目的保护。在保持文化遗产本真性的基础上，根据时代要求，用现代科技适当进行改良和创新，赋予其新的活力。

第三节　文学艺术的发展

一　土族作家文学的发展

中华人民共和国成立前，土族的作家文学积累极为贫乏，虽然土族历史上涌现了一些用藏文进行创作的土族高僧和一些用汉文进行诗词创作的土族文人，如三世章嘉若必多吉、女诗人李宜晴等，但从整体上看，土族作家文学的历史基础仍然相当薄弱。中华人民共和国成立后，尤其是党的十一届三中全会之后，土族作家文学有了较快发展，虽还没有形成自己阵容可观的作家群体，却也拥有了好几位创作风格鲜明、有一定影响力的中青年作家、诗人，如鲍义志、祁建青、师延智、阿霞、衣郎、李卓玛等，他们创作了大量反映本民族和青藏高原生活的文学作品。

土族受汉、藏文化影响很深，在历史上曾产生过一些汉文修养较高、爱好古诗词的文人和藏文造诣较高的高僧。如史书记载，民和东伯府土司李巩“喜读书、不事华饰”，李巩侄李完，“杜户读书，无题寒暑，闭影公门，人高其节，工古文词”，但其作品并没有留存下来。中华人民共和国成立前，土族作家中有著作和诗文留存于世的只有清初的三世章嘉若必多吉和近代的李宜晴二人。

三世章嘉若必多吉（1717—1786 年）是清初著名的大活佛，他不仅在佛学方面很有造诣，还精通汉、蒙、满等多个民族的语言文字，一生著述甚丰，涉及宗教、历史、传记、志书、文学等诸多领域，共撰写作品 217 部。其中《宗派建立论》《藏文正字学》《七世达赖传》《喇嘛神像记》《藏文三十颂与字性添接法略解》《造像度量经》《北京白塔寺志》《五台山胜地志》等都是流传甚广的名著。其中，与文学相关的作品有道歌《五台山礼赞》。该诗写于公元 1767 年，是若必多吉在五台山闭关静修，撰写《五台山胜地志》时所写，全诗约 190 行，其主要内容是借这一佛教圣地赞颂先贤、世尊的功业，宣扬佛法。《五台山礼赞》虽然以宣扬佛教思想为主，但语言优美、辞章华丽、格调自然，意境清新，具有较高的艺术造诣。

李宜晴是东伯府末代土司李承基的孙女，“十余岁时便广览文史典籍”，十二三岁开始诗词创作，很早就显示出了诗词创作方面的才气与性灵。李宜晴工诗擅词，一生创作了大量诗词，但由于经历坎坷，其诗词散佚颇多，现仅存诗 40 首、词 70 阕及残章断篇 10 余首。其代表性的作品有《秋兴》《途中》《金城木塔》《飞石崖》《秋夜闻砧》《山中》《临江仙·过花园寺题松》《月上海裳》《八声甘州》《大有·和半隐山人》《满江红·胜利歌用岳武穆原韵》《湘月·征夫》等。这些留存的诗词豪逸旷远、清新婉丽、空灵蕴藉，不仅展现了女诗人咏物抒情、寄情山水的高雅情怀，还显示了关心国家、亟思为国效力的强烈感情，具有较高的思想境界和艺术造诣。因此章士刊先生称赞她为“少数民族中难得的才女”，新编《民和县志·李宜晴传》也称颂其“不仅是一位才华横溢的诗人，也是一位爱国主义者”。

中华人民共和国成立后，尤其是十一届三中全会之后，在党和政府的重视和扶持下，一批土族文学创作队伍成长和壮大起来，并在小说、散文、诗歌创作等领域取得了不俗的成绩。如土族作家董思源、张英俊等的散文创作别具风格，鲍义志、李占忠、祁进诚等在中短篇小说中收获颇丰，辛存文、解生才等以报告文学见长，李友楼、马光星在民间文艺学、文艺理论研究方面颇有成就，而祁建青、师延智、吕霞、阿朝阳等的诗歌创作在省内外有较大影响，他们的创作丰富、完善了青海文学创作的内容。

董思源从1958年开始文学创作，以小说、散文、诗歌、话剧等形式反映土族人的生活，他尤其擅长用散文来描绘土族乡村的沧桑变化，展现土族人民当家做主的喜悦心情，如《黑泉的故事》《金色的长城》《晨曲》《阿兰佛登》《恩达努普吉赫》等。辛存文的文学成就集中反映在报告文学和散文创作方面，曾汇集出版《情泼高原》《摘虹曲》《绿色交响曲》《西宁土楼山访古采今录》《新闻写作学》等专集，其早期的报告文学作品有《天路焕彩》《擒龙图》《山魂升华录》《撒拉尔之歌》等。20世纪90年代之后，辛存文致力于对青藏高原自然生态、极地生命、人文历史的发掘与思考，写了一些历史文化底蕴深厚、充满忧患意识的报告文学作品，如《壮哉，青藏铁路野生动物通道》《可可西里秘录》《世界屋脊黄金秘录》等。

20世纪80年代之后，鲍义志、祁建青、师延智、阿霞等在青海文坛十分活跃，创作了很多优秀作品，在社会上产生了较大影响。如鲍义志于1982年开始发表作品，在小说、散文、报告文学、文艺评论、剧本创作等方面均有建树，有多篇作品在省内外获奖。他的短篇小说《水磨沟里的最后一盘水磨》被改编成电视剧，获全国少数民族题材电视剧骏马奖二等奖；短篇小说《翠儿》获全国第二届少数民族优秀小说奖，中篇小说《黑牡丹，白牡丹，红牡丹》、歌剧剧本《三牡丹》分别获青海省庆祝新中国成立40周年、45周年优秀作品奖，短篇小说集《呜咽的牛角号》获第四届全国少数民族优秀作品奖、第四届庄重文学奖。

祁建青是土族著名的军旅作家、诗人，他从20世纪80年代初开始文学创作，曾在《人民文学》《解放军文艺》《散文选刊》《民族文学》等国内知名文学刊物上发表作品，有多篇作品在省内外文学评奖中获奖，他的诗作《草狐》获1988年“大西北军旅诗赛”一等奖，《西行二题》获解放军大型文艺刊物《昆仑》1995—1996年优秀作品奖，

《黑黑的夜光杯》获首届“古风杯”华夏散文大奖优秀作品奖，《粮食，你在说话吗》获青海省第四届优秀文艺奖等，其散文集《玉树临风》获第九届全国少数民族文学创作骏马奖。

师延智从20世纪80年代中期开始文学创作，在诗歌、散文、评论、报告文学等方面有较大收获，但青海文艺界以“土族诗人”来界定他的文学创作，说明诗歌是其创作的主体。师延智撰写的《爱我青海五字歌》（合著）荣获青海省“五个一工程”奖，他的诗歌、散文集《玫瑰家园》颇受好评。而吕霞从20世纪80年代中期开始文学创作，以清新明快、飘逸隽秀的诗风引起了文坛的关注，她在诗歌创作、文艺理论、民族文化研究等方面有较丰硕的成果，她撰写的《写作智慧论》（合著）曾荣获全国写作协会第二届优秀著作评选一等奖，其诗集《我的河流》是土族文学史上第一部诗集，填补了土族文学创作中没有诗集的空白。

此外，土族作家祁进诚的小说创作，解生才、张英俊的散文创作也产生了一定影响。祁进诚从20世纪80年代初就开始在报刊上发表作品，代表性作品有小说《山中的一座坟》《变换的魅力》《母亲的幸福》《山神树》，散文《龙动》《叶子》《腊八冰》《庙的故事》。解生才的报告文学主要讴歌了土族及其他民族人民在青海大地上锐意进取、创建家园的品格，代表性作品有《风雨九年西北角》《一个土族老人的心愿》《高原土族人》《长河落日远》等。张英俊是生活在大通的土族作家，他擅长散文创作，其作品大都以山乡生活为创作题材，展示山里人的生活画面，描述山里人的古朴风习，抒发了对自己山乡故土深沉的爱，其代表性作品有《雪落张家滩》《山里人的爱》《上坟》《尕院风波》《紫色的棉袄》《家乡的桥》等。

进入21世纪之后，鲍义志、祁建青、李霞等老一代土族作家渐渐沉寂了下来，少有作品发表，而土族作家中的后起之秀衣郎、李卓玛等较为活跃，发表或出版了一些在省内有影响的作品。如衣郎出版有诗集《夜晚是我最后的家园》；李卓玛则是少见的高产作家，创作有都市情感小说《泪做的仙人掌》和历史小说《吐谷浑帝国》，她的创作引起了广泛的社会关注。

二 民族艺术的创新与发展

中华人民共和国成立后，尤其是党的十一届三中全会后，土族的民族艺术得到了空前的重视，土族舞蹈艺术、歌唱艺术、造型艺术等迅速得到恢复，并被注入了新的内涵和时代色彩，勃兴了起来，而一批依据土族文化资源编排的歌舞剧、大型舞蹈陆续被搬上了舞台，在省内外引起了较大反响，为土族的民族艺术增添了炫目的光彩。

安昭舞是土族的传统舞蹈，过去，土族人大都在欢度节日、庆祝丰收或举行婚礼时跳安昭舞，跳时还要聚集在庭院圆槽旁或场院中，围绕圆槽或燃起的篝火翩翩起舞。近几年，随着互助土族民俗旅游的开展，民间艺术家们将安昭舞进行了改编，搬上了土族风情园的舞台。而随着安昭舞社会影响的扩大，它不仅成了土族风情园的文化品牌，还成了土族舞蹈艺术的品牌，频频登上了省、市民族歌舞团的表演舞台。地方政府在举行节庆活动时，也往往将安昭舞作为民族文化品牌隆重推出。如2007 年，丹麻镇在全镇 17 个村中组织了 1000 名土族群众，组织排练了千人安昭舞。在 2007 年 8 月举行的中国青海第六届土族安昭纳顿节中，土族千人安昭舞首场演出，得到社会各界的赞赏。现今，千人安昭舞已成为丹麻镇土族民俗文化活动的新品牌。

闻名遐迩的互助土族“轮子秋”表演节目也是民族艺术大胆创新的成果。“轮子秋”原本是土族人民打完场后，用马拉大车的车轮和车轴就地制作简陋秋千，农闲时玩耍的民间体育运动。后来，随着经济、生产条件的改善，土族人民用现代技术对轮子秋进行了多方面的改进，他们用钢板、钢丝做轮盘、底盘，装上滚珠轴承，使轮子秋可以到处移动，并饰以丝绸、彩穗，制作更为科学，使用起来也更为安全、美观。从 20 世纪 80 年代开始，轮子秋被列入全国农民运动会和民族运动会上的表演和比赛项目，多次荣获国家、省级奖励，并因其风格独特，造型惊险，被北京奥组委从全国近 160 个报选节目中选中。轮子秋被奥组委选为表演节目后，青海的有关专家又对轮子秋进行了大幅度改造，他们将轮子秋整体高度由原来的 3. 7 米增加到 6 米，宽度轮直径由 2. 8 米增加到 3. 6 米。相比而言，新的轮子秋更加大气，更有时代感。表演起来，演员的动作更高、更飘、更富美感。与此同时，有关团队还对轮子秋表演进行重新创意和编排，不仅改进了演员个人动作，还在圆的队形之外，加入了花瓣和奥运五环的队形，并将七彩鸟神话传说融进表演当中，使土族轮子秋表演的内涵更加丰富，更富有时代气息。

在土族民歌的创新方面，互助土族自治县作了一些可贵的探索。如互助土族自治县人民政府在财政十分紧张的情况下，拿出专款，邀请省内外知名的词、曲作家创作了《土族敬酒歌》等16首土族歌曲，还邀请国内著名歌唱家阎维文到互助演唱，制作了VCD《土族乡韵》和MTV《走进土乡》，在全国发行。这些歌曲播放之后，深受土族群众的喜爱，成为土族的新民歌。值得关注的是，这两年来，随着微信技术的运用和推广，出现了土族人在微信中互相发送土族传统歌曲，或有土族歌手用土语翻唱流行歌曲然后传到朋友圈中让大家欣赏的局面，这也是土族传统歌曲传承中出现的新情况，是土族民歌在21世纪传播的新方式和新平台。

近几年来，随着土乡旅游经济的发展，土族刺绣品已成为一种特殊的艺术商品，不仅用于服饰，还扩大到佛像、壁挂、柱抱、被面、门帘等，用途扩大了，土族刺绣艺术的题材也扩展了，增加了时代内容。如2008年北京奥运会期间，互助县五十镇土族妇女黄兰索带领家乡160多名姐妹花了近半年的时间绣了一幅长达10米的土族盘绣作品，该盘绣中间绣有中国印、五环标志、福娃等奥运元素，下方绣了56个民族载歌载舞，喜迎奥运的景象，并以雪域高原上的花鸟虫鱼作点缀，画面精美，绣工精湛，充分表达了土乡妇女对北京奥运的深深祝福。随着经济条件和眼界的开阔，心灵手巧的土族妇女们也对刺绣技艺进行了探索与改进。1995年，土族盘绣艺人李发秀改变了用黑色绵布做底料的做法，逐渐尝试着采用质地上乘的织锦缎，提升了盘绣品的表现力，深受外地客人的青睐。她的绣品不仅数量多，而且在构图、用色等方面都有所创新。2009年6月，她的土族盘绣花腰带《富贵满堂》，在“锦绣中华”全国绣品大展上获得金奖。

土族历史文化资源深厚，是一块文化“富矿区”，省内外的艺术家们将关注的目光投向土族，创作了一批优秀的歌舞剧和大型舞蹈。21世纪初，青海戏剧艺术院依据吐谷浑历史和青海民俗风情创作了新编西部京剧《天马歌》，通过吐谷浑青年阿才和弘化公主侍女秀姑的感情纠葛，弘扬了民族团结的主题。该剧首映后，参加了中国第四届京剧艺术节，同时斩获了4项大奖，在上海、青海等地的演出也大获成功，获得了观众的好评。这一时期，西宁市歌舞团创作、编排了土族风情歌舞《彩虹飞落的地方》，该歌舞以歌颂青年男女爱情为主线，将土族的花儿、婚礼、轮子秋、服饰、刺绣、青稞酒、纳顿等文化元素巧妙地穿插在春、夏、秋、冬四个季节中，用歌舞剧的形式表现土族风土人情。该剧在音乐、舞蹈、演唱等方面运用了大量的土族音乐、民歌、舞蹈素材，民族特色极为浓郁，演出也获得了巨大成功。

2008年1月，互助县人民政府和省民委共同打造、推出了以土族历史文化和民俗风情为题材的大型歌舞剧《彩虹部落》，全剧运用回顾的艺术手法，将吐谷浑历史发展中的几个重大事件有机串联了起来，艺术地再现了吐谷浑历史的变迁。在舞台艺术方面，该剧以丰富独特、绚丽多彩的土族原生态民俗风情为基调，将“安昭舞”“观经舞”“婚礼歌舞”“花腰带”“三道茶”等土族传统舞蹈、饮食文化巧妙地穿插于剧情之中，充分展现了土族服饰、音乐、舞蹈、刺绣、婚俗、宗教等诸多文化元素的风貌。《彩虹部落》在青海剧场、互助彩虹剧场多次演出，均获成功，赢得了广大观众的好评，并被省文化厅确定为2008年全省重点剧目。2008年12月，贵德文化馆选送的土族舞蹈《美在土乡》在首届中国农民文艺会演中获金穗奖，该舞蹈表现了在油菜花绽放的季节，土族阿姑们在嬉闹中飞针走线，刺绣精巧的花卉织品，准备在花儿会上送给心上人，表现了土族妇女爱美、爱生活、爱家乡的情愫。

第八章　土族的宗教生活

土族全民信仰藏传佛教，同时又较早地接受了汉族的民间信仰和道教信仰，其信仰意识浓厚而复杂，且一直延续至今。中华人民共和国成立后，土族的宗教活动在“文化大革命”期间曾一度停止，许多僧侣离开寺院还俗，围绕寺院和村庙的一系列活动也基本停止。但自十一届三中全会后，土族的宗教信仰得到全面恢复，宗教活动成为其社会生活的重要组成部分，土族人的生产生活、人生礼仪、传统节庆都离不开信仰活动，信仰因素成为其传统生活和民族文化的精神内核。

第一节　多元的宗教信仰体系

土族人民在长期的历史发展中，在汉、藏等文化的影响下，形成了深厚多元的宗教信仰。土族的宗教信仰很复杂，除了基本上全民信仰藏传佛教格鲁派外，还信仰道教、萨满教、苯教、儒教、地方神以及藏传佛教中的萨迦派（花教）、宁玛派（红教）、噶举派（白教）等。各种宗教在其历史发展的长河中相互影响，相互吸收，“你中有我、我中有你”，汇集一体，使土族的宗教信仰呈现出了多源、杂糅、多元等特色。

一　藏传佛教信仰及其现状

土族全民信仰藏传佛教。据史料记载，早在元朝时，曾在藏区盛极一时的藏传佛教萨迦派首先传入土族地区，并在今青海互助土族地区修建了一座萨迦派小寺院，即今佑宁寺的前身。之后，藏传佛教宁玛、噶举等教派，也先后传入土族地区。公元 15 世纪初，藏传佛教格鲁派传入土族地区，发展迅速，逐渐凌驾于萨迦、宁玛、噶举诸派之上。明万历三十二年（1604），今互助土族地区兴建了格鲁派寺院郭隆寺（清雍正时赐名“佑宁寺”）。此后，土族地区又陆续修建了许多格鲁派寺院。由于土族群众大多改信格鲁派，格鲁派遂在土族地区的政治、经济等方面占绝对优势，并渗入土族社会生活的各个方面，逐渐成为土族的全民信仰。

过去，土族人中出家当喇嘛的很多。《西宁府新志·祠祀志》“番寺”中称：“番人、土人有二子，必命一子为僧。且有宁绝嗣而愿令出家者。”[①]“番、土人死，则以产业布施于寺，求其诵经，子孙不能有。故番、土益穷，而僧寺益富。其各番族，各有归附，寺院俨同部落。”[②]这里虽说的是明末清初时的情况，但一直到中华人民共和国成立前，情况也大致如此。中华人民共和国成立后，随着土族地区经济社会、文化教育事业的发展，尤其是随着九年制义务教育的普及，互助、民和与同仁等地出家当喇嘛的人变少，而随着老一代僧侣的去世，土族地区的喇嘛人数在逐渐减少。民和三川地区的土族喇嘛，因人数较少，佛事活动十分繁忙，每天像赶场子一样，要去好几家念经，请喇嘛到家念经的人要提前好几天预约。

土族地区人口稠密的地方往往有一所较大的藏传佛教寺院，凡是有土族人家聚居的地方大都有一所小喇嘛庙，这些寺庙中供奉有宗喀巴、达赖、班禅等，是土族人进行宗教活动的重要场所。一方面，土族群众要到寺庙去朝拜、磕头、念经，如土族人家每月初一、十五要到寺院烧香拜佛；另一方面，寺庙接受土族群众邀请，委派喇嘛去信众家念经。规模较大的寺院如佑宁寺、天堂寺等，每年还要举行盛大的法会，届时，有数以万计的群众到寺院拜佛、观经。

土族人家中一般都供有藏传佛教的佛像，大部分人家还有经旗杆和煨桑炉，每逢农历初一、十五，要在佛龛前奉献净水，点酥油灯，煨桑，顶礼膜拜。遇有疾病，则前往寺院烧香、磕头、许愿、给布施，或

---

① （清）杨应琚纂修，李文实校注：《西宁府新志》，青海人民出版社1988年版，第385页。

② 同上书，第385—386页。

请喇嘛占卜、念经、祈祷。遇上天灾人祸和疑难问题，也要请喇嘛占卜禳解。家中死了人，或亡人忌日，要请喇嘛诵经、拜忏、超度。此外，在互助土族地区的许多格鲁派寺院中，每年农历四月举行斋戒仪式。届时，由一位喇嘛活佛领班主持诵经，群众中多病者、老者、求子女的年轻女子等踊跃参加，每日默诵真言、祷词，静养修行，只食早晚两餐。斋戒仪式为期 7 天。

土族人民除信仰藏传佛教格鲁派外，还信仰藏传佛教宁玛派（红教）。如互助土族地区有少数红教喇嘛，当地人称为“苯苯子”。“苯苯子”没有寺院，只在家中为别人念经占卜，穿的衣服与俗人相同，也娶妻生子，从事农业生产，过着一般人的生活。“苯苯子”分散在各土族聚居的村落，常被人们请去合婚算八字，选吉日，为病人念经祈祷，为有疑难的人占卜算卦等。

为了了解土族的宗教信仰情况，“土族社会发展现状家庭调查问卷”特意在“受访者基本情况”部分设计了受访者个人有关“宗教信仰”方面的若干问题。调查结果表明，有效的 173 份调查对象中：关于“您是否信仰藏传佛教”的问题，回答“是”的有 167 人，占受访人总数的 96.5%；回答“否”的为 5 人，占受访人总数的 2.9%；另外有一份不予回答。在访谈时，笔者发现，除了有一位因为是村支部书记，说自己没有宗教信仰外，其他几位回答“否”的都是年龄小的受访者。这些数据表明，目前，土族仍基本全民信仰藏传佛教，尤其是农村地区的土族，对藏传佛教的信仰仍较虔诚。

二　萨满教与道教信仰及其现状

萨满教是土族原有的宗教信仰，但由于历史的变迁，受佛、儒、道教的影响，特别是藏传佛教格鲁派的强力渗透，土族的萨满教信仰已经发生了很大的变化，已难觅其踪影，只能从土族的日常生活和生产中寻找到一些遗迹。如土族地区的法拉、法师、“斯古日典”、祭腾格热、祭白虎、神箭信仰等都是萨满教的遗存，而土族中目前仍在传承的日月崇拜、火崇拜、白石崇拜等都属于萨满信仰的遗留。

“腾格热”是土语，意为天、老天爷。土族人认为“腾格热”是至高无上、威力最大的世界主宰者，主宰着人们的生老病死、衣食住行，在万物众神之上，因而把人世间一切享用的物品首先敬献给腾格热。土族人每逢年节、祭祀、婚丧礼仪，首先是对天而拜，把食物、供品等敬献在露天的院子中，以示对“腾格热”的虔诚、敬仰和祈愿。如春节初一早晨迎神时，首先要给“腾格热”献供、上香、点灯、化表，然后才轮到各方神灵。土族人外出受惊或遇到不测、危险、灾难时，往往呼唤“腾格热”，以求得到它的护佑，消除灾难。平时饮酒时，土族人首先要用无名指醮酒，对天弹洒三下，以示对“腾格热”、大地、众佛的祈祷，然后才饮用。

道教是中国本土宗教。明初，随着汉族大量涌入土族地区，道教信仰大量传入土族地区，加上明代地方统治上层大力扶持道教，促使土族民间广泛信仰道教。明宣德元年（1426），会宁伯李英按永乐皇帝在世时的旨意，在西宁城东北建广福观，设道纪司。[①] 道教传入土族地区后不断发展，而且具有新的特点，即道中有佛，道佛合璧，甚至某些萨满教的内容也掺杂在道教之中。过去，在青海民和、互助地区的许多土族村庄中，供奉着不少道教的神，特别是在民和地区，每个村庙中几乎都供奉着一两个或三四个道教的神，道教的宗教职业者阴阳师也博得相当的信仰，道教的宗教活动得到了不同程度的开展。道教对土族地区的影响也较为广泛，青海民和、同仁等地的二郎神信仰，青海互助、民和与甘肃天祝等地的灶神、财神、门神、龙王信仰，都是道教信仰的遗俗。

二郎神是青海民和、同仁和甘肃天祝、永登等地区的土族普遍尊奉的神。在民和三川地区，土族人又称二郎神为“河州帝帝”（帝帝，土语，爷爷之意）、“二郎爷”。关于其来历，有两种说法：一说是土族人从河州偷来的；一说是同治年间河州回民起事，汉民逃难时把二郎神抬到黄河北岸的赵木川，寄放在郭家村庙，后来没来取，二郎神就长期留在三川了。二郎神的神像现分为坐神和走神两尊，坐神被供奉在中川乡朱家村庙中，被当成是朱家的庙神，走神被供奉在中川乡吴张家村二郎庙中，每年纳顿节期间要巡游大部分土族村庄。二郎神塑像是一尊用柏木雕刻后用泥贴塑的木雕泥塑像，高 80 厘米左右，头戴明代式样王冠，

---

① 青海省地方总编纂委员会：《青海省志·宗教志》，西安出版社 2000 年版，第 323 页。

胸前挂着铜质护心镜，周身用好几层绸缎裹定，怀抱一个写有“清源妙道护国崇宁真君川蜀大帝威灵显化天尊”的牌位。二郎神在土族群众中享有很高的地位，土族人在日常生活中遇到灾难，据说只要呼二郎神就可得到救助。过去，在黄河放木头的三川土族水手们，在河中遇到险情，就向二郎神求救，据说非常灵验。

同仁县年都乎和吾屯等地的二郎神与山神同供在一个庙里。年都乎山神庙中供奉的二郎神塑像有三只眼，头戴文官双翅官帽，身穿土族长袍和云子纹长筒靴。前立二侍者，一人托塔，一人手持酒壶，已具有明显的民族、地方特征。每年农历六月会时，供有二郎神的村落要祭神，由法师呼唤二郎神降临尘世，与民同乐。年都乎村每年跳“於菟”时，要在二郎神像前供奉“克特日”（符纸幡）、“邦馍馍”等，跳“於菟”的人选确定之后，法师带领7名化装成於菟的青年向二郎神磕头。

土族人家家供有灶神，他们的灶神与汉族的灶神在外形上存在较大差异。汉族供灶神一般是贴一张灶神像或写一张灶君神位，而互助地区的土族是在厨房的黑墙上抹一块黄泥，上面用石灰或白土点满成圈或三角形，泥下放一块供板作为点灯或供馍之用。送灶神由家中主妇主持，忌姑娘主持，祭灶的饼，姑娘也不能吃，因为她迟早要出嫁，是别人家的人。送灶那一天，在供板上点一盏油灯，按家庭人口数供面饼（次日由家庭成员吃掉），在灶中煨桑，还要用麦草秆编上一个草马，上驮麦草编的草驮，并供豌豆、菜籽，意为灶神坐骑的草料，然后将草马放在灶口，面向里烧掉。用新黄泥在去年抹的黄泥和白点上再抹一层，就算将灶爷送走了。在抹以前，要向灶神祷告说：到天上见玉皇时多说好话，少说坏话，回来时多带些财宝来，然后磕头，在灶神前点灯，同时在灶中煨桑。送走旧灶神之后，腊月三十日又要迎接新灶神，迎接时只要用白面在新抹的黄泥上抹上一些白点，就算迎回新灶神了。迎灶神时也要点灯、煨桑、磕头、供白饼。部分村民家中供有灶神牌位，上贴“供东厨司令灶君之神位”的黄表纸，贴张白纸为送灶神，新贴黄表纸为迎灶神。

青海民和地区土族灶神的模式与汉族相同，灶神的牌位上写着“供奉东厨司令灶君娘娘之神位”。祭灶时间是为腊月二十三和腊月二十四两种，送灶神由男人主持，家中没有男人的才可由女人主持。届时，要事先准备好一碗水、一碗草、一碗豌豆（灶神的马吃的草料）、一块饼、糖瓜儿（小米做成的饴糖）、豌豆、马草、黄表，并在盛有清水的碗上放一把梳子，灶台上点一盏油灯。向灶神诚心祷告："上天言好事，回宫降平安。"祷告完毕后，将黄表和旧年贴的旧灶神像撕下烧于灶内。除夕傍晚（有些是正月初一零点以后）接新灶神，在供奉灶神的地方重新张贴新的灶神形象，点油灯迎接。腊月二十四接灶的，要向灶神说明因为家中贫穷，所以到腊月二十四才送。

跟汉族一样，土族也信仰门神和财神。不同的是，青海互助、民和地区供奉的门神都没有神像，农历初一、十五和除夕点灯、供馍放在门后面，认为门神在门后。黄南同仁吾屯地区的土族过春节贴门神，大多数人家贴秦琼和敬德像，有些人家贴格萨尔王像。格萨尔王的像冠盔穿甲，手持长矛，骑坐白马，面似汉人。青海互助地区土族除夕接财神、喜神，届时在院中煨桑，点灯、磕头。青海民和地区土族家中供的财神是用黄表纸写的"供奉金轮福禄寿三大财神之神位"，财神的下面或旁边供着观音菩萨的画像。初一、十五或年节时，都要烧香点灯，烧黄表纸。遇年节时，还要供馒头一个至三个。在甘肃天祝的土族人家中，财神也是每家必供的神，都在堂屋正上方贴着用黄表纸写的财神位，上书"供奉金轮福禄寿三大财神之神位"。初一、十五或年节时要在神前点灯、烧香、焚化黄表纸，遇年节还要供献馒头。

此外，土族还有祖先崇拜。民和地区的土族差不多每村都是同姓聚居，所以每村都有一个家族庙，庙内除供有佛教、道教神像外，还供奉祖先的木牌位，上写"供奉某门三代宗亲之灵位"。每逢年节，全村的各户人家都要到家族庙叩拜。除此之外，各户人家在过年节时，还要在自己家中另写一个同样的祖先牌位，从除夕供到初三，最后烧掉。土族人每逢亡人忌日、春节等，都有为亡故亲人烧纸的习俗。清明节和天灶（指春分前后遇到午日的一天），都要上坟祭祖，同姓亲房的家庭还要共同出资养或买一头猪或一只羊敬献于祖坟祭奠。

三　民间信仰的发展现状

除了萨满教、藏传佛教、道教信仰外，土族地区还有很多民间信仰，这些民间信仰明显受到了藏族多神信仰和汉族民间信仰的影响，而青海互助、民和、同仁等地的土族民间信仰也并不完全相同。

（一）互助土族的民间信仰

青海互助土族地区各个土族村庙中供奉的地方神祇有龙王、娘娘、德松桑吉佛（即三宝佛）、尼答克桑（三台护法佛）、柴俩布桑（山神）、丹木煎桑（羊头护法佛）、斯典贡保（救世佛）、路易加勒（老爷）、齐尔加（牛头护法佛）、丹木陈（马王爷）、卓勒玛（绿脸菩萨）、卓勒卡尔（白脸菩萨）等。在土族人的心目中，这些神灵是地方保护神，能保佑村庄一年中人畜平安、风调雨顺，能替他们禳解病灾、降福于人。因此，举行插牌、安镇、祈雨、"斯过拉"（土族语，意为转山，即青苗会）等与农业生产有关的民俗活动时，都要隆重地祭祀这些地方保护神，祈求他们保佑风调雨顺、庄稼有成。村民们遇到疾病、灾难、疑难时，也要通过什典增[①]向地方神祇祈祷，或将神佛神像抬到家中治病禳灾。

在互助土族的民间信仰中，龙王、娘娘、路易加勒、尼答克桑、柴俩布桑及丹木煎桑信仰较为普遍。互助土族信仰的龙王有5位，以泥塑佛像的脸庞颜色区分，分别为"红龙王""白龙王""黑龙王""青龙王"和"黄龙王"，均身穿明朝官服，被层层彩绸缠裹。龙王的供奉地遍及东山、东沟、丹麻等土族乡镇，如东沟乡大庄村村庙广福寺供奉的龙王为红脸、白脸、黑脸，以赤龙为尊。村民们尊称为"佛爷"，或"大龙王""二龙王""三龙王"。据说大庄村本有5个王，后来2个龙王被人偷到城关镇纳家村，就剩下了3个。关于大庄村龙王的来历，有两种说法：一是明万历年间来的5个神人，为村民们做了不少好事，后突然消失，有人传言这五人是五大龙王，便将其模样塑成像供奉了起来；二是明天启年间，从东海来了5个龙王，先到了红崖子沟老营庄，然后到了大庄村，变成了塑像。[②] 龙王一般被供奉在木质神轿中，放在广福寺正殿，其地严禁女性进入。每月初一、十五，神轿被抬到广福寺庭院中，由庙倌煨桑祭祀。每年农历六月初一，大庄村村民们还给龙王搭红，抬着龙王神轿转山。家中如有人生病，还将龙王神轿抬到家中治

---

① 互助土族地区的民间宗教职业者，是神灵附体者，被认为是人神之间的中介。

② 鄂崇荣：《土族民间信仰解读》，甘肃民族出版社2008年版，第192—193页。

病。城关镇纳家村村头有龙王庙，据说始建于明万历年间，庙内有黑龙王、黄龙王和三霄娘娘，村民们说黄龙王是大龙，黑龙王是小龙。

互助土族的娘娘信仰较为复杂，其供奉地大致在东山、丹麻、东沟、五十等乡镇。关于娘娘的原型，有多种说法：一说其为九天圣母（即九天玄女），如东山乡吉家岭村的娘娘；一说其为金山圣母，如浪家村的娘娘；一说其为三霄娘娘，如东山乡大庄村供奉的娘娘据说是碧霄娘娘，城关镇纳家村供奉的娘娘为金霄、银霄、碧霄等；一说其为骡子天王，称其为“勒木”。从这些说法中可以看出，互助土族的娘娘信仰受到了道教、藏传佛教、汉族民间信仰的混合影响。娘娘崇拜在互助土族地区的民间信仰中占据着重要位置，是土族人最为信仰的神灵之一，村民们求雨、驱雹、求子、治病都要到娘娘神像前虔诚祷告。

除了龙王和娘娘外，神箭信仰在土族地区也十分普遍，一些村庄没有龙王和娘娘，但一定会有神箭，甚至一些土族村民家中也供有家神——神箭，神箭是土族的地方保护神和家族保护神，土族人尊称为“神箭佛爷”。一般来说，土族村庙内供奉的神箭佛爷有尼答克桑（三台护法神）、尼达桑（地方保护神）、丹木箭桑（也叫“羊头护法神”）、赤列布桑（祁连山神）、白哈尔桑（地方保护神）、祁什将桑（大保护神）等；被当作家神供奉在村民家里的神箭有祁什将桑、沙玛（小护法神）、要日拉（等级较高的地方保护神）、伊当（等级较低的地方保护神）等。作为地方保护神，神箭跟龙王和娘娘一样，肩负着保佑地方一年风调雨顺、五谷丰登的重任，土族村庄插牌、安镇、祈雨、挡冰雹、转山，都要“发神箭”问事，青苗会期间转山时，还要由什典增擎着神箭佛爷跟龙王、娘娘等神佛一起巡视村界。

（二）民和土族的民间信仰

民和土族的民间信仰十分复杂，他们除了信仰众多的地方神外，还供奉各种家神，是典型的多神信仰。这些民间神祇在土族地区根基深厚，影响广泛，远远超过了制度化的传统宗教。

民和土族村庄基本上是由家族发展起来的单姓村，大多数村庄都修有一个共同的神庙，有些村庄还另建有喇嘛教寺院。村庙里供奉着庙神，当地百姓叫“方神”（保佑村庄平安的地方神）。各村的“方神”数目不一样，有一个的，有两个的，也有三个的，其中有一个必然是本村庙中特有、其他村庄所没有的。如九天圣母娘娘、摩劫龙王、水草大王、四郎爷、黑池龙王、锁劫大帝、显圣大王、寺主爷、五郎爷、青马督司、土神爷等，这些庙神一般又被本村的村民尊称为“老爷”。有的村庙除供奉“方神”外，还供本姓祖先，如秦家的“秦五十八老倌”，鲍家的“铁别帝帝”（土语，意为藏族爷爷）等。

民和土族各村庄的“方神”，男神多戴金冠或纱帽，着龙袍，蹬朝靴，脸谱为红、黑两种，留须，穿绿袍或红袍，神态威严。女神戴凤冠，饰霞帔、云肩，蛾眉杏眼，神态庄重慈善。各村“方神”的职司十分广泛，以驱雹、赐雨、治病、赐福、保平安为主，村民们常就吉凶、祸福、盈亏、丰歉、平安、求财、疾病等事向其问询、许愿，祈求护佑。在各村落供奉的“方神”中，九天圣母娘娘、摩劫龙王、四郎爷等供奉的村庄较多，其信仰圈和祭祀圈较大，影响较为广泛。

九天圣母娘娘，全称为“九天威方太乙圣母元君”，当地百姓称之为“娘娘爷”，在前河、杏儿、官亭和中川等地多处供奉，其总庙是峡口的桑布拉庙（总庙与其他庙无隶属关系）。据说九天圣母娘娘原本不是三川的神，而是从甘肃永靖县接唐寺“偷来”的。当地传说，峡口乡面草沟的麻布匠到永靖织麻布时，身披麻布（隐身），脚穿铁铧（消除脚印），才将神像偷到手。偷到面草沟后害怕人少保不住，就给了桑布拉。现在，民间还流传着“九天圣母娘娘接唐寺来回走”的传说，桑布拉人把“接唐寺”视为九天圣母的娘家。九天圣母娘娘虽是一位女神，但在民间传说中，其道行、法术及威力却胜过其他神祇，其总庙的禁忌也相对较多，女人和身上不洁的人不得进入庙门。中华人民共和国成立前，骑马经过其庙宇，必须下马牵马过去。目前，桑布拉庙仍遵循着女人不得入庙的古训，除了七八岁的小女孩可以进庙外，其他女性禁止入内。

四郎神，全称为“积石山佐保护社稷四郎通雨大王”，当地百姓称之为“四郎爷”“阿热帝帝”（意为河滩爷爷），主要供奉在官亭镇、喇家、梧释、结龙等村庙，以及甘沟、前河、中川等地的个别村庙。据说四郎神的本庙在黄河南岸积石关口（现今关门村），也是清朝中期被一个吕姓人偷来的。土族民间关于四郎神的来历有几种说法：一说是明代一位皇帝的四皇子，因犯罪被贬到积石关，死后被封为神，享受百姓香火；另一说是明代一位镇关将军，在任时为当地百姓办了很多好事，死后被人们奉为地方神。

摩劫龙王，全称为“红石宝山摩劫威灵龙王”，在中川、赵木川等地多处供奉。当地传说，很早以前，摩劫龙王管辖的地方遭到大旱，庄稼颗粒无收。摩劫龙王为拯救百姓，上天庭向玉皇大帝要雨，玉皇大帝不答应，龙王情急之下搬倒了南天门的水缸。顿时，天降倾盆大雨，百姓得救了，摩劫龙王却被倒下的水缸压瘸了腿。因此，百姓称他为“没脚龙王”，“摩劫”二字就是由“没脚”同音转化而来。至今，摩劫龙王的替身“法拉”在纳顿会上发神时，都要瘸着一条腿，以突出摩劫龙王的形象特征。

土族称家神为“切康”，意为“家中供奉的神堂”，是家族保护神。土族家神的种类很多，大多为藏传佛教的护法神，部分是家族中出家为僧的先祖请来的，其过世后该护法神成为家神。绝大多数土族人家将家神供奉在祖屋的上房，或少有人进出的北房与西房之间的隔屋。土族家神有黑马祖师、骡子天王、羊头护法、牛头护法、白马天将、丹煎他母爷、他母爷等。其中，丹煎他母爷与他母爷据说是喇嘛神，家中有人当喇嘛方可供奉，每年农历除夕至正月十五日展开，其他时间卷起。此外，极少数土族人还养有家鬼，土语叫“都古里”，据说养家鬼的人原是羌人。土族人认为，祭祀好家神能保护家庭财产和家人平安，因此，除了每月农历初一、十五烧香点灯，年节上供外，每隔若干年还要举行一次大祭。届时，须请法师跳舞请神，点香烛，烧黄表纸，这时可向家神求问一些问题，如收成如何、家宅人口平安否等。

黑马祖师，土语叫“个尔尼帝帝”，意为“家里的爷爷”，是中川乡辛家、安家等一些家族供奉的家神。其像为条幅式的画，画中有一武将骑着黑马昂首站立，武将面目清秀，有三绺长须，披发过肩，身穿长袍，手持双刃利剑。马前有一武士打着狻猊战旗，马后有武士 10 人，皆穿盔甲，手持兵器。骡子天王，藏语称“贝丹拉莫”，在汉文佛经中译为吉祥天女。部分土族将其作为家神供在祖房的佛堂中。骡子天王的画像多绣在唐卡上，其形象为头戴五头骷髅冠，面如蓝靛，双眼暴突，右边耳环为狮子，左边耳环为蛇，口中咬着夜叉，右手执两头饰以金刚的短棒，左手托脑盖骨，脐上画有太阳，骑一匹健骡，是一位形象可怖、法力高强的女神。羊头护法，土族称为“枯虏丹箭”神，据说原来是官亭悟释寺的护法神，其形象为愤怒羊首，舌头伸在外面，骑着山羊。该神在中川乡文家自然村文家、铁弓自然村王家、杨家自然村张家等家族中供奉。①

除了上述家神外，土族还有狗神信仰。乐天《青海之土人》一文记载：“土人信佛，每家必有神龛，供奉佛像，尤信奉狗头精，所以若到土人家去，主人不愿给你的东西，不敢随便拿去，因为拿去主人不愿意给的东西，他们的神狗头精必跟上去作祟，使你生病，或家中闹鬼，以致你拿去的东西送回去后，才得安然。”②

（三）其他地区土族的民间信仰

同仁年都乎、吾屯土族除了信仰藏传佛教外，还信仰苯教。各村有数名至数十名“苯苯子”，他们留发辫，念经时不穿裤，穿大裙，忌吸烟，可以娶妻生子。平时一边参加劳动，一边应群众之邀去各家念经驱邪。每年集中诵经 8 天，以祈求人畜平安、五谷丰登。吾屯土族还尊崇“拉哇”（即法师），“拉哇”敲击龙鼓驱鬼逐魔，参与并主持在“六月会”和跳“於菟”活动。吾屯各村高坡山冈均设有木架的“拉什则”，凡遇吉日，信仰者多去煨桑、放禄马等。

甘肃土族供奉的地方神祇有尼达桑、赤列布、旦见桑、瓦宏桑、娘娘、骡子天王等，除了崇拜这些神祇外，天祝、永登一带的土族还崇拜二郎神杨戬，卓尼勺哇土族崇信明朝大将常遇春，有些家庭将常遇春供奉为家神，每年五月初五到冶力关常遇春庙朝拜。勺哇土族对常遇春的信仰十分虔诚，民间传说常遇春在勺哇拉巴村娶了一位叫“周措”的姑娘，每年农历五月，常爷都要到拉巴去，当地人称为“常爷回娘家”。因此，除了尊称常遇春为“常爷”外，勺哇人还亲切地称常爷为“姑爷”。勺哇土族青苗会期间，勺哇人要抬着常爷神像查看地界，并将其迎接到本村的“尕庙”或“歇马殿”③ 中，举行迎神、插旗、走

---

① 鄂崇荣：《土族民间信仰解读》，甘肃民族出版社 2008 年版，第 55 页。

② 吕建福：《土族史》，中国社会科学出版社 2002 年版，第 543 页。原文载于《公道》1933 年第 1 卷第 6 期。

③ 供龙神巡游地界时所用小庙。庙中没有龙神神像，只供奉龙神的牌位和神座，有庙会活动时，龙神才会被抬来，供奉在小庙中，接受众人的祭祀。

马路、降神等一系列活动，村民们也纷纷前来磕头、烧香、献祭，祈求风调雨顺、庄稼平安收成。

第二节　宗教设施与人员

一　土族地区的藏传佛教寺院

明清以来，土族地区兴建了许多藏佛教寺院。目前，青海、甘肃的土族地区有100多座藏传佛教寺院，较著名的有青海互助土族自治县的佑宁寺、华严寺、白马寺、却藏寺、天门寺、松番寺、广福寺等，民和回族土族自治县的弘化寺、卡的卡哇寺、文家寺、朱家寺等，大通回族土族自治县的广惠寺、会宁寺等，黄南藏族自治州同仁县的年都乎寺、吾屯上寺、吾屯下寺等，甘肃天祝藏族自治县的天堂寺、石门寺、西大寺等，甘南藏族自治州卓尼县的勺哇寺等。其中，佑宁寺是土族地区最大的寺院，曾被誉为"湟北（青海湟水以北地区）诸寺之母"，辖大小属寺49座，今青海互助、大通、乐都和甘肃天祝一带的寺院大都为佑宁寺的分支属寺。

佑宁寺是藏传佛教格鲁派名寺，原名"郭隆寺"，位于互助县五十镇东北6公里的寺滩村。佑宁寺初建于万历三十二年（1604），西藏达波扎仓寺住持嘉色活佛端悦却吉嘉措受四世班禅和四世达赖委派来到安多地区，在一世松布活佛丹曲嘉措的协助下建成。后规模不断扩大，到康熙年间，郭隆寺有大小经堂、僧舍、囊欠等2000多个院落，寺僧7000多人，设有显宗、密宗、时轮、医明四大经院。雍正二年（1724），因部分寺僧参与罗卜藏丹津反清事件，寺院被清军烧毁，后于雍正十年（1732）重建，雍正皇帝赐额"佑宁寺"。同治五年（1866），佑宁寺再遭兵祸，珍贵藏经被焚。不久，六世土观活佛罗桑雪智旺秋嘉措奉清廷之命予以重建。之后，佑宁寺不断得到修葺。"文化大革命"期间，寺院大部分被拆毁，宗教活动也一度停止。20世纪80年代之后，中国的民族政策和宗教政策得到落实，佑宁寺不仅重新开放，又陆续重建。现今，佑宁寺主要建筑有大经堂、弥勒殿、土地神殿、度母殿、噶当殿、章嘉佛堂、护法神殿、空行佛殿、小经堂、土观囊、嘉色囊等，有僧侣250多人，除了土观活佛是藏族以外，其余全是土族。

佑宁寺在历史上学风浓郁、名僧辈出，如三世章嘉若必多吉、三世土观罗桑却吉尼玛、三世松布益希班觉等都是非常有名的学者，学识渊博，著述颇丰，在藏传佛教、历史、医学、藏学、历算等诸多方面研究造诣颇深，是我国佛教界、青海历史上的名人。该寺在土族地区声誉极高，被土族人民奉为圣地。每年农历正月、四月、六月、腊月，佑宁寺要举行四次较大规模的法会，目的是祈愿国泰民安、风调雨顺，祈愿众生健康平安。届时，互助、大通等地的土族群众穿着节日盛装，从四面八方赶来，供灯祈福，观看“跳欠”（即“跳神”）活动。笔者在调查中得知，每年过年时，附近各村的土族人民有到寺院拜年的习惯。

从寺院管理来说，佑宁寺成立有寺管会，实行主任负总责、其他成员分工负责的民主管理机制，县委、县政府还派有驻寺干部，协助寺管会的工作。目前，佑宁寺已建立宗教人员信息库，每位僧人的基本情况、家庭、社会关系、现实表现等都有登记。互助县民族宗教事务局每年还从佑宁寺选送活佛、经师、民管会主任参加各级佛学院的培训，寺内还开设了未成年僧人义务教育班，帮助未成年僧人完成义务教育。寺院基础设施建设也得到很大改善，实现了通电、通水、通路的目标，极大地改善了僧人们的生活条件。

黄南州同仁县土族村庄较有名的寺院有吾屯上下寺、年都乎寺、郭麻日寺等。吾屯上下寺原本为一个寺院，其旧址在吾屯下庄，原名“玛贡良哇”，意为“古老的母寺”。玛贡良哇因故解体后，吾屯上下庄分别选址修建新寺。吾屯上寺始建于1645年，由大经堂、宗喀巴大殿、释迦殿、弥勒殿等建筑群组成，寺内现有僧人100左右。[1] 吾屯下寺亦称“森格央下寺”，藏语称“格丹彭措曲林”，意为“具善圆满法洲”。吾屯下寺有大经堂、弥勒殿、护法殿各一座，茶房一院，寺院门外塑有八尊白色佛塔，名为“解脱八尊佛塔”，建筑占地约80亩，寺内现有僧人180多人。寺中重要文物有清朝檀香木雕弥勒佛像等省级文物，并藏有相传自印度迎请的五粒释迦牟尼佛发舍利，作为镇寺之

① 彭兆荣：《热贡唐卡考察录》，民族出版社2012年版，第29页。

宝供奉于释迦牟尼佛像内。此外寺中珍藏《甘珠尔》《丹珠尔》等佛经，数量甚多，共达七千余部。吾屯上下寺僧人大多擅长绘画、泥塑、雕刻，且热心授课，有“热贡艺术学校”之称。两寺近 300 名僧人，有很多土族僧人。

年都乎寺藏语全称为“年都乎噶尔扎西达吉林”，意为“年都乎吉祥兴旺洲”，位于县治北 1 公里的年都乎乡政府所在地北山脚下。始建于康熙二十三年（1684），占地面积 85 亩，现有僧人 50 多人，大部分是土族。据《安多政教史》记载，年都乎寺由热贡高僧丹智钦初建，第三世夏日仓活佛根敦赤列（1740—1794）时期成为隆务寺属寺。此后，应当地僧俗之请，由隆务寺堪钦活佛根敦嘉措任该寺住持。自此历辈堪钦任年都乎寺主持。寺僧继承噶如画师的绘画传统，多出艺人。1954 年，据同仁县委统战部统计，当时全寺有僧 85 户 210 人，建有夏日仓、堪钦仓、卡苏乎仓、丹仓、阿柔仓等活佛昂欠 5 院，大经堂、弥乐殿、释迦殿、护法殿等各 1 座，年都乎村群众为其主要信仰者。1958 年后，保存有大经堂、弥勒殿、密咒房、茶房及昂欠 1 院，僧舍 5 院。1987 年 2 月批准开放，新建僧舍 15 院，并恢复了正常的宗教活动，循例于农历每月十五日、三十日集体诵经，正月初八至十三日举行祈愿法会。现任寺主公保为第七世堪钦活佛，现任同仁县政协副主席。

笔者在田野调查中了解到，吾屯上下寺、年都乎寺的年过 60 岁的僧人，很多都有养老保险和医疗保险，有些人还享受政府的低保待遇。如年都乎寺的隆热老人，现年 63 岁，7 岁入寺当完德，1958 年宗教改革时出寺，30 多岁时又返回寺院。他有医疗保险，且在 2013 年享受到了政府每月 150 元的低保待遇，全年共领取 1800 元。此外，吾屯下寺在前任主持嘎桑洛色上师的倡议下，由当地僧侣和各地信教人士筹资建造了僧侣养老院，于 2008 年 4 月建成，有 5 间平房，吾屯下寺凡 55 岁以上的老僧侣享受免费的伙食。养老院中还有药房，寺中的老年僧侣可以免费拿药。此外，吾屯上下寺、年都乎寺的土族小阿卡，大都是本村人，一般居住在寺院里，但与其世俗家庭仍保持着密切的联系，未成年阿卡一边上学，一边在寺院念经，有的也跟着师父画唐卡。

二　土族村落的主要宗教设施

青海、甘肃等地的土族村落，一般都修有村庙，村庙中供奉着龙王、娘娘、二郎神等地方神祇。村庙不仅是村子的宗教活动中心，还是土族村庄的标志性建筑，有许多重要的仪式在地方神神庙或村庙中举行。互助大庄村的广福寺、甘肃冶力关的常爷庙、民和中川乡的二郎庙，都是当地影响较大的地方主神神庙，是村民们举行宗教活动的重要文化场所。如村民们的祭祀、搭红、献牲、许还愿、占卜、演青苗戏等仪式和活动主要是在村庙中举行。土族地区的村庙，其大小与当地院落相仿，大都为砖木结构的尖脊形式，大殿为三间，中间供奉本村庙神，右侧供山神、土地像。在各供奉神灵的后墙上画有相应神灵的图案。大殿廊檐有木雕的吉祥图案，庙堂院中多栽植松树、柏树、丁香等。下面主要介绍互助大庄广福寺和民和吴张家村二郎庙的具体情况。

互助县东沟乡大庄村村庙，位于大庄村小学南面，村委会东面。其建筑外观类似一个农家院落，院内建有六尺多高的煨桑炉，全木结构的汉式大殿坐南朝北，大殿走廊设置有转经筒，里面雕梁画栋、庄严华贵。大殿正中供奉释迦牟尼佛像、文殊菩萨像、神箭等；西侧供有三个龙王神轿，分别为赤龙、黑龙、白龙；东侧摆放着部分大藏经。此外东西两侧建有三间分别作为厨房、卧室、储藏室。广福寺相传有一百多年的历史，先后迁移三次，最早建在拉日，因发洪水迁到拉东，后因回民起义烧毁，光绪十八年（1892）建在寺背后，后由大庄村村民集资修建了大殿，将原来的佛堂改成了山门。1980 年，十世班禅在去佑宁寺的途中曾到过广福寺，现寺中还供有班禅大师坐过的宝座。广福寺历史上曾有寺僧一人，但在光绪年间的兵乱中被杀害，此后再无寺僧居住，现有一老者守护，称之为“光涅阿爹”①。广福寺大殿不允许女性进入，规矩十分严格。

民和县三川地区地域保护神二郎神的神庙，坐落于中川乡吴张家村，始建于 20 世纪 30 年代。据当地村民讲述，该村庙修建之初，上下

---

① 李志农、丁柏峰：《土族——青海省互助县大庄村调查》，云南大学出版社 2004 年版，第 408 页。

川的群众都抢着要在本区域内修建二郎庙。为了解决争端，三川土族先贤朱海山先生①建议上、下川的头人们骑马从上川和下川各自出发，两边头人相遇碰头的地方就作为二郎神庙的所在地。结果两边头人在今三川中心地带吴张家村的二郎庙址相遇，还在庙址上发现了很多蚂蚁，就认为是神灵的旨意，便在此地修建了二郎神庙。该庙于 1958 年被毁，2005 年在原址修建，现由 1 名喇嘛管理。庙内大殿内供奉有二郎神走神像，该神像在青苗会和纳顿节期间被村民们抬着巡游三川地界和各村。殿堂内墙壁绘有二郎神巡游的场景，后面殿堂供奉有藏传佛教神灵。

除了村庙外，互助、民和等地土族村庄还有一些宗教设施。如在互助地区的土族村庄中，常见到一些人们认为可以防灾挡雹的“拉什则”“崩康”“苏克斗”“插牌”等宗教设施。“拉什则”又称“俄博”，是山神、土地神所在之地，多设在高山、山谷、路口等处。用鹅卵石垒成，设有四方木架，架上插许多木制刀、矛、剑、松柏枝等，同时还系有白羊毛、哈达、红彩绸等神物。“拉什则”在土族地区十分常见，土族人相信“拉什则”能阻挡恶风邪气，保佑地方平安。农历大年初一，所有村民都去“拉什则”祭祷，平时每月初一、十五也有人去煨桑、点灯、烧香致祭。每年庄稼收割后，一般有一次大型献牲酬祭活动。“崩康”意为十万佛像亭，是土族居住村落的标志。“崩康”是一个四方形的亭子，四周有许多根圆柱，中间是一个土砌成的没有门窗的土屋，里面放着三四千个一寸大小的泥佛（土语叫“沙沙”）。土族人相信它既能挡住冰雹灾害，又可保佑一方平安，因此一般将其修建在大路旁、山坡上或庄子中间。装“崩康”时，要请寺院的喇嘛来念经和主持仪式。每月的初一、十五，常有土族老人绕着它口诵六字真言。“苏

① 朱海山，土族，民和县官亭镇普巴沟结龙村人，通汉、土、藏、蒙四种语言。幼年出家为僧，曾拜喜饶嘉措大师为师，后在大师的举荐下任班禅驻南京办事处处长、兼任南京国民政府蒙藏委员会委员及藏事处处长，为青海及西北的文化教育做了大量有成效的工作。1934 年，他回家省亲，在三川地区募建创办学校、官亭图书馆，宣传妇女解放，禁止妇女缠足，禁烟戒毒，使三川地区移风易俗，土族人精神面貌有了很大改善。1938 年，朱海山再次出家。1945 年，经中国香港转往印度。1980 年，圆寂于尼泊尔迦毗罗卫，享年 86 岁。因其两次出家为僧，又被称为“朱喇嘛”。

克斗”是挡雹台，多设在山顶、关隘、峡口等地，是高五六尺到七八尺、直径四五尺的圆锥形土墩子。“苏克斗”由活佛设立，土族称之为“安镇”，有挡冰雹和保平安的功效。土墩子下面埋有镇邪之物，多为黑碗、黑盆、刀剑、黄刺橛、柏木桩、破褐烂毡片等凶器污物。若安大型镇，则用磨盘、水轮、车轴、缸碗盆、白狗、白公鸡、马头、蛇、各种粮食、百泉水、千家火及破褐烂毡片等，每种镇物都有其特殊的功能。插牌是土族村落用来阻挡冰雹、保佑庄稼与地面平安的宗教设施。土族居住的地方多在山谷间，耕地也多半是山地，庄稼收成受气候影响较大，所以，有些村庄在较高的山头上常立一个土堆来镇压地方，阻挡暴雨。具体做法是请阴阳师将一块画有道教符文和狗头的柏木牌，连同一个画有符文的碗，并伴有砖、羊毛、五金、杂粮、各种花、茶叶、棉花等物一起埋在地下。上面堆成土堆，插上十字形的草把，草把中间挂一写有“勒令封山神把守地界”的牌子。这个牌子，土族人认为可阻挡暴雨、冰雹，保佑禾苗成长。

民和土族地区也有“俄博”和嘛呢堆，凡是土族居住地方的三岔路口或山豁口处都有“俄博”。“俄博”的立法、效能与插牌相仿，在地下埋与插牌同样的事物，上面堆满石块，石块上插着柳条、矛、弓箭和写有经文的布条。“俄博”有阴阳师立或喇嘛立的两种，据说效力相仿。雷台，在土族村落的村口或个别土族村民的住宅门口，有时能见到一个小土台，土族人称为“雷台”，认为它能镇压邪魔鬼怪，保佑家宅或全村平安。立台时须请阴阳师，立台的方法与插牌、“俄博”等相似。

“崩巴”是民和土族家庭的镇宅神物，主要保佑家宅平安，镇避地方邪气的。它是用一个没有上彩釉的陶罐，里面装有青蛙、蜈蚣、活鱼、穿山甲、石燕五腥，小麦、豌豆、青稞、大米、菜籽五色粮，金、银、铜、铁、锡、珊瑚、玛瑙八珍，海龙、海马、天南星、地南星等十二味金药，以及佛经、符篆等神物。埋“崩巴”时要选好日子，上香、点烛、烧黄表纸，由喇嘛或阴阳师念经，埋在院中，埋着“崩巴”的地方不许人踩。因此，许多人家的“崩巴”上面修有一个小土台，台上种花。每逢迁居新宅院时，必须请喇嘛或阴阳师埋一个新“崩巴”。据说经过相当年后成道的“崩巴”可以化为一罐清油，没成道的便一无所有。

甘肃土族地区的山顶、山垭壑也立有俄博，其俄博分为木头俄博和石头俄博两种。祭俄博的主要内容是煨桑插箭和献牲。“插箭”俗称“插俄博杆子”，做法是砍一根一丈多高的幼树，剥去树皮，在杆上涂上红色或黑色斜纹，拴白羊毛或红布，祭祀时插在俄博的杆丛中。献牲是将活羊、活鸡拉到俄博前放生，有的将钱币丢进俄博，以示虔诚。石俄博用石头堆起，凡行路之人，从不远处捡起石头垒在俄博上便算祭奠。

三　土族地区与信仰有关的各种人员

土族的宗教信仰多元而杂糅，其与信仰有关的各种宗教职业人员的情况也十分复杂，大致可分为藏传佛教、道教、萨满教和民间信仰 4 类宗教人员。藏传佛教格鲁派僧侣是制度化宗教职业人员，土族人尊称为“喇嘛爹”，且对不同级别和佛学修养的僧侣有不同的尊称。如互助土族称活佛为“桑”，如“章嘉桑”（塔尔寺活佛）、土观桑（佑宁寺活佛）等，民和土族尊称其为“老爷”，如“朱家老爷”（朱家寺活佛）、“张家老爷”（张家寺活佛）等。互助土族称小喇嘛为“泡希”（土族语，意为学徒），民和土族称其为“喇嘛娃”。土族是全民信仰藏传佛教的民族，新中国成立以前出家当喇嘛的人很多，家里有两个儿子的必定会让一人出家当喇嘛。喇嘛爹一般住在寺院里，每天诵经做佛事。土族人遇有天灾人祸、疑难问题、人畜得病时，或家中有佛事活动，如过周年（即亡人的忌日）、办丧事、“喇嘛加拉”（土族语，意为老人过寿）等，就将喇嘛爹请到家里念经，或请其占卜念经禳解，给予其一定报酬。村里举办斋戒、安镇、祭俄博时，也会请喇嘛爹念经。过去，民和三川土族出家当喇嘛的人较多，素有“三川喇嘛遍天下”之说。三川喇嘛善于经商，其足迹遍及西藏、内蒙古、北京等地，主要贩运藏货及印度货。现今，塔尔寺中仍有不少三川喇嘛。

除了格鲁派僧侣外，土族地区还有红教喇嘛，互助和同仁地区土族乡间尤为普遍。土族人称其为“苯伯子”“苯苯子”。土族地区的苯苯子没有寺院，只在家中给人念经占卜。穿的衣服跟一般土族人完全相同，也娶妻生子，过着与一般人同样的生活。土族人在结婚时要请苯苯子合婚算八字择日子，盖房子、举行葬礼时请他们选日子，患病时请他们念经祈祷，遇有疑难时请他们占卜算卦，其职能跟汉族的阴阳先生相仿。苯苯子在被请去占卜、祭祀、禳解时能获得少量的金钱、衬衣、布料等报酬，平时仍然从事农业生产劳动或外出打工。

道教在土族地区并没有扎下根系，往往是跟民间信仰掺杂在一起，失去了其本来面目。土族地区没有道教庙宇宫观，没有制度化的宗教职业人员，也没有集中的活动和供奉神灵的场所，土族人的道教信仰活动主要通过阴阳先生进行。民和土族地区的阴阳先生与青海汉族地区的阴阳师相同，属于正一道，有着严格的师承关系，一般是家传或授徒传承的。阴阳先生的祖师是“真武祖师”，主要职能是给人合婚、算卦、看日子。土族人结婚时，一般要请阴阳先生合婚，指点婚礼中的禁忌及禳解方式。举行丧礼时，阴阳先生不仅要确定出殡时间，还要主持入殓、点朱、下葬仪式，把握丧家坟墓风水。此外，阴阳先生还主持斋醮活动，为村落或家庭进行驱鬼禳灾、祈求平安的仪式，也从事民间埋“崩巴”、插牌、祭神农、驱煞、安镇等活动。民和三川地区的阴阳先生有自己的经书，不同场合用不同经书：如为结婚或盖房子选择日子时，用《增订諏吉便览》等书；看坟茔和选择安葬日子时，用《葬元通书》《宝鉴一宗》等书；插牌子时，用《三阵神椿牌子》；看风水时，用《阳宅八法》《新阴宅告文祭文》《阴宅三要》《鳌头通书》等；其他还有《善会亲用》《三元总录全部》等书。每个阴阳先生都有自己的印，上刻“灵宝大法师”等字，画符时如不盖上这个印，便认为不灵验。[①] 阴阳先生给村民做法事时，都会得到一定报酬，在村民中享有较高威望。

土族地区从事苯教和萨满教信仰活动的宗教人员残留不多，只有宦爹和法师。宦爹是互助土族地区的苯教巫师，土族语称“胡古安迭”，崇信鬼神精灵，主要从事预测、占卜、施咒、禳解、驱鬼伏魔、治病招魂等巫术活动，无专门寺院，平时务农，可以娶妻生子，以收徒的方式传承。平日和举行宗教活动时，身着俗装，与其他村民无异，其宗教活

① 国家民委民族问题五种丛书编辑委员会青海省编辑组：《青海土族社会历史调查》，青海人民出版社 1985 年版，第 44 页。

动常在夜间举行，常选择被认为鬼怪出没的不净之地进行招收魂魄、驱使鬼怪等法术的修炼，其法器主要有手鼓、大鼓、钹、镜、腿骨号等，平时为人算卦占卜、驱怪镇邪、禳灾解祸、求讨平安，有时也与佛教僧人合作，共举佛事。在青苗会期间，宦爹要念《请神经》，祈求神灵保佑青苗，在村民建房、安宅、结婚等一些重要事情上也念经以禳灾祈福，其经文有《本尊经》《万神端茶经》等。[①] 宦爹要达到高的级别，必须到佑宁寺学经。近年来，互助东沟乡大庄村的宦爹在藏传佛教寺院佑宁寺的影响下，成为藏传佛教格鲁派俗家弟子。

法师是土族地区的萨满教巫师，其装束为手拿羊皮鼓，双鬓插花，脑后拖一条假辫，身穿绣花坎肩，系百褶绣花裙，脚穿绣花鞋。法师请神时要歌舞娱神，土族人称为“勃勃里”“跳法师”。法师不脱离生产，都是祖传世授，信仰佛、道二教，其活动有一定的范围，他们被固定的村落或家庭所邀请。这些村落若举行重大宗教活动，如寺庙竣工仪式、塑神开光、安神、庙神“装脏”等，都要请法师主持，并举行“勃勃里”祭神仪式。而那些供奉家神的家庭如感觉家里不太平，或要定期祭祀家神时，也请法师去跳神唱喜神曲。民和地区的土族法师跳神时演唱的歌曲内容丰富，形式多样，包括儒、释、道三教的创始人及相关内容，各神祇的道号、传记及请神歌、颂神歌等，有的歌曲还涉及日月星辰、农事节令等内容。有独唱、合唱、对唱，其曲调抑扬顿挫，悠扬动听。

互助、民和两地的民间信仰存在较大差异，其民间宗教职业者也各不相同。什典增和斯古尔典是互助土族的民间宗教职业者，其中，什典增也称“颠真”，是神灵附体者，被认为是人神之间的中介，俗称“要佛爷”的人。什典增不脱离生产劳动，也没有直接的传承机制，一般认为是由神直接选定，一个正式的什典增要举行赞坛[②]仪式后才会被承认。什典增只请神不跳神，据说能请到任何神灵。发神时，什典增洗手后，双手持神箭站立，众人煨桑、点灯、祈祷、磕

① 李志农、丁柏峰：《土族——青海省互助县大庄村调查》，云南大学出版社 2004 年版，第 411 页。

② 互助土族民间宗教仪式，由活佛或喇嘛主持，为神佛和伺神人员念经，以期提高其法力和清除妖魔。

头，并念嘛呢或诵诵经（每一种神都有诵经），约有半个小时，真神被请来，神箭在什典增手中抖动，什典增不讲话，由庙官或村里人问卜，请神明谕。如神箭回答“是”，则神箭“琅琅”作响；如答“否”，神箭则静止不动。“斯古尔典”也是男巫，互助地区的土族认为他是人神之间的中介，平时不脱离生产劳动，无直接传承机制。一个正式的“斯古尔典”要受寺院活佛的种种考验，认为实属神灵附体者，才给予承认和举行赞坛仪式。“斯古尔典”的装扮为手执神剑，头裹红巾，额间系串小铃铛，肩披巫衣。显神时，“斯古尔典”端坐在方桌上，闭目诵咒，众人煨桑、祈祷、念经、磕头祷告，等神灵附体后，“斯古尔典”全身抖动。祈祷者详告缘由，请神明谕，“斯古尔典”听后口授神谕，安镇禳解。为了显示神威灵验，“斯古尔典”还常以吞刀、剑刺自己或病人的胸口、捞油锅、烧铁链缠身来驱鬼镇邪。

民和土族的民间宗教职业者称为“法拉”，法拉为男巫，土族人视其为神灵的代言人。法拉平时在家务农，只有受到邀请时才去神庙或人家活动，替人治病、捉鬼驱邪、禳灾祈福。法拉还参加村里一些重大的宗教活动，如求雨、驱虫、镇鬼除魔、浪青苗、纳顿节等。三川地区土族各村庙的庙神大都有自己的法拉。法拉一般是家族世袭的，但也有神佛看中挑选的，即使是家庭世袭的也要神佛选定，神佛选定后即使不情愿也无法躲避，具有被动领神的特征。各村法拉都有一个“底子”①。各村庙神均有自己的管辖范围，法拉只能在本村庙神的管辖地发神，不能越界发神，否则会被视为杂神而驱赶出境，但二郎神的法拉发神不受地域限制。二郎神的法拉有好几个，如中川乡的朱家法拉、官亭镇的赵木川法拉和鲍家法拉都是二郎神的“底子”。法拉的装扮跟汉族神汉大体一致，头扎黄色彩绸，身穿对襟云纹坎肩，右手持钺斧，左手持钢鞭。法拉跳神时的姿态、步法根据所请之神的性质而不同，如请娘娘爷时，要走女人步态；请摩劫龙王时要跛着走跳；请黑池龙王要向后摆头等。三川地区的法拉跳神时还要

① “底子”也可理解为“弟子”，指其是所代言神祇的弟子。在这里，“底子”指所代言的神祇。

插钢钎，人们通常以是否插过钢钎、插多少钢钎来判定法拉法力的高深。各村浪青苗时，法拉跳神是一项重要仪式，村民们通过法拉跳神向庙神询问诸如“今年的收成如何”“雨水如何”“人畜是否平安”等问题。

互助、民和两个地区的土族村庙一般都有庙官，庙官是土族村庙的专职伺神人员，有的学者也写作“庙倌”，平时在村庙中守护庙神和负责香火、清洁等事务，多为丧偶、无子嗣、朴实勤快、虔诚信佛的男性老者，但也有例外。如互助大庄村的庙官是从全村年龄较长、德高望重并熟悉各种宗教仪式的人中选出，平时要管理大庄村广福寺内的收开支和安排村内各种佛事活动。大庄村广福寺的庙官一般是三年一选，由“龙王”直接选定。选时，众人煨桑、点灯、磕头，符合条件的候选人并排跪在“龙王”神轿前，神轿由 4 人抬起，神轿停在哪个人面前，此人便为庙官。现任大庄村庙官为李承铎，汉族，在村里很有威信和话语权，大庄村的跳“勃”活动和青苗会各项事务，均由其主持和管理。近几年，民和三川地区许多村子的纳顿会，由于本村的法拉传承中断，便由庙官代替法拉发神，收受钱粮。

第三节　主要宗教活动

一　以个人或家庭为中心的主要宗教活动

互助、民和与同仁等地的土族以个人或家庭为中心的主要宗教活动有煨桑、念经、喇嘛加拉、许还愿等。

煨桑是燃烧松柏枝和炒面等物，以烟沟通人与神情感的一种宗教活动。在土族人心目中，煨桑是告知天地诸神的仪式，他们不仅每天早晚在家要煨桑、每月初一和十五在村庙煨桑，每年正月初一，还要去野外的高山顶上煨大桑。土族人煨桑主要用松柏枝，还加有各种食物，如糌粑丸、炒熟的黑白青稞及各类糖果等。煨桑时，随着袅袅升起的香烟，村民们口诵六字真言，祈求神佛保佑。

土族人信仰藏传佛教，农村老年人，尤其是老年妇女一过 60 岁，就要将念经祈福当成自己的重要功课，每天捻着佛珠口诵六字真言，早晚在家煨桑磕头，被称为“嘛呢其”。每月的初一、十五，“嘛呢其”

们会聚到村庙义务诵经，祈求神佛保佑村庄平安、五谷丰登。如有举丧或做寿人家约请，也会去人家诵经，为主人家祈福。民和三川地区的“嘛呢其”们，在念诵经卷前，要洗净手、口，先念诵《请神经》；邀请各路神灵下界后，念《观音妙》；之后，念《十八炷香》，接着再念《三炷香》《回向经》《灯科经》；中间在时间允许的情况下加念《地母经》《太阳经》等。[①] 土族嘛呢其们念嘛呢经的目的主要有三个：一是为了给村里人祈福，祈求神佛保佑村庄人畜平安、五谷丰登；二是为了给家人祈福，祈求神佛保佑儿孙吉祥平安、诸事顺利；三是给自己祈福和积累功德，祈求神佛保佑自己不受病痛之苦，能顺利转世。

过去，互助土族人家最主要的宗教活动是求神治病驱邪。当地土族人认为，不仅龙王、娘娘、神箭佛爷会看病，许多人家的家神，如“丹煎宏化”“骑骡天王”等都具有治病救人、驱邪禳灾的职能。互助土族求神治病的仪式有两种，一种是请神轿，一种是发神箭。请龙王或娘娘神轿治病时，患病人家先要找 4 个家中没有丧事或产妇的男人，到村庙中抬神轿，抬轿前在神轿前点灯、磕头、净手，然后才抬到病人家中。病人家中早已备好香案，全家人煨桑、点灯、磕头迎接，然后将神轿抬到院中，叩头求问。问话时，他们认为如神轿往前倾说明回答是“是”，往后仰则是“否”。发神箭也是互助土族最常用的信仰仪式，如家中有不顺之事、婚丧嫁娶、看病祈祷时，都要请什典增“发神箭”问事。问事前，要先请神，在院子中央摆一张桌子，上面摆有供品，有时还有一只公山羊（据说是神的坐骑）。然后由什典增两手握着神箭，口里念着“索里恰”，磕头、点灯、煨桑、请神，等神箭颤动起来后，预示神已降临，众人开始磕头问事。一般由口才较好、反应机敏的成年男性村民问，如患病的人家会问病是否能好，是否要请“苯苯子”念经或求药，或应该做哪些功德，给哪个佛上些什么供品等。这时，如果神箭在抱着它的什典增手中抖动起来，说明问答是“是”；如果静止不动，则表明是“否”，病家就会按照神箭的指示去处理。发神箭后，患病的人家往往会请什典增吃一顿好饭，病人病好后再送些礼物致谢。此外，互助土族人家在“哪哪”会或青苗会时有向地方神祇献祭、搭红

---

① 文忠祥：《神圣的文化建构——土族民间信仰源流》，人民出版社 2012 年版，第 197 页。

的习俗，有些人家生儿子或家中修花坛、埋宝瓶时也要向龙王或娘娘献羊。

民和土族人家每年最重要的宗教活动除了大年三十到寺院磕头祈福外，就是给亡人念经和向二郎神献祭。按习惯，土族人不仅在丧礼中请喇嘛、嘛呢其到家念经超度亡人，丧礼结束后，每逢 7 日，都要请喇嘛到家给亡人念经，土语叫“多郎”（即第 7 个数），一直要念 7 个“多郎”的经，每次念“多郎”都要到坟前烧纸，其中，“五七”念经的开支是由家中的女相阿姑们负担的。之后，百天、周年时都要请喇嘛念经。有些人家家里老人去世了二三十年，但只要到忌日，每年都要请喇嘛念经。纳顿节小会期间，土族村民们还要就祛病驱灾、求子、祈福等原因，在二郎神和庙神前许愿或还愿，祈求神灵的护佑。纳顿会上许愿和还愿的祭品很有讲究，必须是健壮无缺陷的大公鸡或羯羊。纳顿会上的个人许愿很随意，仪式也比较简单，许愿者既可在神帐前烧香磕头，默默祈祷，也可以提前带大公鸡和羯羊前来许愿。许愿时，一般由庙官或大牌头代言，向神传达许愿人的心愿。如果许的愿望实现了，就需还愿，还愿的祭品一般也是大公鸡或羯羊。许愿或还愿时，大牌头要在鸡或羊的头上倒酒，如活牲摇头，就表示神已喜纳，如多次倒酒仍不摇头，就需另换一只。许愿的村民将大公鸡或羯羊在神前供献之后，便带回家宰杀煮熟，将鸡心或羊心拿来“破盘”。大牌头拿刀将鸡心或羊心剖成两半，扔到盘里，如两瓣心一正一反，就说明神喜纳，如不是，就再扔，直到扔出一正一反的情形为止。除此外，供献人还要带羊蹄、肝、肺或鸡头、鸡爪，还有一些肉汤来向神献祭，肉汤往往泼洒在神案前，其余食物则由在场的人分享。

互助土族和民和土族人家都有为老人念活寿经的习俗，称之为“喇嘛加拉”，又叫“活人举丧仪式”。按土族传统习俗，家中老人年龄到 60 岁，就要准备寿材、寿衣，请活佛和喇嘛诵平安长寿经，禳解灾难，届时，亲戚朋友都要拿着寿桃、衣、鞋、袜等贺礼来祝寿。凡举行过“喇嘛加拉”的老人，一般日后不再参加生产劳动，不料理家务，不问世事，每日只诵嘛呢、行善积德，专修来世，以表示超脱了尘世。现今，土族的喇嘛加拉无论从内容到形式都发生了一定变化，虽然老人做寿材时一般也要举行仪式，亲戚朋友也来祝贺，但不一定举行宗教仪式，也不一定念嘛呢。在民和三川地区，有些土族人给老人过 73 岁或 84 岁的大寿时，要请好几天的客，场面和规模都比较大，开支也较大。

笔者在访谈中了解到，同仁土族家庭最主要的宗教活动是念“东雀”。据当地人解释，“东”是藏语，意为一千，“雀”是倒酥油的壶。“东雀”即点一千个酥油小灯，请阿卡念一千遍经。据带笔者调查的青海民院大三学生周毛才让姑娘介绍，2013 年，他们家在爷爷忌日念了“东雀”，请了 10 个阿卡，每人给了 150 元的布施，招待佛爷，各种开支花了 4000 多元。此外，有些经济条件好家庭要在农历十月二十五日，即宗喀巴大师忌日时在寺院念经，请全村人参加，开销很大，需花费几万元到数十万元不等。周毛才让家三四年前曾在年都乎寺念过一次经，花了约 10 万元。

从互助、民和、同仁三地的宗教开支来说，互助较低，民和居中，同仁较高。为了了解土族家庭的宗教开支，笔者在“土族社会发展现状家庭调查问卷”中设计了“2013 年您家宗教信仰开支多少元”的问题，173 份调查问卷结果显示：0—100 元的 8 家，占被调查家庭的 4.62%；101—500 元的 35 家，占被调查家庭的 20.23%；501—1000 元的 28 家，占被调查家庭的 16.18%；1001—2000 元的 30 家，占被调查家庭的 17.34%；2001—3000 元的 17 家，占被调查家庭的 9.82%；3001—10000 元的 4 家，占被调查家庭的 2.31%；51 户不予回答，占被调查家庭的 29.5%。其中，宗教开支最低的为 20 元，只有 1 家，被调查家庭是互助东山乡大庄村的；宗教开支最高为 10000 元，也只有 1 家，被调查家庭是同仁年都乎村的。在访谈中，笔者了解到，互助土族家庭的宗教开支主要是为佛爷搭红、献清油，这种开支一般只有几十元，而生儿子、埋宝瓶、献羊则要花费一两千元。民和土族家庭的主要宗教开支是在亡人忌日请喇嘛念经，一般也要开销一两千元。同仁土族则是给寺院、喇嘛的布施较多，所以开支较大。

二　以村落为单位举行的主要宗教活动

1. 互助土族以村落为单位举行的主要宗教活动

互助土族以村庄为单位，每年要举行若干祭祀活动，规模较大、较隆重的有跳“唦（biang）唦” “斯过拉”、龙王山祈雨、让尼、赞坛等。

跳“哪哪”指法师做道场。互助土族一些村庄的村庙里供有龙王、娘娘等从汉地传入的神祇，每年要请“波”（即法师）跳“哪哪”，祈求神灵保佑一方风调雨顺、五谷丰登、人畜平安。“哪哪”要举行三天，其主要仪式有升幡、请神、跳神舞、放幡、卜卦等。仪式由一位大法师主持，土族人称其为“完善”。届时，全体法师头戴女人假发，垂辫于背，身穿花裙，在神殿里击打单面扇形羊皮鼓诵经，庙官在神像前点灯、煨桑、焚化香表、磕头，村民们在神殿前竖起一根粘挂着彩色纸旗、纸幡、长约10米的幡杆，露出地面三丈三尺，埋地一尺八深，寓意33天界和18层地狱。据说，杆顶飘扬的彩色纸旗是用来招请众神的，杆顶部套着的圆圈叫“南天门”，是供众神出入的；“南天门”下有一纸旗叫“万神台”，是众神就座处；从“万神台”到殿内拉着一条挂满彩色小纸旗的细绳，是殿内神与外来众神往来的通道。另外，从杆上拉一绳于一旁，上挂三面纸旗，分别代表佛教、道教、神教。幡杆升起来后，举行迎神仪式，“完善”法师左手持“响刀”，右手握“神鞭”，在前驱邪开路，村民们抬着神轿跟在后面，二位法师跟着神轿击鼓诵经。到选定地点后，点燃麦草堆，诵经化表，占卜，如卦象吉，则认为神灵已降临，整个队伍返回到庙内。迎神之后，天快黑时，举行“请亡”仪式，在庙门外立一粘有白纸旗花的杆子，供上亡魂牌位，然后法师击鼓诵经，请本村各家亡灵前来会场上受祭祀，看鼓舞。

“哪哪”的最后一天晚上，法师们要给众神敬献整猪、香烛、油灯、净水、食品、哈达、念珠等物，并向幡杆上各旗所代表的众神禀报整个活动中献祭的物品，请众神享用，祈求众神赐福当地。然后，众法师击鼓跳神舞，或一人独舞，或双人舞，或集体舞，其动作主要有舞鼓、旋转、打尖脚、鸭子步等。跳两三个小时后，大法师等人到选定的某地去招魂，招魂时在方斗握把上置一小瓷瓶，瓶口插7炷香，法师作法，勾来一童男魂（瓶倒认为魂已勾来）酬神。为了避免自家孩子的魂被勾掉，跳“哪哪”期间，村民们都给男孩佩戴一个装有蒜、五色粮、五色布条的小红布袋。招魂之后，法师击鼓念经，将已经取下来的纸幡、纸旗在院中堆成“一”字形点燃，众人叩头，恭送众神归天，然后放倒幡杆。最后是送亡，大家在庙门外，朝自己家祖坟方向，焚纸叩头，请亡魂返回阴府。“啣啣”会结束时，有的村民请“完善”施法卜卦，凡求卦者都一一跪在法师前申述求卦原委，法师看卦象指点迷津，教禳解之法。

“斯过拉”，土语，意为转山，是互助土族地区的村庄在每年农历五六月间举行的祈佑丰年的宗教活动。转山前，须先向勒木、路易加勒、尼答克桑、柴俩布桑、丹木煎桑等神佛问是否可以转山及转山需要什么东西，如黑碗、缸、锅、木柱、狐头、蛇等。有些村庄转山时每一家都要出一个男人，没有男人的人家也要找一个男人代替，而有些村庄男女皆可。转山需择吉日，届时，由从寺庙中请来的喇嘛为前导，众人随其后抬着护法神箭、龙王轿、娘娘轿、二郎轿，背着佛经，擎着五色彩旗和绘有佛案的大纛（土语叫“夏达尔”），敲锣、打鼓、吹海螺、唱道歌，绕本村或数村地界一周。“斯过拉”队每经主要山口、山峰时，以神物（如黑碗、柏木橛、刀等）安镇禳灾避煞。

龙王山，土族语称“赤列布”，土族人视其为神山。过去，每逢旱年，互助、大通地区的土族群众便往龙王山祭祀龙神祈雨。届时，各地以村落为单位，抬着地方神神轿或护法神箭，擎着彩旗、柳条、巨纛等，排着长队，口诵祈雨道歌，敲锣打鼓，浩浩荡荡向龙王山出发。途中遇清泉、湖泊，须化表焚香。到了龙王山后，众人面朝神湖，列队跪拜。主祭人煨桑、上香、化表、施食子，法师施法，众人齐声祷告。主祭人将系有绳子的瓶子浸入湖中，汲取湖水。返回后，将护法神箭和湖水一同供于村庙，点灯、上香、叩拜。

让尼，土族语，意为“闭斋、守斋戒”，是互助土族村庄的传统宗教活动。每年农历四月初，互助土族各村庄要举行诵经斋戒活动。届时，需请一位喇嘛活佛当领班，主持诵经活动，村里的老者、多病的人、求子女的年轻妇女等，沐浴斋戒，每天到寺庙里念经、煨桑、点灯、磕拜佛像，祈求神佛保佑赐福、解除病痛、后续不断，男子可吃住在庙中。“让尼”一般为 7 天，也有长达 16 天的。这期间，大家要按时做功德，每日只食早晚两餐，整日封斋，特别是第三天和第五天不许说话，需默诵六字真言、祷词，静养修行。斋戒期间一切费用由众人负担，挨家挨户轮流送饭，村民们还要献供、进香、点灯，以示虔诚。念经活动结束后，还要举行“捣火炭仪式”，人们用大背斗背来白土堆在村庙院子中心，筑起一个四方坛，将小麦、青稞、菜籽、豌豆等农作物放在坛上，用酥油焚化。焚烧时，喇嘛不断念经，做“让尼”的老人们跪在坛周围磕头、念嘛呢。至此，“让尼”活动圆满结束。互助土族村落在“让尼”仪式结束后，还要请活佛或喇嘛爹为神佛念经，以期提高神佛法力和清除妖魔。“让尼”期间，龙王、娘娘和神箭要被抬到偏殿，“让尼”结束后，才抬回正殿。回正殿之前，要请活佛到庙内念经，为龙王神轿举行“赞坛”仪式，提高龙王法力。此时，一些有家神的人家也会将自家的家神抬到村庙中，请活佛或喇嘛爹念经，以求提高家神的法力。

2. 民和土族以村落为单位举行的主要宗教活动

民和土族也是以村庄为单位，每年举行很多酬神祈福、祈求丰收的祭祀活动。如每月初一、十五，“嘛呢其”们要到村庙念嘛呢经；春季要举行祭神农仪式；按照规定年限给庙神“装脏”；纳顿会期间要隆重祭神；农历九月要举行安神活动等。其中，庙神“装脏”、纳顿会期间的祭神及九月安神活动是当地规模和影响较大的祭祀活动。

从每年的夏至第一天起，民和三川地区各土族村庙里念持续6—18天的“夏至嘛呢”，以祈求上天诸神保佑庄稼平安收获，免遭天灾。三川地区的土族村庄念夏至嘛呢时，要在庙神前供献长明灯，用羯羊祭祀庙神，各村的大小牌头不仅要安排村民轮流到庙里念经，还要组织村民分摊供养“嘛呢其”的饭食，一般一天分摊4户，每户1桶面条。“夏至嘛呢”结束后，部分村庄还要求每户必须出1人，头戴柳枝编成的帽子，背着嘛尼干本，抬着村庙的庙神，赤脚巡游田间。

为了保持二郎神和众庙神的神性与灵气，民和土族村庄按照各自的年限旧例为本村的庙神定期举行“装脏”仪式。“装脏”就是把神像原来所装的旧脏腑去掉，换上新的。各个村庙为庙神举行“装脏”的时间不一样，“装脏”用的物品也不一致，主要分“臭脏”和“香脏”两种。臭脏指用动物装脏，主要用马蜂、喜鹊、蛇、麻雀等动物。香脏指素脏，主要用佛经、香油、五谷粮食等物品。在地方神“装脏”中，二郎神、四郎爷、摩劫龙王等是臭脏，黑池龙王、娘娘爷则是香脏。

“装脏”活动由法师主持，法拉、阴阳师和牌头们与其相配合，包括装脏、开光、坐洞等仪式。“装脏”时，先由专门邀请的画匠将神像开膛，取出上一次的“装脏”物品，将事先准备好的马蜂、蛇、喜鹊、麻雀等物装入神像内，这些动物必须是活物。装法是头部装马蜂或者马蚊，腹部装石燕、太极石、十二精药、七种明香、竹子24节（代表二十四节气）、蜈蚣、海龙、海马等，下腹装一条蛇、一只喜鹊和一只黄雀。在画匠“装脏”的过程中，法师在一边敲着神鼓，一边唱《三教明主歌》《三光四带五苗》《二十八宿》等土族传统古歌。

“装脏”结束后，法师用箭、毛笔、钢针、火种、一杆秤、一面镜、毛巾、木梳、红线等为庙神开光点珠。开光时，法师问一句，阴阳先生和画匠即挥笔点珠，众人在旁附和。晚上，大牌头或庙官悄悄背上“装脏”后的庙神，将其藏到山洞里，土族人认为新“装脏”的庙神需坐洞修炼才能获得法力。庙神坐洞期满后，牌头和村民们请来法师、法拉和阴阳先生，在村庙前竖立一杆二三丈的木杆，杆顶上升起两条各一丈长的黄白色“宝盖”（纸幡），村民们向香案后的神轿磕头祷告，法师敲着羊皮鼓，边唱边跳，阴阳先生也开始念经。此时，法拉开始“发神”，他手持法器，身穿法衣，双腮插钢钎，又舞又跳，奔向山沟寻找神像。据说法拉一般都能准确地找到藏神像的地方。找到神像后，村民们敲锣打鼓，虔诚地用神轿将二郎神请回来，供在神庙外预先准备好的香案上。神像被请回后，村民们磕头点香，放鞭炮，烧黄表纸，供献蒸饼、清水、鲜花等物品，举行献牲仪式，然后焚烧宝盖、钱粮，将神像抬回庙内供奉。至此，神秘而繁缛的“装脏”仪式全部结束。

纳顿节是为报答神恩、酬谢神灵而举行的，其祭神活动十分隆重。一般来说，各村纳顿节小会那天，村民们就要请“老爷下庙”，将二郎神和本村的庙神迎请到纳顿会场中。在迎请二郎神时，每经过一个村庄时，虔诚的村民们都要在路旁设香案迎接，点香烧纸，燃放爆竹。有病的人还跪伏在路中央，让二郎神轿从他们头顶经过，希望借助神的庇护能早日康复。二郎神轿到达会场后，众人拈香烧纸，放鞭炮，将神轿供在香案的正中央。然后，各户人家陆续来到会场，烧香磕头，敬献大蒸饼、清油、酒、宝盖和钱粮等供品。此外，有些村庄要在小会这一天举行嘛呢会，嘛呢会由村里男女老人组成，以老年妇女为主。整整一天，他们要在村庙内念诵整本的《麻尼干本》《地母经》《太阳经》《太阴经》等，磕一百单八个长头，以示对神的虔诚。

纳顿会结束后，有些村庄要在本村村庙内将庙神重新安置就位。届时，请法师来做法安神（有的村庄请阴阳师布醮安神）。如桑布拉村在农历九月初九安神，辛家村在农历九月十六日安神。安神仪式分为请神、飨神、送神三个步骤。届时，法师要在神殿前立幡杆，扎神棚。幡杆高七八米，顶端插着鲜花，下面套着白纸剪成的小圆轮，接着系一条画有七星图的白纸条，其旁系彩色布条，拴一小水瓶，七星图下挂一条长三四米的白色大宝盖。幡杆上的每一样东西都有象征意义，如七星图象征天界，小圆轮象征万民伞，小水瓶里的水象征给神敬的茶，彩布条象征五色，长纸幡象征到天界的路等。神棚是用木棍扎起来的一个方形木架，长三四米，宽二三米，顶上铺着树枝，四边贴着法师剪的中间有梅花、骆驼、鸟、车子等各种图案的纸花。

法师请神时须唱《五色莲花曲》，此曲共分五段，分别唱青、红、皂、白、黄五色莲花。青为“请”的谐音，唱莲花，即请神。青莲曲的歌词为：“好一朵青莲莲，噢呀，青莲莲，青莲青花开呀，青莲青花开呀。青莲（嘛）请神（者），马蹄飒飒，灵神下马，青（请）莲们来呀！……”[①] 唱红、皂、白、黄莲曲时只需改换颜色即可，歌词基本一致。《五色莲花曲》唱毕，法师开始吟唱另一请神曲：“上方哟……世间待的王母娘娘你们请到了吗?”众人应：“请到了。”从玉皇大帝到二郎、龙王一直反复吟唱下来，众人也如此应答。

请神完毕后，举行献牲活动，将事先准备好的健壮无缺陷的白色羯羊牵进来，给羊搭红。其中年长者跪在前面，手握木卦占卜，同时小牌头向羊背上倒清水，如卦象吉，祭祀羊浑身一抖，表示神已悦纳，羊被拉去宰杀，煮时不能放任何调味品，煮熟后敬神，意为飨神。飨神之后，大牌头将肉和汤分给众人食用。众人食用结束后，送神仪式开始，法师甩动长辫将请神前挂在神棚边的纸花、纸幡一一击落。村民们将打下来的纸花和纸幡拾起来，并取下所有的纸幡、钱粮焚化。打完纸花后，法师站在幡杆下，唱送神曲。然后降幡杆，焚烧钱粮黄表纸，祈求平安。村民们在立幡杆的地方挖一小坑，法师往坑里扔一块砖头，一边

① 马光星、赵清阳、徐秀福：《人神狂欢——黄河上游民间傩》，青海人民出版社 2003 年版，第 46 页。

扔一边说："病痛灾难都压下去了。"村民们在旁应和："压下去了。"然后将坑填满，以示安土。安神活动就此结束。

阴阳先生安神的仪式与以上大同小异，只是阴阳先生请神时在纸上写满所请的各神名号，然后诵念《高上玉皇本行集经一部》《大圣母孔圣王尊经一部》《玉清无极尊真文章大洞仙境一部》等各种经文，飨神仪式结束后将写满神号的纸与宝盖烧掉。

3. 同仁土族以村落为单位举行的主要宗教活动

在同仁土族中，年都乎村的民间信仰活动较为丰富和独特。每年的农历十一月，年都乎村要举行一系列祭祀活动，包括念经、"邦"、跳"於菟"等。每年农历十一月初五至初七，年都乎村的法师在苯教寺庙中念平安经，感谢神佛在本年度保佑村里平安、丰收，并祈祷来年风调雨顺、五谷丰登、人畜平安。从初九到二十日，年都乎寺的僧侣们在活佛主持下念平安经，而村里也要将六字真言经和平安经平均摊派到各家各户，除了学生和干部外，所有人都要参加。

农历十一月初八、十二、十四、十九日，年都乎村的村民们要举行4次"邦"活动。初八早晨，头年选的人家要将山神庙中的二郎神塑像请回家中供奉。法师预先剪裁了很多"克特日"（符纸幡），在制作"克特日"的同时，还派几个人去村里收取"邦馍馍"。"邦馍馍"是用焜锅做的，先将和好的面在家人尤其是病人身上粘吸，然后放入锅中烤制而成的中间有孔的馍馍，堆放在二郎神像前的净台上，再把"克特日"插在馍馍上，在神前供奉一夜。晚上，村内青年男女携带着馍馍、哈达、酒等物集中到举行"邦"的人家，将所带物品放到佛像前的供桌上，然后按性别分坐在两边。法师挑选6名男子，各自持奶茶、酒、线香、"邦馍馍"、酥油灯等六种物品，围圈站立，依次回答法师的问话，如你手里拿的是什么、你汉语说得好还是藏语说得好、你有没有相好的等。十二、十四和十九日的"邦"活动与初八大体类同，只是十四日的"邦"在主持法师家举行，十九日的"邦"在山上的二郎神庙中举行，只许村中男子参加，女人不得上山。十九日的"邦"除了问答、唱拉伊外，还有一个重要的任务是确定第二天跳"於菟"的7名人选。届时，青年男子们到法师前报名参加跳"於菟"活动，法师根据年龄、体质等状况选择人员。"邦"活动结束后，法师宣布人选名单，7名“於菟”人选向二郎神磕头，与法师一起留在庙里。

年都乎村的人们认为，每年的农历十一月二十日是“黑日”，是疾病流行、野兽出没的日子，因此在这一天要跳“於菟”，驱邪逐疫，求得全村平安，而之前举行的诵经和“邦”活动是为了答谢神恩，祈求神灵保佑全村来年五谷丰登、平安吉祥。因此，二十日，已选好的“於菟”们要在身上画上虎纹，在法师的主持下，用虎图腾舞蹈为全村的人逐病祛邪、祈求平安。

此外，农历六月初六，甘肃土族地区有向山神、龙王献羊，祈求保佑庄稼免遭雹灾、平安丰收的习俗。届时，以村庄为单位出一只羊，村民们牵着许给神的羊，到附近高山上煨桑祷告，将羊清洗一遍，然后用冷水淋羊，若羊打战，便认为神悦纳了，将羊宰杀，用大锅煮，开锅后将羊的心、肝、肺、血块、小部分肉块及肉汤向四面泼洒敬神。献羊时，有时要请寺院喇嘛念经。

第九章　土族的民俗生活

“民俗，即民间风俗，指一个国家或民族中广大民众所创造、享用和传承的生活文化。民俗起源于人类社会群体生活的需要，在特定的民族、时代和地域中不断形成、扩布和演变，为民众的日常生活服务。民俗一旦形成，就成为规范人们的行为、语言和心理的一种基本力量，同时也是民众习得、传承和积累文化创造成果的一种重要方式。”① 在现代社会中，作为民族历史上流传下来的群体文化事象，民俗的根脉一直延伸到当今社会生活的各个领域，伴随着一个国家或民族民众的生活继续向前发展和变化。土族人民在长期的生活和生产实践中，创造了独特而丰富的民俗文化，包括物质生产与生活、社会组织、岁时节日、人生仪礼、信仰、口头文学、语言等民俗。21 世纪以来，由于全球经济一体化和现代化进程快速发展的冲击，土族原有的农耕文明架构下的许多民俗文化事象正在迅速瓦解与消亡，其生存、保护和发展面临着严峻形势。目前，在土族民众生活中仍然在传承的民俗文化有日常生活习俗、人生礼仪、岁时节日习俗、信仰和语言等，其旧日的生产、交通等习俗已基本消亡，而土族的居住、饮食、服饰、人生礼仪和节日习俗也发生了很大变迁。

第一节　日常生活习俗

民俗从本质上说是民众的日常生活，人们的衣食住行无一不包括在民俗之中。“许多民俗事象都附着在人类最基本的生存活动中，满足于

① 钟敬文：《民俗学概论》，上海文艺出版社 1998 年版，第 1—2 页。

人们正常的生活需要，如饮食起居、穿衣戴帽、乘车步行、出门回家等，它们与人们的日常生活完全搅在一起。”① 土族的日常生活习俗具体又可分为居住与生产、饮食、服饰等更小的文化类目。

一　居住与生产习俗

按传统习惯，土族一般是聚族而居，其村落为同姓村落或单一家族村落。土族将村落称为“阿寅勒”，民和土族称为“依么”。“阿寅勒”或“依么”是由父系家族成员组成的群体居住形式，即自然村落，是土族社会最基本的组织结构，村庄名以姓代称。早期每个“阿寅勒”都是单一姓氏家族群体，辈分严格，内部禁止通婚，由德高望重者主持和处理村内的大小事务。后来随着社会发展和人口繁衍，“阿寅勒”不断增加新成员，分化出许多新的“阿寅勒”。许多“阿寅勒”共同聚居在一个地域里，构成成员更多的“阿寅勒”。现代的土族村庄虽非都是一族一姓，但保留着许多单一姓氏的原“阿寅勒”形态，如民和三川地区的李家、杨家、王家、秦家等。无论是多姓杂居的村落，还是同姓村落，土族的村落大都有村庙，有祖坟。春节期间，全村人要到村庙烧香磕头，要去祖坟上坟祭祖，还要到各家去拜年。

土族的居住形式以家庭为主，一家人住在河湟地区的传统民居——庄廓中。互助土族语称庄廓为“日麻”，民和土族称庄廓为“囊托”。一般都是单门独户、带有庭院的方形封闭式平面民居小庭院，占地面积约四五分。筑正方形围墙，院墙方位必须是东西南北对称，围墙很结实，底部80厘米以上，顶部36厘米左右，高3米，有的围墙顶上再加高1.5米左右，以挡风防盗。有的围墙在墙头四角置卵石，门面墙壁用白土泥抹光，还有用白灰粉刷的，表面装饰得整洁、美观、雅致。院内建两三面或四面土木结构房屋，多为5檩、7檩平顶房或二加七檩骑脊大房。一般3间正房和2间角房为一组，正房当中一间为堂屋，两边耳房分别是卧室和库房或佛堂。正房的门面柱头、扎口板等上有许多雕刻装饰，如虎狮、麒麟、杜鹃、孔雀、凤凰、各种花卉、海螺、宝伞等。角房或为锅头连炕的厨房，或为草房畜圈。大门多为两扇，门顶一般还

① 董晓萍：《说话的文化——民俗传统与现代生活》，中华书局2002年版，第9页。

有一间小门楼。院正中设中宫，其上砌有“圆索尔”（圆槽），圆槽中间竖嘛呢旗杆，上挂经幡，下拴牲畜，朝上房一面设香炉。一般有条件的家庭在庭院里用石头铺地，有直铺到大门外的，有的还精心嵌镶各式彩石花纹图案，十分讲究。

按习俗，正房一般建在北面，朝向南面，土族语叫“天舍”。天舍是庄廓的主房，其结构形式分“檩踢牵”“平方踢牵”“妙檩踢牵”3种，其中以“妙檩踢牵”用木料最多，前梁上装饰鸡头及各种花卉造型，室内装有隔墙板。正中房梁上挖一小孔，装入各种粮食及碎银等，用一块正方形的红布包起来，再用一束白麻缠紧，叫“宝梁”。主房上“宝梁”时，亲友们皆来恭喜。天舍的东头是炕，炕上放炕柜和炕桌，上房中间放八仙桌，供有佛龛。天舍宽敞向阳，一般由长辈居住。东房、西房为厢房，由晚辈居住，均盘有火炕。

过去，互助、大通等地区的土族庄廓里还有一种与锅台连在一起的土炕，土族语称为“秃光”。他们把耳房作为厨房，锅台筑在居中的一间里，紧挨锅台（忌坐西向东）后面的一间房里盘上满间打泥炕，炕与锅台之间泥一堵叫“拦炕”的矮墙或木板墙，灶膛的烟道经过炕下后才能通往烟囱，利用做饭烧水时的余热取暖，一举两得。平时，炕上不铺毡，上炕不脱鞋，一家老小围坐在炕上，一起吃饭、休息。若来了客人，则要铺毡让客人坐上方。在寒冷的冬天，在“秃光”中央煨一堆大火，一家老小围着火堆取暖。因此，土族人把锅台连炕的居室作为真正的主房，客人也就很自然让到“秃光”上款待，这样既亲近又不生分，宾至如归。①

土族庄廓的院落中心称为“中宫”，是庄廓的心脏。过去，庄廓落成后，要在中宫下埋入内装补药、海龙、海马、发面等宝瓶，埋八卦砖符，以补中益气，保佑家业兴旺。土族人称宝瓶为“崩巴”，“崩巴”内装有各种粮食和药材，须请喇嘛诵经禳解后在建造花坛时埋进去。为了美观和清洁，多数土族人家喜欢在庄廓院内建一座小花坛，种植花草，如牡丹、芍药、荷包牡丹、萱草、海纳等，从开春到暮秋，小花坛里姹紫嫣红，十分赏心悦目，给朴实的农家庄廓增添了几许亮丽的色彩

---

① 朱世奎：《青海风俗简志》，青海人民出版社1994年版，第304—306页。

和盎然生趣。有些庄廓里的小花坛上有用泥筑成的庙脊形烧香炉，又叫“煨桑炉”，是祭祀家神的神祠。此外，互助、大通等地的土族庄廓庭院中，还竖着嘛呢杆。近些年，随着经济条件的改善，受新式楼房的影响，土族的庄廓由原来的土木结构改为砖木结构或砖混结构。其内部不像以前一样四面修房子，而是只修北、东两面，以北面为主，一字排开修五到七间大房。为了保暖，北房外面还建有封闭式玻璃阳台，既美观又舒适。

土族主要从事农业，兼营少量畜牧业。从农业生产民俗来说，在耕作方式上，川水浅山地区犁地用“二牛驾犁”开沟播种，浅山及旱地一般实行轮耕，在土地面积多的山区还实行歇耕，即种一年歇一年，歇地耕翻次数3—5遍。过去，由于水源不足，在旱地种植耐旱碱的大麦，山区多种植玉米和洋芋。后来，随着土族地区水利设施的修建，农作物品种不断增加，现今，土族主要粮食作物以小麦、大麦、青稞、玉米、洋芋为主，兼有蚕豆、豌豆、扁豆、燕麦、玉麦等，油料作物有胡麻、油菜，蔬菜有萝卜、白菜、菠菜、葱、韭菜、大头菜、辣椒、西红柿、黄瓜等。

“二牛驾犁”是中国传统的耕作方法，历史悠久，西汉时传播到青海地区，但土族何时使用此种方法已很难考证。过去，土族地区的“二牛驾犁”，有些地方也用驴、骡、马等役畜代替牛。其方法是用两头牛驾轭子，轭子中部接牵犁的销环绳，犁挂钩套在销环上，一人扶犁把，以一绳系二牛鼻圈，驾驭双牛。有时亦有2人牵牛，使其顺犁沟前行。直到20世纪80年代，土族地区还在普遍实行“二牛驾犁”的耕作方法。进入21世纪后，随着拖拉机等农机的普及，除了山区外，这种方法已较为少见。

土族人在长期的生产实践中因地制宜，创造了一些独特的、切实有效的积肥方法。过去，他们利用饲养的牲畜来积肥，用马厩、牛圈、羊圈中的混合粪肥做肥料。每隔数日，便在马厩牛圈、羊圈中垫上一层土，使牲畜把粪便和尿踩到土里。播种季节开始前，挖出这些混合的粪肥，运到地里，庄稼收成就能稍好一些。对离村子较远的耕地，他们采用烧灰的办法，即在农历七八月，选一块地，等下过雨后，将牲畜赶到地里，让它们践踏黏糊的地，第二天将表层土用铁锨挖出来，形成粗大的坯块，成排晒干。来年春天播种前，用这些坯块搭一个长长的炉子，外面涂上灰泥，将其烧透，再粉碎为灰烬，撒在要耕种的田地里。

在生产、生活用具制作方面，土族人民也积累了许多经验和方法，他们制作的犁、锄、铲、镰刀、铁锨、木轮大车、背斗、木锨、碌碡、连枷、扫帚、推把、筛子、簸箕等工具，不仅坚固耐用，在生产生活中发挥了重要作用，而且还在青海农业区享有盛名。

过去，由于土族地区生产力低下，老百姓靠天吃饭，为了丰收，寄希望于神灵，由此产生了许多与生产有关的祭祀仪式，如柏春、卧犁、卸捆、祭碌碡等。柏春是土族地区传统的祭耕仪式，也称“栽杠”、“春耕”仪式。互助、民和三川地区的土族，把开犁春耕视为重要的生产活动，在正式耕种之前，都要选择吉日举行柏春仪式。柏春时，要在耕牛的牛角上串油饼，额头挂彩绸，牵到就近的一块地里去，驾犁耕一圆圈，圈内犁十字，构成“田”字形状。在“田”字中心煨桑化表，以求这一年风调雨顺、五谷丰登。由于民和三川地区气候较温暖，柏春仪式大都在春节期间举行，如官亭镇鲍家村就是在正月十五举行“春耕”仪式。卧犁是互助土族传统的农业生产祭祀活动，土族语称为“加斯·喀迭力嘎”。土族人民对农业生产工具十分爱护，干完活立即擦拭干净。每年耕田犁地完毕后，依“寒露霜降，因轭子架到梁上”的农谚，在寒露、霜降之际，把犁铧卸下擦干净，小心谨慎地把犁辕犁头高高架在梁头上，铧放在柜下，各家还做一些好吃的敬犁铧，煨桑、插香，祷告一番。卸捆，土族语称为“巧·保力嘎”。秋收后，各家各户把自己的麦捆用人力车拉到麦场上，举行卸捆仪式，摞好麦捆，束好皮绳、理好驮鞍后储藏起来，然后犒劳干活之人，宰羊改善生活。祭碌碡是互助土族的生产祭祀活动，土族语称为“碌其·喀迭力嘎”。土族人认为作为打碾工具的碌碡具有灵性，因此在碾完场后便磨面榨油，用新油新面做好吃食品敬碌碡。届时，要在麦场中央铺一层麦草，上置碌碡（除柄），头朝北（产地方向），其前煨桑，献油炒面（祭品）并撒少许于其上。叩头祷告：“碌碡噜噜，千石千石，碾场辛苦，为民造福。”对辛勤劳动了的碌碡表示谢意，祝愿碌碡安卧，待来年大丰收。

祭毕全家吃油炒面。[①] 20 世纪 50 年代之后，随着土族地区水利设施的改善，信仰意识的淡化，卧犁、卸捆、祭碌碡等传统生产祭祀仪式已不再举行，只有偏远山区偶有保留。21 世纪以来，随着农业机械化的普及，互助、大通、民和等地的土族地区翻地用拖拉机，播种用播种机，收割用收割机，打场用脱谷机，连枷、碌碡、镰刀、铁锨、爬犁等传统农业生产工具中，除了镰刀、铁锨小范围仍在使用之外，其他的工具已很少见了，而卧犁、卸捆、祭碌碡等传统生产仪式也已成为历史的遗迹，难以觅其踪影了。

畜牧业是土族的传统经济之一，土族人擅长养马，他们对畜牧业生产中草料的加工、综合饲料的配制、牲畜的喂养和疾病防治等有一定的科学认知。土族人训练走马的技艺也较精湛，过去，汉族人养走马多请土族骑手替他们训练。

明代以来，土族人民在开展农牧业生产的同时，又利用当地的各种资源进行手工艺生产，形成了许多独特的传统手工技艺。据《秦边记略》记载，保安堡（今青海省黄南藏族自治州同仁县）“其地产金、褐子、氆氇。堡皆土人。”[②] 可见，早在明清之时，土族人民就已掌握了织褐子、氆氇、口袋等纺织技术，土族地区已经有比较发达的家庭手工业。清代，土族妇女用牛羊毛等原料加工纺织品已相当普遍，而且主要由妇女操作。

过去，土族人无论男女老少，都会用纺锤纺线。土族地区有织匠和毡匠，织匠用织布机织褐子和山羊毛大口袋，其褐子的防雨性较好。毡匠制毡时，先将芦苇席子铺在地上，将松散的羊毛均匀地平摊在上面，用热水浇湿，然后将席子上的羊毛卷起来，来回滚动很长时间，以使羊毛缠结，晒干后就可使用。此外，土族的皮毛加工技术也较为精湛，他们先将绵羊和山羊皮洗好，刮去油脂，将皮子晾干。然后按每张皮子一把盐、一磅（约 0.9 斤）面粉、一块用来酿酒的发酵物的比例浸泡到陶罐里，夏天浸泡 14 天，冬天 21 天。浸泡完后，在河水中洗干净，阴

① 朱世奎：《青海风俗简志》，青海人民出版社 1994 年版，第 288 页。

② （清）梁份著，赵盛世、王子贞、陈希夷校注：《秦边纪略》，青海人民出版社 1987 年版，第 44 页。

凉处晾干，就可以用来剪裁和缝制衣服了。

土族妇女的手工刺绣品十分精美，其技艺传承有着悠久的历史。据民和三川土族《张氏族谱》记载，张儒廉的妻子“苦于纺织”；《贾氏族谱》记载，贾福畅的妻子剌氏也“苦于纺织”。[①] 土族妇女擅长刺绣，她们的绣法多样，技艺高超，在青海地区享有盛名。土族妇女常用的绣法有平绣、盘绣、锁绣、网绣、剁绣等，各种绣法风格迥异、姿采生动。其中，盘绣是土族妇女所创造的传统的民族刺绣技艺，技法精湛巧妙，复杂多变，不同于其他民族的刺绣技艺。

土族刺绣以其鲜明的特点被誉为西部高原乃至我国众多少数民族刺绣艺术中的一朵奇葩。刺绣技艺的高低是土族人评价妇德的标准之一，民间相亲看女子往往是“一看茶饭、二看针线”。因此，20 世纪 80 年代以前，土族姑娘从七八岁起就开始学习刺绣技艺，从小就练就了一手好“针线”，以刺绣技艺高超而闻名于当地。土族刺绣在运用的材料、绣法和表现题材等方面深受周边汉、藏等民族的文化影响。如运用的布料有丝绸、自制手纺棉粗布、斜纹布、条绒布、绒毛布等，颜色大都以黑、红、蓝三色为主，以便衬托色彩绚丽的线绣图案；运用的线有丝线、棉线、铜丝线和金银捻线等。平绣是土族民间刺绣中最常用、最主要的绣法，它是先将设计好的图案用硬纸剪成“花样子”，固定在绣布上依样绣出，特点是针脚细密，线条紧凑，多用来绣枕顶、围肚、针扎等，多见于花草鸟兽等精细小巧之作。锁绣用的是平针绣法，主要用于绣件的边缘加固，既有锁链的作用，又有花边装饰作用，其图案有锯齿形、网状锯齿形、“品”字形等。切针绣是每绣一针间隔一针，每针的长度根据物件需要确定，但始终要保持同等距离，绣出的效果像一条虚线，一般在较细的叶脉、花瓣上作装饰，还有在图案边缘的装饰和绣件的连接固定上也用此法。剪贴绣是将有颜色的布剪成各种图案，贴在绣布上，用扣针紧锁边缘，佛像、佛幢多用此绣法。

土族的刺绣图案种类多样，内容丰富，多用在腰带、衣领、鞋面、烟袋、筒袖、针扎等衣物和装饰品上。如居住在互助东沟乡一带的土族青年，胸前大都有一块四寸见方的刺绣图案，上绣“太极图”“五瓣

① 《土族简史》编写组：《土族简史》，青海人民出版社 1982 年版，第 47 页。

梅”“转魁子”等。在长腰带和裤带头上、烟包、衣领上，一般绣有一种四方连续图案，叫“富贵不断头”，既具有民族风格，又非常华丽。过去，民和土族妇女喜欢勒花围肚，上面绣有“孔雀戏牡丹”“寒鹊探梅”“石榴花”等图案。此外，土族刺绣也用于佛像、幢幡等的制作上，如互助佑宁寺珍藏的“十八罗汉”“四大金刚”等大型绣像是土族妇女精心绣制而成的珍品。总之，土族刺绣品做工精细，构图饱满，纹样古朴，形象生动，色彩鲜丽，寓意深厚，充分体现了土族妇女的艺术才能，同时也反映了她们的生活理想和独特的审美情趣。

盘绣是土族刺绣艺术中的一颗璀璨明珠，它是互助地区土族妇女世代传承的一种古老而传统的民族刺绣艺术，具有鲜明的民族特色和深刻的文化内涵。土族妇女的盘绣技艺精湛巧妙，复杂多变，其技法不同于其他民族刺绣艺术中的盘花技法和用缝纫机工业化生产的盘花，在用料、色彩搭配、针法、图案构思等方面有一些独特的讲究和做法。盘绣用料考究，加工精细，一般采用黑色纯棉布做底料，以利衬托。面料选好后，根据需要剪裁，然后用糨糊裱糊成3—5层，面料的裱糊层用新旧棉布均可，要求布纹较粗，便于穿针引线。盘绣的布料不能用单层面料。盘绣是丝线绣，选用的丝线要上等，颜色为红、黄、绿、蓝、桂红、紫、白七色。色彩的搭配可根据所绣饰物而定，但一般来说七色俱全，配色协调，鲜艳夺目。

盘绣的针法十分独特，为土族独有，其针法为：操针时用一根绣花针，两根色彩相同的丝线，其中的一根线做盘线，另一根做缝线。土族妇女盘绣不用绷架，而是直接用双手操作，左手拿布料，右手拿针，做盘线的线丝挂在右胸衣服上，做缝线的丝线穿在针眼上。走针时，把盘线盘在针上，当针抽上来后，用左手大拇指压住线，用右手针缝压。就这样上针盘，下针缝，按图案线路，一针二线，使2毫米大小的圈圈均匀排列在缝线上，像无数串葡萄展现在布料上。盘线要求严密平整，缝线端正结实。盘线似一般刺绣技法中的豆针绣，缝线似一般刺绣技法中的直针绣，但它又是由密集的豆针绣组成。完成整个图案，似一般刺绣技法中的三重或五重豆针密绣。盘绣虽然费工费料，但其成品厚实华丽，经久耐用，可以几年甚至几十年不褪色，不松线，是刺绣品中的珍品。

盘绣的图案构思十分奇特，具有浓郁的土族风格。盘绣的图案和花样有几十种，如有法轮（土族语为“扩日洛”，意为地球）、八宝、太极图、五瓣梅、神仙魁子、云纹、菱形、雀儿头、富贵不断头、孔雀戏牡丹、狮子滚绣球、鼠拉葡萄、寒雀探梅、石榴花、人物、佛像及十二生肖等。盘绣对图案纹样有严格要求，其绣品中虽有单一图案的，但多数是将几种图案同时用于一块盘绣品上，如此一来，所完成的绣品内容丰富，结构严谨，色彩鲜明，给人以很强的层次感和色彩感，具有较高的收藏和观赏价值。盘绣主要用来装饰服装，重点装饰衣领、袖口和下边、前胸、腰、腹、胯、脚等部位。装饰服装的盘绣品有腰带、衣领、围肚、胸饰、烟袋、钱褡子等。现在，土族盘绣艺术的适用范围已从服饰扩展到对房屋、用具的装饰，如门帘、窗帘、盘绣壁挂、沙发背布、大型佛像等。

二　饮食民俗

土族民间传统饮食文化是在历史变迁中发展起来的，其饮食结构变化经过了从畜牧业提供的肉类熟食及其乳制品发展为农产品加工的面食品。在土族的传统饮食中，其畜牧业饮食遗迹仍有留存，如“羊头献客”“西买尔”“斯拜都拉斯”“托斯沓立嘎”等。土族在长期的历史发展中，不断学习、汲取周边其他民族的饮食文化，创造了丰富多样的民族饮食文化。土族的传统饮食品类繁多，可分为日常食品、节日食品、儿童食品及饮料；制作工艺复杂，有烙、煎、蒸、熬、拌、炸、搓等。色味方面除自然色味外，更多地采用姜黄、红曲、苦豆粉及油、花椒、胡椒、大料、姜片、盐等作料，以增加食品的色味度。

从油炸食品来说，土族民间仍在传承的食品有普适佐、盘撒等。其中，“普适佐”为土族语，亦称“翻跟头”“牛肋巴”，是土族民间传统的节日油炸食品。其做法是将青稞面加水发酵，将发面擀薄，切成宽6厘米、长21厘米条块，中间顺长切为10厘米缝，然后把一端从中缝翻过来，形如牛肋骨，炸之即成。民和三川土族的“普适佐”有好几种，春节期间炸的主要有二种：“熟过普适佐”（即大“普适佐”），其做法是把发面调和揉匀，把面团揉成弧形长条，表面抹上清油，然后切成1厘米左右薄的5个齿条，中间把齿条均匀掰开，两头一捏齿条凸起放到油锅炸熟；一般普适佐，其做法是将发好的面擀薄，中间切两刀，然后抓住一端，将另一端从中缝翻上，下入油锅炸熟。盘馓是土族传统油炸炸食品，其做法是用麦面加水、油、花椒汤和之，稍发酵后搓成60厘米长圆棒，如拇指略粗，两头相接，盘成4股，长12—15厘米，炸之即成。是春节待客或馈赠亲友的佳品。

从烤制面食来说，土族人常吃的有“沓呼日”，民和土族称为“困锅”。其做法是用青油、盐水和面，擀面薄圆饼，先烙后烤即成，其形黄而脆，内酥而软，色香味俱佳。互助、同仁等地土族制作“沓呼日”馍时，在庭院或麦场上煨堆大火，燃尽成火灰后，扒开摊平，放进“沓呼日”面坯，其上盖火灰，焖熟即可。民和土族则是将封闭式的“困锅”铁锅埋进做饭后的草灰中，让草灰余热将其烤熟。此外，烫面烙饼和哈力海也是土族待客的佳馔。家里来了尊贵的客人，民和三川土族往往会做烫面烙饼招待客人，其做法是用开水烫面，擀成薄片，撒上香豆粉和清油，卷起后又摊平，将锅烧热倒上清油烙成，酥软可口。哈力海，土族语，意为“荨麻”，是以荨麻为原料制作的一种面食。互助、大通等地的土族人招待客人时，大都用哈力海馍款待。做荨麻饼时，要先采荨麻嫩叶，晒干研成粉备用，然后将荨麻粉放进适量水中煮，待水变浓绿色，加青稞面熬成绿色面糊，加石葱花等作料，另烙白面薄油饼，卷荨麻糊即可，味美可口，香气扑鼻。

从粗粮面食来说，土族人常吃的有搅团、苞谷面糊糊等。制作搅团时，先把水烧开，徐徐加豆面或青稞面，用擀面杖不停地搅拌，不使结块，直至黏糊状，然后沿锅边加水少许焖一会儿即成，加菜梢子、蒜泥、酱水、辣子等调味品，佐萝卜丝、青菜等凉菜，色香味俱佳，系风味食品。20世纪90年代之前，民和三川土族早饭一般吃苞谷面糊糊，土族语称为“着儿麻”，其做法是先将水烧开，放洋芋疙瘩，然后徐徐倒入玉米面，搅匀煮熟，即可食用。

从节日饮食来说，土族人仍保留的传统食品有油面馄饨、熬饭、猪头肉、麻哈方子等。油面馄饨其实就是油面馅的饺子，一般在正月十五和正月二十晚上食用。其制作方法是在碎馍馍渣或熟面中拌入适当清油、胡麻、葱末、花椒粉、盐等调味品，然后擀皮，包成老鼠形状，下锅煮熟，味道清香可口。正月十五，土族人包馄饨时往往要包进两枚铜钱，谁的碗里舀上有铜钱的馄饨，预示着在新的一年里会有好运。土族人认为正月二十是庄稼的生日，这一天晚上做油面馄饨时还要在油馅里掺放各种麦粒谷物，并将剩下的馄饨喂给家畜吃，以示庄稼是养人养畜之宝。熬饭又称为“烩菜”，其主要原料为土豆块、萝卜块和肉汤、猪肉或羊肉煮制而成。土族群众在喜庆佳节、婚丧嫁娶之时，都会煮熬饭待客。

大年三十晚上，民和土族有吃猪头肉的习俗。猪头烹调时要用白水囫囵煮，除了盐，基本不放其他调料，煮好后要在八仙桌上献供，然后才可以切开。全家人围在热炕上，蘸香醋和辣子吃。由于年猪是自家养的，猪头肉肥而不腻，十分鲜美。“麻哈”为土族语，意为“肉”，“麻哈方子”，意为“大肉方、大肉块”。土族人民过年过节或其他隆重节庆时，用大块猪肉招待客人，按木盘大小切一整块猪肉，一般2—5斤，不加任何调料，上插一把五寸刀，让客人自己动手割食，因此人们又习惯称“手抓大肉”。此外，土族婚礼中，男家要专门给女家长辈和宾客回敬“麻哈方子”，以表示两家圆满结成骨肉至亲。

从饮料来说，土族人常喝的有茯茶、奶茶、面茶和酩馏酒。茯茶又称“熬茶”，是将水烧开，放入砖茶茶叶和盐，讲究些的人家还要放姜、花椒等作料，熬制片刻即可饮用。奶茶是用茯茶和牛奶做成的饮品，先取适量砖茶放入一壶冷水中烧沸，再将挤好的牛奶倒入壶中再次煮开，有些老人喝时还要放酥油，香醇可口又有营养。面茶是将面加油炒熟，加水熬成糊，调香料即成。

酩馏酒又称为“酩馏”“酩馏子”，是青海汉族、土族民众用土法酿造的低度青稞酒，乙醇度在30度左右，酒味香浓醇正、绵甜柔和，是青海各民族春节期间迎宾待客的上品酒类，也是拜年时携带的体面礼物。过去，河湟地区民间酿酒之风极盛，尤其是土族人家，几乎家家都有酿酒的习惯，土族家庭妇女大都是酿酒高手。酩馏酒酿造简便，其工艺流程大致是：先将选好的青稞浸湿碾去外皮，簸净，去杂质，入锅煮熟，直到青稞裂口开缝后，沥出风凉，加适量水，配以酒曲，调和均匀，装入瓷坛或缸中密封，盖上棉被等物进行发酵。发酵时保持恒温，以手摸缸壁不凉为宜，一般将温度控制在15℃左右最为合适。发酵时间随季节而定，夏季5日至7日，冬季8日至10日即可。然后将发酵好的青稞原料，加上草药装锅，加水煮沸，经文火升温，煮沸的蒸气通过蒸馏管进入冷却缸进行冷却，冷却的酒液经导流管装坛，即可饮用。但土族民众酿好酩馏酒后，常常将其密封在瓶内埋入地下，过一年半载后取出添满酒再埋。添加两三次后，瓶中的酒变为浅黄蜜状流汁，酒味浓郁，香气袭人，饮后令人心旷神怡。在各类白酒没有大量流入青海之前，酩馏酒是土族民间最常用的酒，现在只有极个别人会在过年前酿造一些，来招待客人。

从饮食习俗来说，过去，土族人举办红白事时，要设圈圈席来招待宾客。圈圈席一般设在庭院转槽周围或花园等避风暖和的地方。设席时，地上铺一层胡麻草或麦草，用木板支成“条桌”，来恭喜或吊唁的宾客在“条桌”旁围坐成圆圈就餐。喜事圈圈席头道饭是锟锅馍、“普适佐”及茶。第二道饭是“烧麦”（菜，油包）及茶。第三道敬喜酒，每人一碗酩馏酒，主人表示歉意和祝愿，众宾客当面致谢后用无名指蘸酒向空中弹洒 3 次，以谢天地众神，然后连饮 3 次，谓之“典朱松巴”（意即吉祥三杯酒），不饮酒者可转敬长者或能饮者。此时，大家相互敬酒，猜拳行令，唱宴席曲，热闹非凡。第四道饭是“面其”或熬饭，宴席达到高潮，执客们热情敬酒，客人们也相互敬个不停，吃罢饭的客人如把空碗搁在桌上，会招来更大麻烦，不仅盛满饭菜，还要高高垒些馍，“吃不了兜着走”，有被倒进帽子里的危险。席终时给每位客人带回送礼（4 个油炸“普适佐”），圈圈席结束。丧事上加酥油或青油炒面、油包子、大米甜饭，一般不动荤不饮酒。

从饮食禁忌来说，土族人禁食奇蹄牲畜肉。除马、驴、骡等圆蹄牲畜的肉外，土族还禁食猫狗等的肉。此外，土族在接待客人时忌讳用有裂缝的碗给客人倒茶，忌讳在客人面前吵架或打骂孩子，给客人端茶饭时必须用双手递送到客人手中，否则被认为失礼。民和地区的土族还有在端午节忌饮端午水的习俗，民间认为，端午是蛤蟆洗澡之日，此日饮用泉水不吉利。

三　服饰民俗

土族服饰具有独特的民族风格。新中国成立之前，互助土族主要穿褐衣。“木尔格迭”，土族语，意为褐衣，是褐衫、褐褂、褐坎肩、褐裤等的总称，也是长褐衣的称谓。褐匠用细毛线织成宽约30厘米的褐子料，经过洗、踩、染，再加工，手工缝制成各种款式的褐衣。男女褐衫式样不同：男式褐衣多用白色褐料制成，饰有黑色或蓝色布边，有开衩和不开衩两种。婚礼上“纳什金”（即娶亲人）要穿不开衩大领白褐衫，取吉祥、避邪之意。女式褐衣多用黑羔毛线精制而成，式样为小圆领大襟，两侧开衩至胯部，除下沿外均以蓝布或黑布镶边，胸前饰有花边，四只纽扣。褐衣一年四季都可以穿，褐坎肩轻便耐用，是男女下地劳动时必备的衣着。土语称皮袄为“尼克”，是男子必备的冬装。羊皮熟制之后，缝成大襟皮袄、短皮褂或皮裤等，分挂布面和不挂布面两种。不挂布面的皮袄通称白板皮袄，是男子们劳动、当差时穿的主要衣服，白日为衣，夜晚当被盖。挂布或绸缎面的“沙仁尼克”（羔皮皮袄）、秋板皮袄、皮坎肩和皮褂等，一般作为礼服。男子脚穿“羌鞋”，依式样不同分为双楞子鞋和福盖地鞋，足蹬绣花袜或溜跟袜子。未婚姑娘梳长辫，扎红头绳，并系一片海螺片，头戴绣花头巾，小腿部分套着红色的“贴弯”。发辫的式样和贴弯的颜色，是区分已婚和未婚妇女的标志。民和三川地区的土族青年男子穿对襟上衣，外套青蓝坎肩，下身穿大裆裤，腰系两头绣花腰带，脚着虎头鞋，白布袜子。老年男子穿长袍衫子，土语叫“褡裢”，妇女穿绿色大襟夹袄，夹袄边沿镶黑布或花边，下身穿绯红百褶裙，土语叫“科儿磨”，裙边镶以黑布或花卉图案，裙前系一条红、绿、蓝等色布做的梯形围裙，土语叫“喡个”，腰前系花围肚，脚穿翘尖的绣花鞋。未婚女子束辫背后，上缀贝壳。

土族的帽子和头饰十分古老和独特。过去，互助和大通土族男子戴一种叫作“加拉莫立嘎”（土语，意为红缨帽）的礼帽，此帽用毡制成，形如蘑菇，下檐翻上，夏帽边檐用黑绒布装饰，冬帽边檐用黑羔皮装饰，帽顶连一绺红缨穗，相传是清朝帽的沿袭。式样更古老的加拉莫立嘎，形如喇叭，尖顶，红顶结系红缨穗，形似清朝的红缨帽。无论男女，互助土族都爱戴毡帽，男式毡帽多为白色，也有黑色的，翻檐前低后高，周檐或饰以织锦、黑绒布及素色花边，或不饰边，通称为“鹰嘴啄食”毡帽。女式毡帽多为棕色，也有白色的，翻檐高而平，周檐饰以黑绒布、织锦及金丝花边，也有在帽子后部织一白色圣贤魁子的，通称为“拉金锁”毡帽。

土族妇女的传统头饰叫“扭达”，奇特庄重，种类繁多，主要有：托欢扭达，也叫“干粮头”，系用白珠、珊瑚、烧石等缀成，正面形似圆饼，最为高贵和古老，为贵族的象征；绊绊切扭达（“绊绊切”，土语，意为啄木鸟），因其背面形状很像啄木鸟的羽冠而得名；捺仁扭达（捺仁，土语，意为细长），形似直立的三枚箭杆，又称三叉头；适格扭达（适格，土语，意为大），因形似簸箕而得名，又称簸箕头，是体形最大的扭达，沿边缀满杏黄色丝线流苏，是佩戴范围最广的扭达；加斯扭达其形状像一只铧，倒过来又像马鞍，又叫铧尖头或马鞍翘；雪古郎扭达（雪古郎，土语，意为凹槽漏），因形如房檐滴水凹槽而得名；加木扭达（加木，土语，意为汉族妇女），因形似汉族妇女的某种头饰而得名；[①] 索卜都扭达，因扭达上饰有一只银质凤凰，又叫“凤凰三点头”。黄南同仁县土族妇女的头饰叫“布特”，十分奇特，其形制与扭达有所区别。“布特由‘包头’‘佛经’‘箭袋’三部分组成。包头系一块布质排板，外缀有许多珊瑚、玛瑙、珍珠，阳光下闪闪发亮，光彩夺目。‘包头’缀于脑后碎发辫上，其下方30—40厘米处斜插一支饰花‘箭’，并用两束丝穗吊线将发辫固定在箭杆上。发辫下端盘起，象征‘弓’。梢端悬系一小排板，排板末端饰一银盾（碗式银饰）或‘美浪’（铜镜）。”[②]

土族服饰十分讲究刺绣和色彩，其腰带和围肚缝制十分精美。土族称腰带为“普斯尔”，花样繁多，较普遍的有达包普斯尔、托力古尔普斯尔、土尔格普斯尔等。其中，达包普斯尔是青年妇女的必备服饰，它是在长30厘米、宽15厘米的料布上绣上花、鸟、蜂、蝶、彩云等花纹图案，然后用8块绣花图案分别缝接的一条绿色宽带，系时一头吊于臀部，一头缠在腰间，从背后看上去，脚跟到腋下形成艳丽的百花图案。围肚分男女两种款式，男式围肚称为“缠腰子”，是在对襟坎肩左腋下合缝处接一块长45厘米，宽20厘米的方形绣花围肚。女式

---

① 朱世奎：《青海风俗简志》，青海人民出版社1994年版，第301页。

② 席元麟：《五屯土族地区历史与文化》，青海省社会科学“八五”规划课题，1994年10月，第53页。

围肚土语叫“朵朵儿”，是直径为20厘米的半圆形绣花围肚，缝在一块三角底部上。土族服饰色彩艳丽，其最醒目的、最美丽的服饰是土族人称为“秀苏”的七彩花袖衫。花袖衫是土族传统服饰，有着悠久的历史，据说是由古装演变而来，土族古歌《杨格喽》中就有对花袖衫的咏唱，“阿依姐的衣衫发宝光，天地妙用都收藏。红白蓝黑紫绿黄，万物全靠它滋长。”花袖衫是用红黄蓝白黑紫绿七种颜色的布或丝绸制作成套袖，缝于长衫上。花袖衫上的颜色具有一定的象征意义，一种说法认为黄、绿、蓝、红、紫分别象征五行，黑、白象征阴阳，①另一种说法又认为这七种颜色象征七色彩虹，因此，互助土族之乡得名为“彩虹之乡”。

土族服饰色彩艳丽，厚重古朴，蕴含着丰富的文化内涵。首先，土族服饰，是该民族在长期的历史发展过程中形成的足以表现其民族心理特征和审美情趣的综合性文化载体，是土族自我意识的表现，强调着其民族的内聚性和认同心理。其次，作为民族文化的遗存之一，土族服饰负载着丰富的历史文化信息，尤其是土族妇女的头饰，折射着土族历史发展变迁的珍贵信息。如有学者认为，土族“早期先民的游牧生活和重征战经历在头饰中均留下了模糊的集体记忆，‘马鞍头’‘羊腔头’曾经就是畜牧业生活细节的再现。”② 而从形制和配套的饰物来看，土族扭达和布特可能是由古代头盔、戎装和兵器等演变而来，是古代兵器的缩影或移位。就布特的形成而言，同仁五屯土族在历史上曾长期是军屯，后来才变为经营农牧业经济的民屯，在历史演变的过程中，他们将兵械作为崇拜物保留下来，并做成了日夜不离身的头饰，以示纪念。最后，土族服饰体现着土族人独特的文化意识和审美情趣，是他们传承民族文化的重要载体。土族民间流传着许多关于扭达、七彩袖的动人传说，如扭达是斩除恶魔王蟒的女英雄鲁氏太太留下来的，索卜扭达是土族女王丹阳公主遗留下来，而美丽的七彩袖是土族传说中的先祖可汗布勒用天上的白云、地上的绿纹、河水中的青纱、胸膛里的热血等制成的、送给妻子的衣衫，另一则传说则认为七彩袖是美丽的土族阿姑仿照

① 朱世奎：《青海风俗简志》，青海人民出版社1994年版，第302页。

② 曹娅丽：《土族文化艺术》，中国戏剧出版社2004年版，第61页。

天上的彩虹而缝制出来的。可以说，服饰是土族民族审美意识的重要体现，展现着他们对美的向往和求福趋吉的心理，是他们传统文化的重要组成部分。

目前，除了互助土族还保留有自己的民族服饰外，民和土族服饰已完全汉化。互助土族的服饰保留相对比较好，有些中老年妇女平日里喜欢穿自己的民族服装，而除了极少的老人穿深色长袍外，互助土族男子的服饰已基本汉化，只有春节、哪啷会、青苗会、花儿会期间，才有一些土族男子喜欢穿民族服装，而土族妇女有很多人喜欢穿民族服装。一般来说，常见的互助土族服饰如下：青年男子一般身穿小领斜襟长袍，外套黑色或紫红色坎肩，腰系彩色绣花长带；老年男子穿蓝黑色小领斜襟长袍，外套黑色坎肩，系黑色腰带；青年女子头戴插花毡帽或彩色花边的头巾，穿小领斜襟长袍，长袍的袖口为五彩袖，腰系彩带，背后垂着长长的达包普斯尔绣花腰带，鲜艳夺目；老年妇女穿蓝色或黑色长袍，不系绣花腰带。民和土族的民族服饰几近失传，只是 2004 年在三川地区举办的纳顿文化节中曾翻新过传统的妇女服饰，在春节和纳顿节上偶尔有人穿，平时很难见到。

第二节　人生仪礼

“人生仪礼是指人一生中几个重要环节上所经过的具有一定仪式的行为过程，主要包括诞生礼、成年礼、婚姻礼和丧礼。此外，表明进入重要年龄阶段的祝寿仪式和一年一次的生日庆贺举动，也可视为人生仪礼的内容。”① 土族人的人生仪礼主要有诞生礼、婚姻礼和丧礼，成年礼基本上与婚礼合在一起。因此，笔者主要介绍土族目前仍在传承的诞生礼、婚礼和丧礼，并简略涉及其文化变迁情况。

一　诞生礼

诞生礼是人一生的开端礼，包括求子仪式、孕期习俗和庆贺生子三个阶段，其中，庆贺生子是中心部分。过去，土族地区社会生产力水平

---

① 钟敬文：《民俗学概论》，上海文艺出版社 1998 年版，第 156 页。

低下，科技落后，人们企盼求子、孩子平安长大，因此产生了许多与生育有关的习俗。互助、大通等地土族有向龙王、娘娘求子的习俗，而民和三川土族有清明节向祖先、纳顿节向二郎神求子的习俗。如心愿得偿，则必须向神灵和祖先还愿，否则据说会招致祸患。土族妇女生孩子后，要调养身子、哺育婴儿一个月，土语称为“洒拉·骚”，意为“坐月子”。土族妇女坐月子有一些禁忌，如外人不得随意入家门，不许产妇出房走动，饮食也颇多讲究。看月子的人多是妇女，一般不许进月婆住房，以防母婴被邪祟所侵，带来不必要的麻烦。大门旁要贴红纸以忌门，生男孩子贴门左边，生女孩则贴门右边，外人见了自觉回避。同仁地区的土族人家有新生命诞生时还在房顶吹响海螺，以告知天地诸神以及村庄各户有婴儿降生。

如果新生儿是男孩特别是家中的长孙时，互助、大通等地的土族要举行骑牛礼俗，土语称为“夫果尔·夫尼”。届时，全村老小将新生儿的爷爷请来，先给他化妆，让他反穿皮袄，眼挂萝卜圈“眼镜”，嘴叼长麻杆“烟锅”，倒骑犍牛。人们前呼后拥，在村巷里转悠，取乐逗笑，还“逼”其答应举行满月仪式，宴请宾客。新生儿的爷爷连连向众人许愿、讨饶，大家的要求得到满足后才肯罢休。

新生儿满月时，土族人家通常要举行隆重的仪式。一般在满月早晨取名，由家长煨桑、点灯、上香、请长辈上炕就座，献上馍茶，此时母子先向家堂神位磕头，再向长辈磕头，给孩子讨名字。长辈从碟里取两个馍和钱等送到孩子怀里，给孩子起名。母子又一次磕头致谢。过去，土族民间起名的方法大致有四种：一是用神名取名，如巴嘎尔、丹欠、山神保、龙王保等；二是根据长辈的年纪命名，如六十九、八十三、吉然索、那彦等；三是根据生时月份命名，如正月花，八月保等；四是用植物名命名，如芙蓉花、灵芝姐、梅花、菊花等。起官名（学名）一般要到入学年龄，让启蒙老师或识字长辈取名。现今，互助、大通、民和等地的土族官名与小名基本合一，且在满月时由家中长辈取，其官名大都是汉语名，同仁地区土族的官名和小名大都是藏语名。

满月这天，亲戚好友、左邻右舍要纷纷前来祝贺，祝贺者一般拿馍馍、衣服、毛毯、婴儿用品、红包等物品，而孩子的外公除送馍馍外，还要给母子各一套（件）衣服，给婴儿一只银质长命锁或银镯做贺礼，并给侍候月子的婆婆一件衣服（料），表示谢意。这一天，主家要设宴招待来祝贺的宾客，大家猜拳行令，热闹非凡。

过去，土族地区经济、文化十分落后，没有医药卫生条件，若遇婴幼儿患发烧、惊厥之类疾病时，土族人不是求神佛保佑，就是用“冲邪避煞”民间俗信方式“治疗”，土族语称为“穹其·阿吾”。届时，祷告神灵后，在大门前燃一堆专从喜鹊窝上拆下的干柴棍，炼锡铁，绕患儿头顶三次，每次绕左3圈右4圈，并把炼锡铁倒入水盆，形成奇形怪状。民间认为此乃侵害婴儿的鬼怪、魑魅。经此冲邪避煞活动，就能除鬼魑邪祟，保婴儿平安无事、化凶为吉。此外，如遇婴幼儿惊厥、昏迷或啼哭不止等症状，土族民间则认为是灵魂离体所致，故要举行招魂活动，土族语称为“苏捏斯·道达”，俗称“叫伴儿”。土族人给婴幼儿招魂的方法大致有三种：一是黄昏时候，让一人用患儿衣服包一个馍，抱在怀里，从大门外边撒馍，边往患儿房里走，不停地呼叫：“某某，家里来，来吃奶、吃馍喝茶，爸爸妈妈叫着呢，不要害怕了，回家来！”另一人随后应声：“来了，来了，三魂回来了！”如此反复叫应，然后到患儿身边，让患儿吃一口馍，叫一声“来了”即可，衣馍置其枕边。二是晚饭后，在灶神前点灯、插香，锅内注清水，投3枚红枣，擀杖系一根红线，搅水，呼叫患儿之名，请其回母怀抱中来，搅左右各3周后将擀杖横置锅口，等第二天清早看锅内红枣，相聚表明魂已招回，否则魂未归，如此三次方止。三是在晚上捏个面狗，埋于灶腔火中，待第二天早晨看面狗是否存在，若不在，说明魂未还；若在，又在其身上有焦点，则视患儿相应部位不舒服，及时招魂或以他法治之。现今，因土族地区文化教育、医疗卫生事业发展，婴幼儿患病能得到及时治疗，这种传统的俗信医治方法基本已见不到了。

土族婴儿满一周岁时，要像汉族一样举行抓周仪式。在孩子一周岁生日那天，家里的长辈要在神龛前煨桑、点灯、磕头祈祷后，给孩子换上全套新装。一般按男女性别分别准备抓周的物件，男孩子多半放书、笔、官印、刀、银币、玩具之类，女孩过去放针线、剪刀、食品之类，现在也和男孩子一样放书、笔、针线、口红、钱、玩具等。放在桌子上，让孩子随意去抓。民间以为先抓文具，则长大会成为识字人；抓住佛珠则出家当喇嘛；抓住银币则能发家致富；抓住针线剪刀等则成为巧媳妇；抓住食品则成为烹调高手等。

此外，互助、民和等地的土族，家中的长辈年过半百，就开始准备寿材或“斡东”（即灵轿）。寿材或灵轿做好后，要请一位活佛和若干喇嘛诵经摩顶贺寿，禳解灾祸，解除苦难。凡已举行过“喇嘛·加拉”贺寿仪式的老人，一般不参加劳动生产，不料理家务，不问世事，只诵六字真言，斋戒修身，行善干好事专修来世，以示超脱了尘世，祈祷灵魂升天堂，免遭下地狱之苦。

二 婚礼

婚礼是人生仪礼中“划时期”的仪礼，是社会发展必需的仪礼，世界各民族都十分重视婚礼。土族婚礼仪式繁缛，风格独特，自始至终是在载歌载舞中进行，是“歌舞剧”式的婚礼，其程序大致可分为提亲、定亲、娶亲、送亲、结婚仪式、谢宴等。互助地区土族人为子求偶，先请一位说媒的人带上两个锟锅馍和两瓶酒（瓶颈系一束白羊毛），到相中的女方家征询意见。若接受了馍酒礼，则表示同意考虑。然后双方商议择某个吉日正式定亲。定亲，土族语称为“浪胡尤力嘎”（意为交换喜酒）。择吉日，媒人和男家主人带上定亲礼：1 个针扎、1 块手巾，1 双鞋、16 只花卷馍、2 瓶酒（双龙抱柱式对瓶），用 60 厘米红布包起来，到女家共同确定子女的婚姻关系。女家要回赠用蓝布包着的两瓶酒，带回给族内人喝，一则表明为子求婚已定；二则请族内首肯此门亲事。

定亲后，两家即以至亲交往，每到佳节，男方家长辈或女婿前去探望，女子则与婆家人回避。过一段时间之后，择日到女方家去议聘礼。男方家主人同媒人拿砖茶、“浪胡波士”（赠给亲家母的长衫衣料）和酒、馍等礼物，女方家也要请本家亲房作陪。在商议彩礼时，也要征求姑娘意见，最后以双方都能接受为准，一般彩礼包括银钱即干礼、布匹、首饰三大类、大致是 40 至 80 元白圆，布 16 匹。民国初年，钱 24 串（每串 50 文），布 24 匹、首饰一副；富有之家多至钱 6 串、大洋 40 元、衣绸 16 匹。新中国成立前，钱不逾百元（大洋）、蓝黑棉布 16—18 匹（每匹以 5.3 米计）、银耳坠大小各 1 副，绒毡帽两顶、礼帽 1 顶、彩带 2 条、布坎肩两件，褐衫、褐褂、褐带各 1 件（条）。应女家要求，还可以用幼畜等所需物品顶替聘礼。女家对男家的回礼则甚为简单、普通，不过数个蒸馍而已。至多在举行婚礼时，给女婿一身服饰和视彩礼多少给男家长辈抬送适当礼物。[①] 现今，土族人的彩礼比较高，尤其是乡村，少至五六万元，多至十几万元，不包括三金（金戒指、金项链、金耳环），且要给女方家的每一位亲人准备一件或一套衣服，而女方家的回礼不过是几件家电而已，给男方家造成了沉重的负担。相对来说，西宁、县城的土族人彩礼相对低一些，不过两三万元，但要求男方有房子，结婚花费也是比较多。

男方家送足聘礼，娶亲条件业已成熟后，男女两方便商定娶亲吉日。土族婚礼分为女方家和男方家两部分。女方家是嫁女儿，有哭嫁、摆嫁妆、闭门迎亲、骂媒、苏瓦日、“罗目托日”、“夫热道达”等仪式。在娶亲前一天，女方家要设嫁女宴，本族、村邻、亲友携带蒸馍、衣料、鞋袜、礼钱陆续前来祝贺。新娘在嫂子、姑姨等至亲女宾的陪伴下，唱《哭嫁歌》，歌词内容以感谢父母养育之恩、赞颂兄嫂姐妹深厚情谊、表达离别的痛苦为主。中午，女方家在庭院中设“圈圈席”款待宾客，宴后举行摆嫁妆仪式，民和土族叫“抓手巾”仪式，即将陪嫁服装、首饰和给男方长辈抬送的针线一一摆开，让宾客欣赏。摆嫁妆仪式后不久，男方派媒人或一名长者代表主人送“麻泽”（待客肉礼），“麻泽”礼一般是若干羊肉或猪肉，一块肉方，血肠、面肠各一节。在送“麻泽”的同时，媒人还要通知娶亲的确切时辰。民和地区则是在娶亲的早上由媒人给女方家送去1只羊和48个大馒头。

傍晚，两位能歌善舞、擅长词令的纳什金前来迎娶新娘。过去，土族人娶亲时牵着马、带着新娘的上马服饰、酒和“妥若”（羊肉礼）。如今，土族人娶亲不再骑马，而是开着小轿车去娶亲，其中，不乏宝马、奔驰、奥迪等高级轿车。女方家的阿姑们早早守候在大门前，排成两行，手牵手前后摆动，唱婚礼曲《拉隆罗》。接过纳什金的所有礼物后，则举行关门迎亲仪式，一部分阿姑从屋顶向纳什金身上泼洒清水，一部分阿姑顶住门，从门道里唱土族古歌《唐德尔格玛》。纳什金隔门对歌，等他们圆满回答了问歌，阿姑们才开门请纳什金进去。

① 青海民族学院民族研究所：《西海风情》，青海人民出版社1995年版，第137页。

纳什金上炕就座后，举行骂媒仪式，阿姑们拥挤在窗前唱《尖尖玛什则》《你们拿来什么礼》《从哪里来的人》等歌曲，民和三川土族唱《老媒嘶果》（骂媒）、《莫日苦调尼嘶果》（骂牵马人）等，歌词风趣幽默，内容以赞美自家姑娘、戏谑娶亲人为主，气氛十分热烈活跃。唱完纳什金嘶果歌后，阿姑们提着盛饭的小罐，载歌载舞，来到纳什金前，唱《敬其子歌》，夸耀自己做饭的技艺和原料的贵重。纳什金先是奚落一番，等阿姑们发怒了，操起烧火棍，机灵的纳什金又和蔼可亲地唱起了赞歌。接着，就该举行"千佼日"仪式，即跳安昭舞，阿姑们将纳什金拉下炕头，拖到庭院中，逼纳什金领唱领舞，歌舞一直到鸡叫头遍才停止。

良辰吉日的早晨，要举行"苏瓦日""罗目托日""夫热道达"等一系列启程仪式。苏瓦日，即新娘改发仪式，举行苏瓦日时，常由姑母或伯母主持，伴娘将妆奁、首饰、衣物送到新娘跟前，并请新郎到闺房，让新郎亲手解开新娘的"泼罗加究"（女儿辫），将解开的红头绳拴在自己的脚脖子上，用男方送的木梳先梳三下自己的头发，再梳三下新娘的头发，意为"千里姻缘一线牵，结发夫妻永相伴"。然后解下红头绳，将梳子交给新娘的姐妹，让她们帮新娘改发更衣，梳妆打扮。新娘改发时，纳什金在门外扇动白褐衫衣襟，边舞边唱《依姐》《梳头歌》等婚礼曲。罗目托日是新娘留吉祥仪式，穿戴一新的新娘来到堂屋，坐在堂前一个铺着白毡的小桌上，伴娘将经卷、柏枝、油灯、红筷、牛奶、茯茶、白羊毛、粮食等象征财产与吉祥的物品，一一递给主持仪式的新娘母亲或女性长辈，主持人将这些物品一一在新娘头上盘旋，并依据物品唱不同的祝颂词。唱完后，举行新娘告别仪式，阿姑们用一块红毡抬起新娘，从屋内抬至庭院，绕"圆索尔"（圆糟、中宫）左右各三圈，然后将新娘送出大门，由一位长辈亲戚抱上马，请来"扬达尔"神箭（保护神，各家皆有，系长约30厘米的木箭，上系一条哈达和白羊毛），由新娘父亲或伯父擎在手，在新娘头上挥舞，同时呼唤新娘名字，呼唤其留下"阿扬"（吉祥），等新娘应声后，父亲立即跑回堂屋祈祷，又跑到新娘跟前，重复之前的动作，如此反复三次，新娘乘着马也回头三次，表示留下吉祥，并有留恋、惜别之意。在举行夫热道达仪式时，纳什金在一边扇动衣襟唱《依姐》。[①]

男方家的婚礼仪式主要有“斯木图斯乎”“合尼图斯乎”“托力贵吾介”“西乜其哇日瓦”和“排送排拉”等仪式。送亲人，土语叫“红仁其”，由新娘舅父、姑父、本族和本村代表、新娘的哥哥、姐姐、姐夫等十多人组成。当红仁其离男家一箭射程的距离时，男方家派两名代表前来敬图斯乎酒，宾主互相抢夺帽子等物，以备宴席间嬉笑取乐，叫作“斯木图斯乎”。红仁其快到大门口时，又派专人敬第二次图斯乎酒，同时拉一只白羊，称为“合尼图斯乎”（即牵羊迎宾酒），这是土族迎宾礼俗中最为庄重的礼节。到男方家门后，红仁其高唱《拉隆罗》，男方值事则在大门口设案相迎。新娘下马，左腋下挟红布包裹、内装五谷的宝瓶，由两位妇女在前拉着红白毡，跨进门槛。跨门槛时，新郎、新娘互不相让，争先跨越门槛，先跨进者为幸，认为先入者在婚后的生活中可占主导地位。进入家门后，新郎新娘并肩站在庭院中央的毡上，推举红仁其中的长者或德高望重的人充当主持人。他高举酒杯，朗诵祝词，举行“托力贵吾介”仪式（拜天地），新郎新娘依次向天地众神、帝王首领、父母尊长磕三个头。礼毕后，新娘到厨房在灶君前跪拜，并将宝瓶供在灶君神案上。尔后，入洞房，新郎揭去新娘包头巾，两人对坐炕上行交酌礼。拜完天地，请红仁其到客房，先以馍馍枣茶招待，男家主人和主妇敬酒问候。过后，由男家值事陪同，请红仁其到麦场上去，献给一个熟羊头（后来以猪头代之），让红仁其分享。在分食羊头肉时，给该村的姻亲阿姑、外甥们各留一份，用以馈赠礼物。同时，红仁其与男家值事分别代表嫁娶两方商议和核实对直系长辈（男女两方）抬送肉方子、哈达等事宜。

红仁其入席饮宴之际，还要举行“西乜其哇日瓦”和“排送排拉”仪式。西乜其哇日瓦，即答谢媒人仪式。先备齐酥油、炒面、酒、木匙等，酒瓶、木匙上必须系白羊毛，请媒人上前，披红挂白，主持人给媒人敬酒诵词，赞美其撮合美好姻缘的功劳，小伙子们则上前给媒人喂炒面灌酒，额上贴酥油，并高唱谢媒歌《西乜其哇日瓦》，场面热烈风

① 青海民族学院民族研究所：《西海风情》，青海人民出版社 1995 年版，第 142—144 页。

趣。排送排拉，即摆针线仪式，在庭院里设案，将女方家的陪送嫁妆和抬送针线全部陈列在案上，认众亲友观赏。红仁其中一主事人站在摆嫁妆的案前，高擎酒盅，代表女家向男家及众宾客交待嫁妆，高诵歉词，如“应当陪嫁三顶礼帽，因条件所限，只陪嫁了一顶；理应陪送银耳坠三四双，因财力不足，只陪送了两双……”所有嫁妆饰物一一数说一遍。接着按尊长顺序将男方家人一一请到众人前，敬酒、祝颂一番，送上一份“不像样”的礼物，表示礼薄不成敬意，恳请谅解。一般抬送给祖父母白毡、长衫，公婆枕头、鞋，兄嫂哈达、手巾等。抬送礼物的大小与聘礼多寡和经济条件有关。

摆完针线后，男方家族设宴邀请红仁其，主要内容为饮酒、唱宴席曲、跳安昭舞。如果红仁其中有著名“道其”（歌手），吸引方圆十里内外的人都赶来参加赛唱，一旦遇上高手，则对唱起来，常常通宵达旦。婚礼的第二天早晨要举行“尕都拉斯”，土族语，意为“鸡蛋酒”，把红仁其们从下榻处请来，使其喝醒酒汤，即用温酒加蛋花做成的汤。在喝醒酒汤时，宾主互敬互让，同唱婚礼曲《的尕迭》，合唱、独唱均可，一般不拘于形式，歌词内容以泉水为喻，从结亲设宴、宾客临门至宾客开怀畅饮等。喜酒喻为用各种鸟蛋酿造的美酒，敬给诸宾享用，以示结下了深情厚谊，如敬给红仁其孔雀蛋酒，敬给媒人麻鸡蛋酒，敬给纳什金布谷鸟蛋酒，敬给值事库官老鹰蛋酒等。红仁其们从男家启程之前，设饯行宴会，说明婚礼程序圆满完成，嫁娶双方称心如意。宴席的最后一道饭是臊子面，即启发面。红仁其刚端上启发面的饭碗，门里门外已拥来许多人，手捧着酒碗，放声唱起《海姐》歌，表示欢送。红仁其一听到歌声，立即告别新嫁娘起程，唱《海姐》的人们要给每个红仁其敬三杯酒，即出门三杯酒，表示吉祥如意。红仁其出门骑上马后，向男家索要“适达强”（上马三杯酒），百米路上往返跑三趟，每跑一趟要敬一次酒，气氛欢快热烈。

婚礼结束后，男女双方要进行礼节性拜会。首先，在姑娘出嫁的第三日，娘家父亲第一次正式探望新亲家及女儿。这天早上，男方家举行新媳妇下炕仪式，即让新妇端一升白面，上放若干元钱，送到厨房，婆母嘱告家训，即如何做一个贤妻良母、尊老携幼等后，新媳妇初次下厨房做饭——擀长面。等亲家（新媳之生父）临门时，在门口设案，陈列着“西买日”、枣盒儿、“失迭玛迭尔格”、牛奶、柏枝、酒等吉祥物隆重相迎。这一天，以丰盛的饭菜热情款待亲家和作陪的本家亲属。最后一道饭是新媳妇做的长面条，敬给所有宾主，吃后不许退回空碗，每人在自己的碗里放钱或红枣等，向新媳妇表示谢意。这个过程中由一人代表新媳妇要挟长辈们，提高压碗钱，高喊“锅溢了，快付钱，不付不让吃，烂在锅里捞不起”，所以人们常诙谐地称为“吃馆子面”。下了面的第二天，由一位嫂嫂陪同新郎新娘回门，新郎正式拜望、相认女方本家至亲，见面礼一般为馍、茶等，回赠新郎新娘钱或红枣，给新娘还赠一条白布巾（凡阿姑们从娘家返婆家时，必须送一条白布巾），当日返回。至此，婚礼完满结束。①

土族婚礼有地区差异，民和土族的婚礼与互助土族婚礼差异较大，其主要仪式有“郎活吾嘎”（喝定亲酒）、认亲、告户、哭嫁、收客、骂媒、抓手巾、阿合亲娶亲、闭门迎亲、骂喜客、新娘上马、给数儿、新娘坐金斗银升、上当起拉、新人拜堂、告席、值户敬酒、谢媒人、谢娘恩、举行婚宴等仪式与活动。过去，土族人结婚一般在农闲时节的腊月，现今，不再局限于腊月，考虑到上班的亲戚朋友们的时间安排，五一、十一等国家法定节日结婚的比较多，且城市里的土族人结婚往往是在城里办一次，在老家农村又办一次。其结婚仪式与过去相比也简化了许多，以民和土族为例，新郎、新娘结婚时不再穿传统的结婚礼服，新郎穿西服、打领带，新娘穿西式的白色婚纱，敬酒时再穿一套红色礼服裙。新娘家也举行“郎活吾嘎”（喝定亲酒）、认亲、告户、收客、骂媒、抓手巾等仪式，但新娘已基本不哭嫁，这在过去是让人笑话的，但现在的土族姑娘已不会哭嫁了。骂媒、骂喜客也是象征性的，不像以前那样厉害，喜客给阿姑们的小礼品是红包，不像过去给缝衣针、分分钱。新郎家繁琐的仪式也有所简化，坐金斗银升、上当起拉、拜堂、谢媒人、谢娘恩、值户唱道拉敬酒等仪式却仍然保留着。此外，过去土族人是骏马迎亲，现在是用小轿车。

---

① 青海民族学院民族研究所：《西海风情》，青海人民出版社 1995 年版，第 138—151 页。

三　葬礼

从丧葬类型看，互助、民和与同仁等地的葬式不尽相同。互助土族一般采用火葬，民和三川土族用土葬，同仁土族实行土葬或火葬。以民和土族为例，喇嘛死后用火葬，产妇去世用火葬，小孩夭折用天葬或水葬，其余人实行土葬。自杀身亡的人，一般不举行隆重的葬礼，也不能进祖坟。暴病在外的人，尸体不能进家门，只能在门外建一个临时帐篷，灵堂设在帐篷里，出殡后可以葬入祖坟。

民和土族的葬礼仪式主要有备丧、治丧和出丧三个阶段。在土族地区，年龄一过60岁，老人们就开始给自己准备寿衣、寿材。寿衣又称为“褡裢”，一般选闰年闰月缝制，采用缎布料，男子寿衣有长袍马褂、内衣、鞋袜、礼帽等，女子有棉袄、长袍等。内外衣5套或7套，可多至13套，依经济条件而定。内衣用红布料，忌绿色线及绿色布料。寿材也是选闰年闰月做，形制与汉族相同，用松柏柳三木制作，棺材外部绘凤描龙，材头灵位牌左右有金童玉女画像。此外，老人们还要准备白、红两色孝布、胡麻丝和晒干保存的花瓣，孝布、胡麻丝是届时给儿孙们戴，干花瓣要铺在棺材里。

当老人病重弥留之际，家人要为老人洗浴、梳理，还要请喇嘛诵经。人一旦去世，要请家伍中的全人收殓尸体、穿寿衣，所谓“全人”是指婚姻稳定、家庭完整、儿孙满堂的人，家里人用黄纸闭合亡人的双眼和嘴。土族忌讳带着金属物品下葬，因此，亡人的假牙、戒指、耳环等一律要取下来，寿衣上的扣子也不能用金属，必须用布料。寿衣要穿七件，上衣四件，裤子三件。在寿衣的袖筒上要放入7个小面饼，俗称“打狗饼”，土族民间相传阴间路上有饿狗挡道，须准备小面饼喂狗才能顺利到达阎王殿。

灵堂一般设在上房，上房的家具全要搬到外面去，墙上挂的字画也要全部收起来。上房地面上铺着麦草，正中间用门板支起灵床，将亡人头朝门停放在上面，身上盖黄纸，周围用黄纸或白纸围成1米高的帘子。灵堂前桌案上放两碗用熟面和青油拌面的颗粒状供品，土语称“卓阔”，上插筷子，中间点一盏长明灯，这盏灯不能熄灭，否则据说会让亡灵在黑暗中迷路。桌案两旁放纸扎的童男童女、花篮、仙鹤等。

亡者的女性亲属，如配偶、妯娌、儿媳妇、女儿、孙女等都要在灵堂坐着守灵，边唱“冤家依拉”（即哭冤家）追忆亡灵，一边痛哭流涕。从寺院中请来喇嘛则坐在上房的炕上，诵经超度亡灵。

备丧工作结束后，治丧工作便开始了。亡人咽气后，孝子先要向家伍的人报丧，家伍的人到死者家中时，要拿纸钱、“尚阔”（油炸的菱形薄面饼，专供祭祀亡人用）。家伍的人到齐后，要组成一个治丧委员会，由一名有威望、有经验、能干的人当总管，全权负责丧事和所有事务，孝子们除了提供治丧的费用外，只管在灵堂外烧纸守灵，与拜祭的人一同祭奠，跪拜亡灵，其余事一概不理。家伍选定总管后，便根据死者家庭用于治丧的费用制定开支计划，派人购置油、面、肉、菜、烟、酒、花圈等物，并从本家中轮流派人，拿上酒瓶及时向外家报丧，还要确定土匠（挖坟的人）。土匠的人数根据出葬的时间长短而定，一般派4—5人，如果亲房家伍中人数不够，庄户本家出动当土匠。不论谁家发生丧事，对不“吊丧”的人由本家罚一只鸡，不去送葬者罚一只羊。此外，家伍里还要派几名男性成员到亲戚朋友家报丧，报丧的人不进门，在家门口烧一张纸，喊一声“某某走了”即可。接到报丧的亲朋好友无论与亡者关系如何，都要拿着烧纸、花圈前来吊丧。

土族人用于丧事的油炸普适佐为两牙子的条形馍馍，要放在专门腾出来的小屋里，由一位年岁较大的女性专门管理，称为“巴库奶奶”，其职责是给客人拿馍馍，并按定例给前来吊唁送礼的人还礼。一般家庭用于丧事的馍馍为200斤左右，也有家族规模大的要用掉四五百斤面粉、五六十斤清油。普适佐由家伍中的青年妇女连续工作十几小时才能完成，她们还要完成做熬饭、煮肉、臊子面等繁重工作。

报丧中最重要的工作是向亡者的“外家”（男性亡者的娘舅家，女性亡者的娘家）报丧，报丧者要拿一瓶酒，在到达外家的堂屋后向神灵、祖先行祭祀之礼。外家接到报丧后，在死者出殡之日前来吊丧时，要带一女子“冤家依拉”。临近家门，外家的女子放声恸哭，孝男孝女全跑到门前，手拈香炷跪拜迎接。外家人烧过纸钱后，还要验视死者尸体，对葬礼提出要求，死者家族必须照办。如有死因不明等疑点，则暂不出丧，交有关部门处理。土族人认为外家是骨头的主人，在他们到来之前，不能自行戴孝，更不能下葬。外家吊丧后，要请到房间盛情款待。酒饭后外家抬孝布，孝子跪地，将孝布举过头顶，一人上前向外家敬一杯酒，用传统的丧词开白，代表东家将亡人一生的生平经历和功绩一一表述。来人中一人致答词，除了追忆亡人的功绩外，对孝子对亡人的赡养、抬埋等孝行表示感谢，开孝时外家每人折三尺白布。然后儿子戴白孝布，孙子戴红孝布，儿孙皆身缠胡麻丝线，丧家的妇女都要戴黑色头巾，遮住头发，治丧期间，孝子孝女都不能洗脸梳头。土族人讲究不能连着戴孝，若家伍中已经有人去世不足百天，其家人就算戴着孝，这次不能戴孝。

过去，土族人停丧一般是三至五天，现在基本都是三天。在治丧期间，要派人请喇嘛念“尕不定”经（为亡灵念三周经），晚上要吃尕不定搅团。办丧事期间，要请阴阳先生测算出丧时间、避让属相及一些忌讳事宜。出丧时，大孝子跪在棺材前，阴阳先生用针在孝子食指上扎出血，然后用黑水在棺材头上写亡人的名字，写完后，将用过的笔往外扔，家伍中的人都开始抢，据说抢到的人会有好运。出殡时，女相阿姑走在前面，一边哭冤家，一边撒着纸钱走向坟地，为送丧的人引路。大孝子抬棺材头，家伍的人帮忙抬棺材。抬棺材的人走得越快越好，棺材不能停留，更不能落地。棺材抬到墓地后，要围着墓穴沿顺时针方向绕三圈，之后，头朝北放在墓穴下方。孝子下到墓穴试洞，打扫擦拭，如发现有金属器物，必须清理出来。检查完后，人们用绳子将棺材放入墓穴中，并推入偏洞，然后盖上坟土，在坟前烧掉所有的花圈。亡人下葬时，其亲属全部跪在坟前烧纸焚香，痛哭流涕。下葬完毕后，众人返回亡者家，门口放一桶水，点燃一堆火，人们用清水洗手，跳过火堆才进家门。至此，丧礼结束。

丧礼结束后，还有一些祭奠仪式。民和土族要频繁请喇嘛到家念经超度亡者，一般要念七个“多郎”，即每隔 7 天请喇嘛到家念经，土族语叫“多郎”（第七个数）。连续请喇嘛念七个“多郎”的经，其中，五个多郎的费用要由女相阿姑们承担。百天还要请喇嘛到家念经，亲戚朋友也到家中吊丧。百天期间，每天都要去新坟烧纸祭奠。之后，每年的忌日都要请喇嘛念经，给亡人祈福，称为“过周年”。有些人家一念就是二三十年，直到下一辈有人去世才会停止给去世的长辈过周年。

第三节 岁时节日习俗

土族在岁时节日上虽采取了汉族的节日体系，但并不是全部照搬，而是按照本民族的社会文化基础进行了一些调整。一方面，他们对重点节日做了一些取舍，如汉族重视春节、端午节和中秋节，互助土族重视春节、“哸邦”会、青苗会和花儿会，民和土族重视春节和纳顿节，同仁土族重视春节和六月会等。另一方面，他们对汉族的节日习俗做了一些改造，如贴春联是汉族春节习俗的一项重要活动，但互助一些土族人家过春节不贴春联；正月初一凌晨举行祭“腾格热”仪式；受历史文化影响，互助索胡家、达霍家土族忌讳过中秋节，在中秋之夜还从灶膛拿一把灰向月亮撒去等。

一 春节节日习俗

“希尼·挪希吉”为土语，意为“过新年”。过新年是土族最隆重的节日，持续时间很长，一般从腊八一直延续到来年的二月二。土族一般是从腊八开始新年的准备工作，但他们也重视冬至，认为冬至是过去一年的结束，新的一年的到来，人的岁数要从这天起增加一岁，因此，有的地方要吃冬至添寿饭，主要是早上吃油饼和旗子，中午和晚上吃熬饭。这一天，土族男女青年还要进行蹬棍、打秋千等娱乐活动。冬至也是土族青年争相打秋千的日子，他们认为这天打秋千随着白天时间的增加，人的个头也会随之长高。

土族的腊八习俗也比较独特，颇具民族色彩。这天凌晨，家家户户要到河滩上背回几块冰立在果树或粪堆上，然后抱一堆麦草分别在地里、粪堆上和果树底下燃烧。早上吃麦仁饭，先供佛，后食用，抛洒麦仁饭给田地，还将麦仁涂在各类果树上，用木棍敲打树身，问道：“结不结果子?”旁边另一个人回答：“结—结—结!”过去，早饭后，孩子们要到野外祭祀山神和巴蜡爷（指专管蠕虫类的神）。他们从各家各户收取青油、面粉、香表、柴火，自己起灶炸小油饼，大家分享，并将剩余的油、面等做一锅油面疙瘩饭，舀一碗用树枝向周围泼洒一遍，口里祷告道“给天泼洒，给地泼洒，保佑挡羊娃平平安安。给山神泼洒，狼的眼睛里麻洒洒；给巴蜡泼洒，害虫不伤人畜和庄稼”。然后分吃油面疙瘩，烧香叩拜后回家。[①] 如今，这一习俗已消亡。过了腊八后，土族人就要开始操办过年的年货和儿女婚事，直到 20 世纪八九十年代，从冬至到腊八仍是土族娶媳嫁女的良辰吉日。

土族人每年都要喂一头年猪，一般是腊八过后就开始宰年猪，请吃年猪肉了。宰年猪时，除了煮大块肥肉外，猪肠里灌上油面、炒面、豌豆面及猪血，满满煮上一锅，把家伍请来，让大家吃个够。从冬至到腊月二十三，几乎每天都有人请喝酩馏酒，请吃年猪肉。

土族不过小年，但跟汉族一样祭灶神，土族叫“送灶神”。土族送灶神的日子一般是在腊月二十四。据说是因为某一个先人很穷，没能够在腊月二十三日同大家一起送灶，所以迟延到二十四日。土族的灶神外形与汉族不同，是在厨房正中的墙上用石灰点上一圈白点子，中间贴上黄表纸，象征灶神。送灶时供白面饼子、用麦草秆编的草马、豌豆、青油灯等，祷告完后把墙上的白点子铲掉，将草马烧掉，就表示灶神已上天走了，腊月三十，重新点上白点子，表示灶神又回来了。民和土族的灶神是女性，称为“灶爷妮妮”（灶爷奶奶），是在厨房东北角墙上用黄泥、白石灰涂一个圆圈，圆内贴有一张黄纸，上写“东厨司令灶君娘娘之神位”或“东厨司令之神位”，黄纸下绘有两匹灶马，还放着一块供板，用来点灯和供馍。过去祭灶时，要供菱形网纹的灶饼、糖瓜儿（用小米做成的饴糖）、豌豆、麦草、油灯和香，祷告其“见了玉帝进好言，下界多带吉祥保平安”。如今图方便，就供“普适佐”、水果、豌豆、梳子、油灯等，而且除了家里有六七十岁的老人，一般人家已不再举行送灶爷仪式了。

大年三十，要自觉归还平时借用的家具和其他物件，打扫房屋和庭院，在神龛前摆放供品，献酥盘（酿有红枣的大馒头），在大门和房门上贴对联、钱马。按传统习俗，这时除主人邀请外，一般人不得串门。傍晚，到祖坟上坟烧纸，晚上吃长面条，意为长寿。之后，全家人讲故事，猜谜语，饮酒唱歌，吃猪头肉，通宵达旦不睡觉。互助土族认为三十晚上睡着了魔鬼会来称体重，会让人倒霉一年或得病。过去，土族姑

① 朱世奎：《青海风俗简志》，青海人民出版社 1994 年版，第 346 页。

娘戴天头的仪式也在三十晚上举行。这一晚不能吵架，否则表示家中不吉祥。如今，土族人受汉族影响，年夜饭也吃饺子，大年三十晚上也看春晚。

凌晨，鸡叫第一遍后开始接神，在庭院中燃起一堆麦草火，在院槽或屋顶煨桑，各神位之前点灯，然后祭“腾格热”（土语，指长生天），迎请诸神下凡到各自位置。民和土族则在大门背后和畜圈点灯，畜圈点灯时还特意让女人开门，认为这样来年牛羊下崽多。迎神时，互助土族的家庭主妇还要从锅里舀上一勺茶、两枚红枣，向天空泼洒，以示敬神敬佛，然后给全家每个人舀一碗茶、两枚红枣，叫年茶。茶后青壮年登上山顶煨桑，放禄马，认为禄马放得越高，当年的时运越好。民和土族则去村庙进香祈福，回来后去祖坟烧纸，给祖宗拜年。天蒙蒙亮时，小孩和妇女们穿戴一新，给家里的长辈拜年，然后拿上一瓶酒去家伍和庄子里同姓的人家拜年，老人给小孩和新婚妇女发年钱。从正月初二到十五，到外庄及远处亲友家里拜年。

正月十五，土族人晚饭要吃肉馅或油面馅的馄饨，在馄饨里包上两枚铜钱，如有人吃到包有铜钱的馄饨，就认为其来年会有好运。等夜幕降临之后，大门口堆 7 个小麦草堆，点燃火把引燃麦草堆，全家老小连续跳三次火堆，以驱邪消灾，执火把者挥舞着火把，喊着“去了！散了！”将火把送到山顶或荒郊野地里，土族人认为送火把能驱邪，在新的一年中大吉大利、无病无灾。过去，跳冒火时，年长者观察火光色彩，如火呈暗红色，认为来年丰收在望；如火光发白，则认为来年会出现旱灾。跳冒火前，还要在各个房屋打醋弹，即在醋中放进烧热的石头，冒出热气，以消毒驱邪。

土族的春节娱乐活动丰富多彩，且有地区差异。过去，在互助地区，男女老少集中在宽敞的巷子或麦场上，踢毽子，打秋千，打毛蛋，妇女们常在场上拉成圈子唱歌跳舞，称为“道拉”，其实就是跳安昭舞。土族妇女打秋千的技术十分高超。现在，互助土族过春节主要跳安昭、转轮子秋。

民和土族春节期间则看喇嘛纳顿、耍“阳廓”。喇嘛纳顿于正月初五和初六日在朱家寺、文家寺举行，届时，喇嘛们有跳欠（跳羌姆）活动，表演的主要节日有《法王舞》《察汗考考儿》《阿杂拉》《多楚》

《巴吾巴莫》《乌鸦护法舞》等。“阳廓”是秧歌两字的变音，其实是土族社火，春节期间，从正月初七到正月二十九，民和三川地区的大多数土族村庄要轮流跳“阳廓”。各村“阳廓”队由“阿海”（灯官老爷）、旗牌、仲良（书生）、拉花姐、交子关、妖婆子、锣鼓手、小阿海等人员组成，参与表演人员均为男性。土族阳廓的角色和节目与汉族社火基本相似，也有白场和夜场。白场是先敲锣打鼓到村庙进香，然后到打麦场表演，边跳边唱民间小调。跳夜场时，先要龙灯、走旱船、唱灶火小调，然后在戏台表演《张良要赌》《彦贵卖水》《牧童放牛》《小姑贤》《八大光棍》等民间小戏。如今，朱家寺和文家寺的喇嘛纳顿仍每年举行，而土族“阳廓”自20世纪90年代中期以来就已逐渐停办，昔日“锣鼓喧天闹新春”的气象已不复再现。但从2012年开始，有些村庄逐渐恢复了要“阳廓”的习俗。如笔者在访谈中了解到，中川乡光明村村支书为了恢复村里停办了20多年的“阳廓”，积极向县文化部门申请，免费领取到了“阳廓”服饰，然后向村里在外工作和做生意的人募捐到了两三万元经费，将村里的“阳廓”队召集了起来，2013年春节期间在村里、邻近村庄和乡上表演，引起了轰动和好评。

正月十五日，民和三川地区中川乡民主沟和鲍家村要举行“来宝”活动。民主沟表演“来宝”的是一老一少，头戴面具，反穿羊皮袄，腰束彩绸。他们先和村民们一同到村庙祭祀村落保护神九天圣母娘娘和摩劫龙王，随后上村里的藏传佛教寺院元通宝佛寺拜年，向佛祖献舞，然后到各个僧舍和村里各家举行纳吉仪式。相比民主沟“来宝”而言，鲍家“来宝”表演人数较多，有十几个，主要角色有“来宝”爷爷、奶奶、儿子、儿媳、孙子、孙媳、重孙及畜群等，还有两个牧羊人“扎西”和“索南”及数十名敲锣打鼓、摇旗呐喊的青年人，他们先到鲍家庙上香祭神，在庙前的农田里举行春耕仪式，然后逐户拜年，驱邪纳吉。21世纪初，鲍家村的“来宝”进行了革新，吸收了村里年轻人参加，尤其是鲍姓未婚女性参加，人数增多，规模扩大，变成了沿街表演藏族歌舞的文娱表演队。除了春耕仪式还保留外，已丧失了其传统面貌。

近几年，民和土族地区还实行团拜会，各村从腊月到正月十五择日举行，主要是组织年轻人表演狮舞、藏舞、独唱、吉他演奏等文娱节目。届时，要请村里的男性老人们到戏台前就座，一边看演出，一边吃肉喝酒，由专人给他们敬酒。团拜会是新生事物，不仅丰富了农村的文化生活，还促进了村里和谐、团结的氛围，值得大力提倡。

二　青苗会与“哪哪”会

青苗会是土族迎神祈福、踏青护苗的传统节日，青海、甘肃土族聚居区的部分土族村庄按农事季节和传统习俗的不同于每年农历四月至六月间择日举行。该节日在不同的土族聚居区有不同的称谓：如民和三川土族称为“浪青苗”“青苗踏克”“青苗托日”等，其中，“踏克”为土语，意为“踩、踏”，“青苗踏克”意为“踏青苗”，“托日”为土语，“青苗托日”意为“转”，“转青苗”“巡游青苗”，两者称呼稍有差别，但意思大致一样；互助土族称为“斯过拉”或“过拉”，意为“转经会”“转山会”；甘肃卓尼县勺哇土族乡土族称青苗会为“神会”，意为“神的聚会”。此外，互助东沟大庄村二月二、姚马村三月三、索卜沟三月十八、东山大泉四月八等日举行的土族“哪哪”会，是由法师主持并全程参与的古老庙会，其目的是通过敬献供品、祷告祭祀、击鼓舞蹈等形式取悦神灵，祈求神灵保佑一年内风调雨顺、五谷丰登、村寨安宁、人畜两旺。因其活动以禳灾祈年、预祝丰收为主旨，大通、民和、湟中等地区举行类似活动，称为“青苗会”“香赛会”。笔者在访谈时，询问青苗会的相关事宜，互助当地的土族群众常误以为问的是“哪哪”会活动。

据调查，1958 年宗教改革之前，三川土族青苗会期间，各家都要出 1 名男性，到寺院背《甘珠尔》经，抬着庙神巡视村界。宗教改革后，寺院的经书被烧毁，背经活动也就终止了。改革开放后，有些村子的背经活动逐渐恢复，有些村子则就此终止了。据中川乡胡李家村的胡成辉老人说：“我们小时候，每年农历五月初九要参加村里的背经活动，胡家、李家、白家三庄的每户人家都要出一个人到寺里①背经，背

---

① 即胡李家村喇嘛寺，全名为“吉祥光华寺”，藏传佛教寺院，修建年代较早，宗教改革时被毁，1989 年重建。

经的路线是从寺里出发，从村北的峡口到汪家，再到二郎庙所在的吴张家，从吴张家到岗沟，从岗沟回到峡口，再到寺里①，大家吃顿饭后回家。“文化大革命”时背经活动停止了，改革开放后大家又开始背经了。这几年，如不去，社长还会罚香。”② 官亭镇的秦春生老人也说：“我们小时候也背经，还抬着二郎爷，1958 年村里的经被烧后，背经活动就没有了，二郎爷也不请了。”③ 现今，青苗会期间，大部分土族村庄是由大小牌头组织数十名男性村民，抬着庙神神轿，举着一对神旗，敲锣打鼓，放着鞭炮，从庙里出发，请庙神巡游地界。各村庙神均有自己的管辖地。因此，庙神巡游的地界与村界并不相符，实际上是其名义上的管辖区，也就是其祭祀圈，一般要巡游邻近好几个自然村。俗语说“踏过马路，占过地方”，庙神在青苗会期间巡游是明确各自的地域，不能跨界到别村的地界，否则会引起村民间的纠纷。庙神巡游，每到一个自然村村界，便要在场院中进行一次祭奠活动，沿途村庄的村民提供茶水馍馍，让其歇息打尖。到山顶的俄博处，要举行一次大的祭奠。因各个庙神的祭祀圈较大，巡游的路线较长，大都需要耗费一天或大半天时间，有些村甚至需要两天，如中川光明村，素有“朱家八户”之称，其地界包括朱家、汪石沟、四方、排家、二房、朱家城、上房、吴张家 8 个自然村，一天转不过来，需转两天。

现今，三川地区的嘛呢其们还延续着青苗会背经的传统活动，其活动被称为“青苗托日”“背甘珠尔”。嘛呢其各村都有，是村内 60 岁以上虔诚信佛、每天手持嘛呢诵经的老年人，以女性为主，也被尊称为“嘛呢其妮妮”（妮妮，土语，即奶奶）。青苗会期间，老人们先到寺里集合，然后从寺院里请上《甘珠尔》佛经，每人背一卷，手持柳梢和佛珠，口诵六字真言，按照固定路线巡游青苗地界，沿途村庄提供茶水，供其休息打尖，回到寺院后要背着佛经按顺时针方向绕寺院大殿三圈，然后将佛经放归原处，活动结束。

甘肃卓尼勺哇土族的青苗会隶属于冶力关以常爷大庙为中心辖区的

---

① 该路线与胡李家村过去的村界路线相符合。

② 访谈人：胡芳；访谈对象：胡成雄。访谈时间：2014 年 2 月 6 日。访谈地点：西宁。

③ 访谈人：胡芳；访谈对象：秦春生。访谈时间：2014 年 2 月 13 日。访谈地点：西宁。

青苗大会，是其六大分会的第六会，六大分会又管辖11个自然村寨，其组织体系称为“六会十一寨”，参与者有汉、藏、土等民族群众。每年农历四月至六月，在大会长的安排下，“六会十一寨”各族信教群众安排举行迎常爷神像巡游各村寨的仪式，接受乡民的供奉与膜拜，当地人称为“神会”，巡游仪式则称为“常爷走马路”。勺哇土族青苗会的会期在农历五月二十五日至六月一日，因常爷神像要依次巡游拉巴、大庄、出路3个土族村子，会期长达7天，其主要仪式和活动有迎神、还愿、巡视青苗、法师跳法舞娱神、送神等。

按传统习俗，五月二十五日的前几天，勺哇小会的组织人员就与常爷大庙的大会长商定好迎接常爷神像的诸多事宜。二十五日清晨，勺哇拉巴、大庄等村的乡亲们来到常爷大庙，在常爷大殿煨桑、烧香、磕头之后，众人在鞭炮声中将常爷、二郎爷和大郎爷三尊神的神轿抬到拖拉机上，每辆拖拉机上都插着作为仪式的两面彩旗，开始回返。据勺哇老人说：“以前是骑马迎接佛爷（常爷）的，现在各村子基本上通路，交通方便，开始用手扶拖拉机迎接佛爷了。”可见，最初“常爷”是靠马巡游各村寨，这种巡游方式成为约定俗成之事，后来，迎“常爷”时沿着往年“常爷”走过的路线，叫“走马路”。[①] 勺哇村是脑山村，山高沟深，离冶力关池沟村有四五十里，拖拉机没有沿大道走，而是按传统习惯从原先的路线走，走了一个多小时，而在全靠人力和畜力的过去，走四五个小时是常事。在拉巴村村庙下的山坡上，村民们将神轿从拖拉机上请下来，煨桑祭神，“拉巴”（法师）在神轿前敲着羊皮鼓迎神，引导神轿。然后村民们四人一组将神轿扛在肩上，跟在“拉巴”后，沿途有村民弯腰从神轿下穿过[②]，以祛病禳灾。

到了山坡顶上的“歇马殿”[③] 后，村民们将神像供放在神位上。

---

① 才华旦：《勺哇人的信仰多样性研究》，博士学位论文，西南民族大学，2012年，第83页。

② 当地人称这种仪式为“过关”，他们认为让佛爷（指龙神）的轿子从头顶上过去可以辟邪、禳灾、治病。

③ 因冶力关池沟村的常爷庙是大庙，常爷要巡游的小会村落中的村庙就被称为“分庙”“尕庙”。“尕庙”一般较简陋，里面没有神像，只供奉龙神的神位和神。因过去龙神出游要骑马，当地人也称“歇马殿”，意为供佛爷出巡时歇息之所。

“拉巴”开始跳神作法，众人跪在殿中，用小山羊献祭。冶力关人认为“神喜欢小的，人喜欢大的”，小山羊是敬献神灵的最好祭品，因此，许愿或祭祀场合都用小山羊献祭，勺哇人也是同样做法，他们认为羊是神灵最喜爱的祭品之一。会头将牛奶和圣水倒在小山羊的身上，如其摇头摆身，就说明神悦纳，仪式结束。全村老幼烧香、磕头、报愿，献羊或献鸡，祈求风调雨顺，免遭干旱、洪涝、冰雹等自然灾害的侵袭，以保田苗平安收获。歇马殿外的山坡上，早就集合了一些卖水果、儿童玩具、生活日用品的商贩，形成了一个简易市场，商品琳琅满目。村民们穿着盛装，聚在一起聊天喝酒，说笑逗乐，附近村子的乡亲们，也从四面八方赶来，一起欢度节日。按照惯例，三位神祇要在拉巴村的“歇马殿”居住一晚，二十六日到大庄“歇马殿”，二十七日至三十日被供奉在出路村的“歇马殿”中，直至勺哇的青苗会结束，其他两村的青苗会仪式与拉巴村基本相似。

互助土族传统护青苗的活动是从跳“勃”时拉开序幕的，包含插牌、祈雨、安镇、转山、祭碌碡、卧犁等诸多农事祭祀仪式和活动。土族跳“勃”一般在龙王庙和娘娘庙的祭祀仪式上结合庙会举行，时间为3—4天，因法师敲击羊皮单面鼓发出“哪哪哪”的声音，汉族群众又称为“哪哪会”。“哪哪会”是古老的民间祭祀活动，民间传说其起源于宋代：相传宋太祖赵匡胤千里送京娘，后来封京娘为“金山圣母娘娘”，修建圣母娘，人们在庙前举行祭祀仪式，后来逐渐演变成了“哪哪会”。土族的跳“勃”活动遍布于东沟乡、威远镇、东山乡、五十镇、丹麻镇等土族乡镇，举办时间一般在农历二月至四月上旬，其目的是通过祭祀司管当地风雨的龙王、娘娘等神灵，祈求神灵保佑村寨安宁、风调雨顺、五谷丰登、人畜两旺。各村的跳“勃”活动由法师主持，一般参与的法师人数较多，有5至9名，其中大法师被称为“完善”，由神选定，为总主持法师。其主要仪式有立幡设坛、请神灵、娱神、送神灵、安神等。

土族的跳“勃”与其后的插牌、转箭牌、转山、背经等活动一脉相承，都是为了“冬保人口，夏保青苗”。互助土族各村庄的插牌活动一般于农历五月举行，目的是镇压地方，阻挡暴雨，保佑庄稼，具体插牌时间由龙王或神箭来定，或由村里的老者看宪书商定，也有些村庄是固定的，如东沟大庄村每年农历五月十三日插牌。插牌当天，庙官、老者、“特肉其”齐聚村庙，先向龙王、娘娘神轿煨桑磕头，然后由四人抬起神轿，什典增向龙王或娘娘请求插牌的时间，如果回答为“是”，神轿前倾；若为“否”，神轿后仰。插牌的时间确定后，“特肉其”准备若干根打桩的三尺高半尺宽的柏木，村民们抬起神轿，在村庙门口、村庄附近的高山顶上钉桩插牌，有的还要在插牌上写“恶风暴雨送深山，清风清雨保平安”“十地雷谱降吉祥，风调雨顺保青苗”等字样，然后制定护青的乡规民约，如禁止在田间地头放牧牛羊；禁止村民打架斗殴；禁止砍树、拆房等。插牌之后，村民们就要自觉遵守各项规定，如有违反，便要进行经济处罚，并由“特肉其”或村民按户轮流巡视，如发现有人损坏庄稼或有雷雨雹灾兆头，立即鸣锣为号，村民们即刻集于村庙，请神裁决或举行宗教性抗灾活动。

转山背经是互助土族护青苗的重要活动，目的是祈求神灵保护青苗和避免冰雹等灾害，也是土族青苗会的主要内容。每年农历五六月，互助土族各村庄要举行转山背经活动，届时，村里的各户人家至少要出1人，一般为男性，有些村庄未出嫁的姑娘也可参加，组成数百人的队伍。其转山时期有的是固定的，如五十镇三庄村于五月十九日转山，东沟乡大庄村于六月初一转山；有的请龙王、娘娘或神箭定日子；有的请苯苯子推算日子。

在互助土族的转山背经活动中，东沟乡大庄村以队伍规模盛大、仪式隆重而著称。据说该村的转山队伍多达七八百人，近几年因外出打工、上学的人较多，队伍人数减少了，但也多达四五百人。届时，村民们一大清早就赶到村庙里，庙官、老者、“特肉其”们从神殿前请出龙王、娘娘的神轿和护法神箭，点灯焚香、煨桑磕头，村民们给佛爷和庙官搭红，接着将神轿抬出庙门，转山队员们举着彩旗，背着佛经，敲锣打鼓跟在后边。转山队伍由一面绣有北斗七星图案的三角月牙旗领头。随后是百十面大小不一的旗帜组成的依仗队，旗面彩绘“拉木桑”（土语，即骡子天王，又叫护法大王）、韦陀等二十四尊护法神将，余旗或绘有青、黄、蓝、白、黑诸位龙神或为杂色彩旗。队伍排成几行，有击鼓鸣金的，有吹海螺牛角的，有背负经卷的，有手摇法铃的喇嘛和苯苯子，更多的是肩扛柳枝的随行人群，像一条长龙一样，在山路上绵延好几里。

转山队伍抬着神轿沿着往年的固定路线巡游，一边走，一边高声念六字真言（唵嘛呢叭咪吽）。其巡游范围一般为村境，实际上是庙神的管辖范围，包括好几个自然村。沿途有村民在路边跪拜迎接，给佛爷和庙官搭红，有的还弯腰从神轿下穿过，意为请龙王摸顶，祈求消灾祛病、诸事顺利。一些人家还设置香案，供放酥油灯、清水、锟锅馍等，请宦爹念端茶经，迎接神灵巡游。各村转山一般要转二三十里地，因路途遥远，中午需在经过的村庄歇息打尖，该村的妇女们早早就准备好馍馍茶水，请转山人员享用。休息一个多小时后，在老者和“特肉其”的催促下，转山队伍重新出发。经过一两小时的步行，转山队伍登上大东岭①，沿着顺时针方向绕山顶的大俄博三圈，然后煨桑磕头。喇嘛、苯苯子敲着法鼓、法钵，念颂神经，祈祷神灵保佑庄稼丰收，全村平安。一些虔诚的村民向龙王神轿、俄博磕头祈祷。据说以前还要在大东岭上进行摔跤比赛、唱花儿，大庄村的摔跤冠军就是在大东岭上产生，但现在这种活动已基本绝迹。

转山仪式结束后，庙官、老者、“特肉其”等人还要发一次神箭，如佛爷认为今年村庄有可能遭干旱、冰雹灾害，村里就会安排神箭、娘娘或龙王在山上或河滩上“坐镇”，静坐一夏，至庄稼收割完毕后结束，以此来禳解灾害。届时，村民们在山上给神搭一顶帐篷，将其供奉在里面，摆上供品。旁边再搭一顶帐篷，由几人守在里面，村里人轮流守护，等坐镇的时间够了才抬着神轿下山。如地方保护神坐镇后还无法禳解灾害，则需请“班爹”来念经消灾。此外，如所供之神预言今年的灾祸凶猛，村里必须进行安镇活动。

三　土族纳顿节与热贡六月会

纳顿节是青海省民和县土族特有的酬神祈福、庆祝丰收的民族传统节日，三川地区的大部分土族村庄按庄稼收割的顺序轮流举行。每年从农历七月十二日开始，一直延续到农历九月十五日结束，历时 2 个多月，遍布中川、官亭、杏儿、甘沟、前河、满坪 6 个乡镇上百个土族自

① 因路太远，丹麻、五十一带的大多数土族村庄转附近的山，不去大东岭。

然村，规模宏大，场面隆重，被誉为“世界上最长的狂欢节”。纳顿节是土族人民的庙会，从相关的史实记载、民间传说、仪式内容、表演者的服饰特征及“河州卫刘督爷留下了青庙会道”“今祭祀大清国坐落皇帝中国之地”等喜讯唱词来看，纳顿节最初应产生于明代，是受汉族庙会文化影响后产生的民俗事象。而作为一种复合的文化现象，土族纳顿节经过了漫长的发展时期，其内容和形式不断地被补充和丰富，其最后完善、成型时期应在清代。

纳顿节是土族民众自发组织起来的，各个村届时都要推选几个组织者主持和安排纳顿的各项活动。这些组织者在各地叫法不一，如官亭四村和鲍家村的组织者叫“水牌”，水牌只有一个，是主持本村纳顿各项事务的管理者，下面有几个“水头”，又叫“七绕其”（土语，锯子之意，在纳顿会中的意思是像拉锯子的帮手一样被来回使唤的人），他们共同协助水牌组织和管理纳顿节的各项事务。中川乡辛家村纳顿的主事者叫“宗家”，另外几个辅助的叫“小解”。宋家、鄂家和桑布拉等村纳顿的主事叫“大牌头”，协助者叫“小牌头”。水牌是由村民们推选产生。纳顿节举行的前几天，村民们就选出下一届纳顿会的水牌，新选出的水牌协助该届水牌组织好纳顿节的活动。纳顿会结束后，老水牌卸任，新水牌正式上任。“水牌”不仅是纳顿节的组织者，也是村里生产活动和其他宗教活动和事务的民间管理者。新水牌上任后，就承担起了管护青苗、树林、祈雨及民事纠纷的调节等诸多事宜。

各村的纳顿节一般举行两天，头一天是小会，第二天才是正会。小会的仪式主要有献供、许愿与还愿。献供指村里的每户人家到纳顿会场向神敬献供品，供品一般包括一个用刚收获的麦子所磨的面做成的直径四五十厘米的大蒸饼、少许用新油菜或胡麻榨的清油、一瓶酒、宝盖和钱粮。许愿或还愿的祭品是大公鸡或羯羊。许愿或还愿时，水牌要在鸡或羊的头上倒酒，如祭品摇头，就表示神喜纳，如多次倒酒仍不摇头，就需另换一只。小会这天还要举行彩排活动。牌头们敲响锣鼓，召集会手和演面具戏的表演者前来练习。

纳顿节正会举行的仪式主要有会手舞、面具舞和法拉发神等。会手舞是正会这天的第一个仪式，原则上每家出一个会手，户数多的村庄会手队伍多达数百人。会手队伍分主客队，主队指本村的会手，客队指前来祝贺的邻近村庄的会手。无论主客队，均由老者、锣手、鼓手、旗手组成，按老中青的顺序排列。客队到来时，主队要前去迎接，两队会合后到神帐前一边按一字长蛇阵或龙门阵的阵法跳会手舞，一边高喊“大好哟好”。有些村庄此时要依次诵搭头词、报喜、唱喜讯、打杠子，有些村庄则紧接着表演面具舞。面具舞包括《庄稼其》《三将》《五将》《关王》和《杀过将》（又叫《杀虎将》）。其中，《庄稼其》表演的是老农教子种田的故事；《三将》《五将》《关王》均以颂扬关公为主题，主要表现刘、关、张三人与吕布之间的争战；《杀过将》的主角是山王爷，他降伏了危害百姓的老虎，为民除害。另外，在鄂家、桑布拉的纳顿会中还表演《五官》，五个身穿长袍、头戴清朝红缨帽的男子表演朝拜、对拜、走太极等动作。大多数土族村庄没有《五官》的节目。

面具舞结束后，就是法拉发神。法拉是神与人之间的中介，他发神时要向人们传达神的意旨，用焚烧的方式替神收取村民们供奉的宝盖和钱粮。过去，三川地区的群众以是否上过钢钎、能上几道钢钎判定法拉的真假和法力的高低，如中川乡鞑子庄的法拉就以上过十二道钢钎而闻名遐迩。近几年，由于法拉后继乏人，许多没有法拉的村庄以庙官来代替法拉，或干脆取消了这项仪式。法拉发神时，除了将场边悬挂的宝盖、钱粮等供品挑下来焚烧外，还要向人群抛撒各家上供的蒸饼。土族人认为纳顿会上的蒸饼具有治病消灾、带来好运的功效，因此，大家都抢着去接，或当场分食，或带回家给家人吃，以分享神恩。下一个要办纳顿会的村庄将二郎神的神轿抬走，纳顿会结束。

热贡六月会，藏族人称为“周贝鲁若”，土族人称为“六月那顿”，是流传于青海省黄南州热贡地区藏族、土族聚居区的一种古老而神秘的民间传统宗教节日。一般在每年的农历六月十七日至六月二十五日举行，有50多个藏族、土族村落参加。热贡六月会是以祭祀活动为主、贯穿歌舞表演的盛大的宗教性节庆活动，它是以神巫为中心、以村庄为单位分别举办的大规模的民间传统仪式活动，其内容包括迎神、神附体、供献食品、煨桑、献牲、祭拉什则、放风马、插铁钎、开红山、舞蹈娱神、情歌演唱、诵经、送神等一系列仪式，其主旨是通过祭祀本村保护神以祈求风调雨顺、五谷丰登、人畜平安。

同仁地区举行六月会节日庆典活动的土族村落有吾屯、年都乎、郭麻日、尕撒日四寨子，这四个寨子被藏族人称为“加车子玉乌”（汉寨子），其节日仪式和活动与藏族村寨有一定差异。其中，郭麻日和年都乎的土族六月会颇具代表性。郭麻日村六月会的序幕早在农历五月就开始了，每年的端午节，村子里的男人们要到村后的角当山拉什则煨桑，先到的人在拉什则处喝酒、唱拉伊，燃放自制的“炸药”，声音越大越好，村长还给一起来的孩子们发糖。人到齐后，开始煨桑、放风马，之后，去山神庙煨桑。吃完中午饭后，村民们扶老携幼，到隆务河畔春游。人们在树荫下铺上羊毛毡或塑料布，喝酒，唱歌，欢声笑语，其乐融融。

农历五月二十五日之前，各家还要准备一杆用松树枝做成的“大核行”，树干全部涂成红色，上面有黑色的描绘图案，顶部有木头做成的日月星辰。到了五月二十五日这天，村子的男人们带着“大核行”到拉什则处举行插箭仪式，先煨桑，在“大核行”上悬挂木头做的武器，按顺时针方向绕拉什则 3 圈，之后插在拉什则上。然后，法师开始安排六月会的有关事宜和一年中应防备的一些灾害、意外等。这一天，每家的主事者还要根据自家田地的数目交一定的供奉，包括清油、粮食，将其交给负责六月会后勤的“拿将”。供奉放在“拿将”家中后，陌生人不能随便进入，他家的房顶上也不能有人随便走动，甚至连猫也不让上去。“拿将”每天下午还要穿上藏服到“莫洪”山神庙煨桑、敲鼓，一直持续到六月会开始。

郭麻日的六月会要持续好几天，村民们称为“那顿”。从农历六月十七至十九日，“拿将”家十分繁忙，要打扫莫洪山神庙，将收到的粮食磨成面，用清油炸馍馍，为村里的六月会做准备。六月二十日下午，村里的年轻人将莫洪山神庙里的神轿抬到隆务河边，在神轿上插上被称为“黑将麻”的植物，再抬到一户人家，全村人到他们家煨桑，然后把神轿抬到莫洪山神庙。六月二十一日的活动是“国伊那顿”，即先到格萨尔殿、再到古城里的另一处跳，然后在古城外的莫洪庙跳。六月二十二日清晨，郭麻日村的舞队前往尕撒日，在庙前的碾麦场跳。下午，尕撒日的舞队来郭麻日村，郭麻日舞队在村外等候，两队会合后排成两列纵队回到郭麻日村的莫洪山神庙前，首先是尕撒日的舞队表演，然后是郭麻日村的舞队表演，两队的舞蹈动作相同，一直持续到傍晚结束。尕撒日的舞队留在村里，晚上两村的年轻人在庙里对唱拉伊。二十三日上午尕撒日的舞队继续表演，中午，大家用面塑的羊祭祀山神，据说过去是用活羊血祭，后来因噶丹加措的弟子扎合硌丹巴拉劝阻后改为面羊。之后，由尕撒日的人进行“波波”表演，两位下蹲的年轻人肩上横向搭着形成十字状的柳树条，类似“二牛驾辕”，不停地弯腰绕圈，后面跟着一位手执柳条的年轻人，假装鞭打他们，催赶向前。“波波”舞与三川土族纳顿节中的“庄稼其”相似，都是土族人对本民族从游牧转化为农耕民族的历史记忆。最后是郭麻日村独有的被称为“江阿姑”的舞蹈，参加者是已经结婚、想要孩子的男子，他们穿着女性服装，一手叉腰，左右脚轮换踮起向前摆行、转圈，其中一人扮成孕妇跳。二十四日，郭麻日的舞队又到尕撒日跳。

年都乎人称六月会为“黑香”，于每年的农历六月二十日举行。届时，村里人端着青稞酒、酸奶、插有鲜花的特制烧馍前往设在打麦场上的会场，将精美的供品摆在提前搭好的木架上，而在会场的东侧，人们已经煨起了桑。法师带领全村男子，到神庙后山年都乎村的“拉则”处祭拉则，他们点燃桑烟，抛撒粮食、风马、美酒和酸奶，在弥漫的桑烟中欢声高呼。然后，在法师的带领下，人们回到会场，开始表演“拉什则”神舞。年都乎人认为他们的神舞总共有13段，但现在已不太完整了。首先开始跳的是被称为“木尔古”的男子舞蹈，“木尔古”为土语，意为磕头，表演向四方神灵祭拜的动作。然后依次是“勒合西齐”“牙日加齐”“古如”等男子舞蹈。在跳“古如”时，法师要念诵一段神秘的经文。然后是一名男子踩着高跷的“冈航齐”。之后是被称为“跑斗齐”的女子舞蹈，女子舞蹈队由村里18岁以下的未婚女子组成，领头的叫“感果”，是村里人品、相貌、舞姿均十分出众的姑娘。这些姑娘们从头到脚都穿着华贵典雅的民族服饰，她们身穿红色或蓝色锦缎缝制的斜襟、双侧开衩长袍，袍袖上镶有宽约五寸的蓝色袖沿，内穿淡黄色锦缎大襟衬衫，绣花高领露在圆形大翻领内，脖子上戴着硕大的珊瑚项链，耳朵上戴着长长的镶有红玛瑙或绿松石的金银耳环。她们的头发一律中分往后梳，在后颈部套着年都乎、吾屯等村土族妇女的著名头饰“布特”。相比女子舞队的服饰来说，男子舞队的服饰跟其他藏族村落大致相似，头上戴着折叠的毛巾或白色红缨帽，身穿各色彩绸缝制的衬衣，外套被称作“日拉”的藏装，露右臂，颈上系着红绿两色彩绸带子，套蓝色绑腿。在男女舞队表演的过程中，还表演用土语称为“塞柔”的滑稽小品，该小品主要是模拟村庄里发生的趣事，引起观众们的阵阵笑声。举行“却巴西和”献供仪式后，年都乎村的六月会基本结束。村里的年轻人们抬着彩绸飘飘的神轿走村入户，挨家巡回，意为将神灵请到了每户村民家中，为各家祈福祷祝，而各家也献上粮食和美酒，感谢神灵的护佑。

此外，安昭纳顿节是土族研究会在土族传统“六月会”“六月花儿会”“七月纳顿”的基础上统一起来举办的民族文化节日，于每年农历六月十五日举行。20 世纪 90 年代，西宁、互助、大通、民和四个土族聚居区分别举办安昭纳顿活动。从 2000 年开始，研究会改各地分散举办为集中举办，分别由大通、互助、民和、西宁地区轮流承办，一年一个地区。截至 2013 年 7 月，已举办十二届，节日期间，西宁、互助、民和、大通等地的土族群众踊跃参加。目前，这一节日已成为土族的一个文化品牌，在弘扬民族传统文化，促进内部联谊、交流和团结方面发挥了积极的作用。

余　论

通过以上九章的论述，对土族社会发展与文化变迁现状可以得出如下结论：

一、土族是我国西北一个人口较少的民族，有着悠久的历史文化传统。从历史的纵向时空考察土族的形成、发展与变迁，我们发现土族所生活的河湟地区一直是中原文化、吐蕃文化与西域文化碰撞最为激烈的地区。作为中原与西北各民族及西域政治、经济、文化势力的中间地带，河湟地区在历史上一直是中原文化与周边文化、域内文化与域外文化双向交流与扩散、传播的桥梁。而世代繁衍生息在河湟地区的土族，自古以来就是一个广容博纳的民族，其文化具有强烈的“多重文化时空层叠整合”的特征，始终是在不断整合其他民族文化物质的过程中形成和发展的，是中华民族传统文化多元一体格局的一个典型例证。

二、目前，土族的分布格局呈现出了“大杂居、小聚居”的特点。从区域分布来说，土族主要聚居在青海省，少数聚居在甘肃省，为青海省五个世居少数民族之一。此外，广东、云南、贵州、新疆等省区也有零星的土族分布，这些地区土族人口的增长，与其工作、族际通婚、经商务工等有关。从城乡分布来说，土族主要分布在乡村，这与其传统的生产生活方式相关，而零星分布于青海西宁、海西、海北和海南等地的土族，主要是由于求学、工作和经商等原因留居在城镇。

三、从纵向发展来看，土族人口总数从 1953 年的 5.3 万人增加到 2010 年的 28.96 万人，其增长经历了由低到高的过程，而其年均增长率经历了由低到高、再从高到稍低的发展过程。现今，土族人口的增长已进入了一个相对较缓、平衡的阶段。从人口的年龄结构看，土族少儿人口系数已进入了老年型，其老年人口系数为年轻型，而其老少比和年龄中位数基本处于成年型，其年龄构成较为复杂。其中，土族少儿人口系数比重下降与国家实施计划生育政策有关，老年人口系数上升则与土族社会经济发展、医疗水平和条件的改善密切相关。综合分析来说，目前，土族人口的年龄构成类型仍属于成年型，但比起10年前程度有所加深。

四、从土族总人口的男女性别比例来看，土族人口中女性所占的比例处于持续缓慢上升的态势。这说明随着社会的发展和进步，土族社会传统的重男轻女思想在逐渐发生改变，男女平等、生男生女都一样的现代婚育观念逐渐得到了土族群众的认可。此外，土族出生人口的婴儿性别比虽呈现下降趋势，但整体水平依然偏高，说明土族群众生育观念仍然较为落后，男孩偏好较严重，长此以往，则会引发婚姻拥挤等一系列社会问题。

五、随着人口年龄结构的变化，土族人口的各种负担系数也发生了较大变化，其少儿负担系数不断下降，老年负担系数略有上升，社会总负担系数呈下降趋势，且下降幅度较大。土族少儿负担系数的下降与国家于20世纪80年代在全国施行计划生育政策有关，而老年负担系数上升则与土族经济社会发展、生活和医疗条件有较大改善相关。据2010年人口普查数据资料测算，土族的社会总负担系数为34.61%，低于国际人口学界认定的社会总负担系数≤50，说明当前土族的总人口中劳动适龄人口比例高，具有丰富的劳动力资源，且社会保障支出负担轻，处于财富积累和社会经济较快发展的黄金时期。

六、中华人民共和国成立之后，随着党和政府在土族地区实行民族区域自治制度，土族人民们翻身当家做了主人，成为社会主义社会的公民，土族村庄实行村民自治，土族村民享有参与民主选举、民主决策、民主管理、民主监督等各项政治权利，并通过大家选举产生的村民委员会进行自我管理和自我监督。新时期以来，土族村庄的民主政治与管理，具体体现在民主选举、村务公开、基础设施建设等方面。

七、近几年，国家重视农牧区的基础设施建设，投入了大量资金改善农牧民的人居环境。2009年以来，青海推行社会主义新农村建设，土族村庄的基础设施建设取得显著成效，基础设施装备水平进一步提高，土族农民们的生产生活条件进一步提高，村庄面貌有了很大改变。

相对而言，在互助、民和与同仁三个土族聚居区中，互助土族地区的村庄基础设施建设比较好，大多数土族村庄都建有村文化休闲广场、村委会办公小楼等，村文化休闲广场修有花坛和休憩亭，配备有篮球场、健身器材等体育锻炼场地与设备。

八、从青海互助、民和与同仁三个地区土族社区的发展现状来看，当前，土族村民们享有的基本社会保障有新型农村养老保险、新型农村合作医疗、最低生活保障和危房改造补助、残疾人补助、“两免一补”等项目。其中，高龄补贴使土族老人们充分享受到了党和政府的关怀，在丧失劳动能力后有了一定的经济收入，其生活有了基本保障，有效地维护了老人们的尊严。新农合虽然存在报销手续烦琐、住院限制较多等不足，却使广大土族农民切实享受了国家医疗保障政策的实惠，在很大程度上减轻了土族农民医疗支出方面的经济负担，减轻了其因病返贫、没钱看病的实际困难，成为广大土族农民的健康保护伞。

九、十一届三中全会以来，随着国家实施改革开放、深化国有企业改革、推动非公有制经济健康发展、调整优化经济结构、加快发展旅游业等一系列经济政策的实施，土族地区的经济得到快速发展，其生产方式也变得日趋多元化，正处在从传统向现代转型的历史时期。当前，土族的生产方式仍以农业生产为主，工商业所占比重仍比较低，但其劳务经济发展迅速，已成为增加土族农民收入的一项特色产业，其养殖业、手工业等也有了较快发展，土族的产业结构日益呈现出多元化的趋势。

十、从在业人口的产业结构及其变动看，土族农业在业人口所占比重虽比以前有较大幅度下降，但仍然很高，非农业在业人口比重虽略有上升，但依然较低，说明土族社会的第二、三产业极不发达，工业化进程依然滞后，农业劳动力转移十分缓慢，生产力发展水平仍然较低。可以说，当前，土族的社会经济发展速度比全国和汉族要缓慢得多，但与少数民族总体发展水平相比则差距不太大。土族人口的产业构成仍然属于低层次的传统型，说明土族社会仍处于传统的农业社会。

十一、从第五、六次人口普查资料相关数据的统计看，10 年来，土族在业人口的职业结构变化比较大，其从事农村劳力者占人口比重的下降幅度较快，而从事脑力和非农体力人口的比重均有上升，尤其是从事非农体力人口比重上升幅度较大，说明土族社会的职业结构正在发生变化。而从脑力和体力区分的职业结构看，土族在业人口中从事体力劳动者的比重高达 92.04%，表明土族在业人口仍然高度集中于农业生产为主的体力劳动中，其职业结构呈现出单一性、落后性的特征。此外，土族在业人员中从事商业和服务业的比重低于全国和青海平均水平，而其专业技术人员则略高于全国平均水平，表明土族仍受传统的“重农轻商”思想影响，土族社会的市场经济发展相对较为滞后。

十二、从调查情况和相关数据看，互助、民和与同仁等地的土族农民已不是传统意义上的农民了，土族地区的农业正在从自给自足的自然经济向以特色农业、效益农业转化，油菜、马铃薯、玉米等经济效益较好的作物受到农民的青睐，其种植正在趋于规模化、市场化，而小麦种植面积在逐年下降，粮食生产前景不容乐观；土族家庭的养殖基本还是以自给自足的自然经济为主，养猪、鸡等家禽大多是为了满足自家生活的需要，只有少数家庭达到了规模化养殖的水平，以其作为家庭收入的主要来源；土族村庄的经济作物种植还没形成区域化、规模化，目前尚处在起步阶段；土族家庭的劳务经济发展较为迟缓，并没有成为土族家庭的支柱产业，只是其转移剩余劳动力的重要途径之一。

十三、从调查的实际情况来看，互助、民和与同仁等县农村的土族家庭经营与收入差距较大。一般来说，传统靠天吃饭，家庭经营单一，或缺乏劳动力，依赖性强、自主创业性不够的家庭，收入普遍较低；家庭经营多元化，从传统农业向特色农业、规模化农业和养殖业转型，特色经营或劳务经济开展较好的家庭，收入普遍较高。

十四、从有关生活状况的数据看，互助、民和与同仁等县农民住宅外面的路面 80% 都是水泥路，只有山区有些人家是自然土路；其生活用水基本为自来水，只有极少数山村的生活用水是窖水；其家用厕所基本是旱厕，只有十分之一的人家用水冲式厕所；其做饭用原料基本是传统的麦草，只有少部分家庭用煤炭或电灶；基本上每家都有电视，有些人家还有 2 台，其电视大多为老式的显像管彩色电视，也有相当数量的家庭用液晶等离子电视；交通工具方面，约有四分之一的人家有轿车，70% 的家庭有摩托车；大多数家庭有冰箱或冰柜，但也有约四分之一的人家没有冰箱或冰柜；家庭电脑方面，约有十分之一的家庭有电脑，大部分家庭没有电脑，也没有网络连接；绝大多数家庭有洗衣机，但也有约四分之一的家庭没有洗衣机。此外，手机在土族农村基本普及，成年人几乎人手1部，村民或家里人联系基本上靠手机。

十五、从家庭收入来看，土族家庭的主要收入来自打工、经商，从事劳务经济和商业经济的家庭分别占调查总户数的61.27%和44.51%，而农业收入与畜牧业收入在其家庭总收入中的比重很低，当然，也有相当一部分家庭从事农业和畜牧业经济，但除了个别规模种植户和养殖户外，其收入很低，甚至没有收入。而从生产方式看，土族地区的农业生产基本上已经机械化，除了拔草用人工外，播种、收割、脱谷基本都是机械化。农业机械化在很大程度上解放了农村劳动力，使更多的土族农民走出家门，从事劳务经济和商业经济。

十六、当前，随着土族社会从传统向现代转型，土族的传统婚姻观念受到了强烈冲击，婚姻家庭观念也在不断地变化和发展。不仅如此，土族的婚姻家庭制度也发生了巨大变化，并体现出土族社会从封闭向开放、由落后向先进转型的特点与趋势。从婚姻形态的变迁看，随着土族社会从封闭走向开放，土族的婚姻构成也在逐渐发生变化，虽然族内婚仍是土族社会基本的婚姻形态，但与汉族通婚的人数也比较多，且有逐渐增加的趋向，这不仅是因为土族长期与汉族毗邻而居，有着相互通婚的传统，还因为随着土族社会人口流动的加剧，不少在外工作和出外打工的人选择与当地汉族结婚。而由于信仰和生活习惯的差异，土族与信仰伊斯兰教的民族通婚历来较少，目前也仍然如此。大致说来，在土族聚居相对集中的地区，族外婚较少，而在汉土、藏土杂居的地区，族外婚较多一些。此外，西宁、互助和民和县城的土族家庭，族外婚的比例也较高，但大多是汉土通婚，土藏通婚、土回通婚较少。

十七、从通婚圈来说，土族农村地区的婚姻圈与过去差别不大，基本都是同一地区，相距不超过十几公里，甚至有的只有三四公里，但城市地区的土族婚姻不同，其通婚圈范围比较广。青海本省的土族家庭婚姻中，汉土通婚的婚姻大都是本县、本省婚姻，也有相当数量的与外省人结合的婚姻。土族地区基本不再实行包办婚姻，自由恋爱结合的婚姻较多，即使是父母包办，一般也会听从儿女的意愿。婚姻仪式有所简化，且受到了汉族和西方婚礼的影响，一些汉族地区流行的婚礼逐渐被认可等。从结婚开支来说，从20世纪60年代到21世纪第一个十年，土族的结婚费用始终处在上升阶段，尤其是近几年，互助、民和等土族农村的结婚费用开支十分高昂，高达十几万元，甚至二十多万元，已造成贫困家族的沉重负担。在各地的结婚费用中，聘金是最大的开支，一般六七万元，多的高达十几万元。

十八、随着时代的变迁，土族的家庭结构、家庭类型和家庭关系也在发生相应的变化。当前，土族家庭以核心家庭为主，即父母和未婚子女一起生活的家庭较为普遍，而传统的父母随已婚子女同居的家庭正在逐渐变少，但在农村地区，三代同堂的多代际家庭仍很普遍，说明土族家庭正在逐渐从居住于同一区域的直系扩大家庭向核心家庭转变，即大家庭向小家庭转变，人数逐渐减少，家庭结构趋于简单，家族规模小型化的趋势在不断加强，这是土族社会发展的必然现象。

十九、改革开放后，随着社会经济的发展、生活水平的提高和现代文明的冲击，土族社会的家庭观念和家族关系发生了一些变化，随之也产生了形形色色的问题。如在婚姻自主性增强的同时，土族社会的离婚率有所提高；因社会流动的加剧，贫困山区男子择偶难的问题日益凸显；年轻人外出打工流动造成的空巢老人和留守儿童问题；时代发展形成的代际隔阂问题等。其中，贫困山区土族男子择偶难的问题很严重，在很大程度上已成为土族社会的不稳定因素。

二十、从第四、五、六次人口普查相关数据统计分析看，与全国、汉族、少数民族相比，土族妇女的多孩生育比例相对较低，生育水平相对较高，与全国、汉族总体水平相差不太大，比少数民族总体水平相对先进一些。从 1990 年到 2010 年，20 年来，受国家计划生育政策影响，土族育龄妇女的生育模式从无节制的自然生育模式逐渐向自我控制、自我调控的生育模式转化，与其他民族一样都处于少生少育阶段，在全国范围内，土族妇女的整体生育水平相对高一些，但差距并不太大。

二十一、中华人民共和国成立后，党和政府在民族地区兴办现代教育，土族人口受教育状况有了很大改善，但与全国其他教育先进的民族相比，由于历史、自然地理、经济等因素影响，土族人口的受教育水平仍有待提高。如从土族人口的文盲率看，土族人口男女两性的文盲率都是随着年龄递减而递减，说明随着土族地区教育事业的发展、九年制义务教育的实施，土族人口的文盲率呈下降趋势，但土族妇女的文盲率偏高，且两性差异较大，说明土族妇女在接受教育方面存在诸多限制，其状况堪忧。

二十二、在2010年的第六次人口普查中，土族每千人中拥有各类文化程度的人口数与全国和汉族相比，小学与高中程度的人口数差距缩小，初中文化程度的人口数差距依然较大，而拥有高等教育的人口数基本一致。与少数民族相比，土族每千人中拥有小学和初中程度者尚存在一定差距，但"高中"与"高等教育"已经超过了少数民族总人口。从横向来看，一方面，土族每千人中受"高中"和"高等教育"的人口数增幅较大，说明土族接受教育的整体水平进一步提高，高层次的教育人口数呈现出了骄人的增长，但另一方面，土族每千人中拥有"小学"和"初中"学历人数相对较少，义务教育阶段土族人口受教育的程度与全国、汉族存在较大差距，与少数民族总人口之间的差距也不小，反映出土族人口的文盲率仍然较高，且义务教育执行不是那么得力。

二十三、在2010年的第六次人口普查中，从各个年龄段的两性差异看，受各类文化程度教育的土族妇女人口比例随年龄增加逐步降低，越是年龄小的土族妇女接受各类教育的比例越高，越是年老的土族妇女接受各类教育的比例就越低，受过高等教育的土族妇女相对比较稀少，而土族男性受教育的比例一直高于女性。说明随着国家在全国范围内实施义务教育政策，加上社会经济的发展和土族民众思想观念的改变，土族妇女受教育的权利得到了保障，其受教育水平也得到了很大提高，但其整体受教育水平仍低于男性，且越是年龄大的土族妇女，文化程度越低，这不利于土族社会的现代化转型。

二十四、从民族教育的发展现状来看，互助、民和与大通三县的教育发展与土族的民族教育发展之间既有联系，又有区别。相对而言，土族乡镇的教育与全县教育事业的发展相比，是有一定差距的。跟省内其他地区一样，土族地区的民族教育也走过了从无到有、从初具规模到蓬勃发展的历程。从1989年开始，土族地区已形成了现代普通教育网点，小村庄有初级小学或教学点，大村庄有完全小学，乡有初级中学或完全中学，县有民族中学，城镇有普通教育、幼儿教育、业余教育、师资培训等。

二十五、土族乡镇的各级教育存在的问题如下：土族地区的幼儿教育开始步入正轨，有了一定的发展，但远远满足不了土族地区学前教育的发展；小学教育发展较为滞后，其校舍建筑、师资力量、教学设备、教学质量等状况堪忧，亟须改造和改善；中等教育的教学设备与器材较为缺乏，教师人才和优秀生源流失情况严重，教学质量不太高。此外，有很多土族学生来自贫困山区和农村，难以负担高中阶段相对高昂的学费和生活费开支，学习生活条件十分艰苦。

二十六、土族世代繁衍生息的甘青地区自古以来就是一个多民族聚居的地区，汉、藏、蒙古、回、土、撒拉等各民族交错分布、友好往来，儒释道文化、藏传佛教文化和伊斯兰三大文化圈共生并存、相互交融，形成了这一地区多民族文化多元交汇并存的异质文化特点。在长期的历史发展进程中，土族人民与邻近的兄弟民族和睦相处、携手并进，共同开发了祖国的大西北，也创造了兼容并蓄、丰厚独特的民族文化。由于受自然环境、社会环境和人文环境等多方面的影响，土族文化具有浓厚的多元融合的特点：既形成了以农业文化为主体的农业文明形态，又遗留有许多牧业文化的痕迹；既有根深蒂固的本民族文化传统，又融合有大量的汉藏文化因素；既有国家主流文化的成分，又有区域地方社会的文化传统。可以说，土族文化是在不断融合众多民族文化因素的基础上形成、发展和变迁的，是一种典型的兼收并蓄的复合型文化。

二十七、从民国到现今，土族语的词汇构成发生了较大的变化：其固有词汇大量流失，汉语借词越来越多，而藏语借词相对稳定。从固有词汇的流失来说，包括数字、一些传统的生产和生活用具，如民和土族已基本没有人会用土族语数数字，而互助山区还有一些个别老人能用土语数数字，绝大多数人已经不会用土语数数字了；传统的农业、畜牧业生产工具和木匠、石匠等匠人的生产工具，除了一些年长的人，基本都不会说了。土族语中数量最多的是汉语借词，目前还呈现出汉语借词越来越多的倾向。如不仅城市里的土族孩子用汉族称谓来称呼父母，连农村的土族孩子都开始普遍用汉语称谓来称呼父母；而土族语中有关社会政治、农用机械、科学教育、电器产品等各方面的现代文化与科技产品，几乎全部直接借用了汉语借词。当前，土族语不仅固有词汇量减少，使用人数也越来越少。虽然土族人口增长较为迅速，但说土族语的人却在锐减，土族语的使用和传承情况堪忧。据有关研究统计，土族语目前的使用人口大约有 10 万人。

二十八、青海互助、民和与同仁三地农村地区土族语言的传承和使用情况如下：绝大多数土族家庭成员都能熟练地使用土族语言，只有极少部分人能听懂但不会说；在日常生活中，绝大多数土族家庭日常生活用语为土语，只有少部分家庭因是汉土、汉藏结合家庭，日常生活中使用两种语言；土族语言的传承主要还是靠代际传承；绝大多数土族人喜欢和愿意说自己的民族语言，并且认为土族人应该学习自己的民族语言，但也有为数不少的人认为土族人不一定必须学习民族语言。

二十九、土族的非物质文化资源种类繁多，形式古朴，特色鲜明，主要有口头文学、传统表演艺术、传统手工技艺、民风习俗等。目前，土族入选第一、二、三、四批国家级非物质文化遗产名录的项目有 12 项，入选青海、甘肃两省第一批和第二批省级非物质文化遗产名录的项目有 25 项。土族入选第一、二、三、四批国家级非物质文化遗产项目代表性传承人名录的有 7 人，入选第一、二、三批省级非物质文化遗产传承人名录的有 29 人，这些成绩充分说明了土族的非物质文化遗产储藏极其丰厚。由于历史上地处偏远，经济发展相对缓慢，受现代文明冲击较小，土族的非物质文化遗产不仅资源丰富，还呈现出了神秘、奇特、古老、宗教色彩浓郁、民族特性和地域特征鲜明的文化特质，有较高的历史、文化、科学价值，在传承区域内具有较大影响力。

三十、进入 21 世纪之后，随着国家深入开展各民族非物质文化遗产保护工作，土族的非物质文化遗产得到了全面、系统的挖掘、保护和开发，不仅有许多项目被列入国家和省级非物质文化遗产名录，还有一些颇具开发价值的项目走上了产业化发展的轨道，成为拉动县域经济发展的催化剂和土族民众脱贫致富的重要资源。如互助县威远镇小庄村的民俗旅游已形成规模，并带动了小庄周边地区和东沟乡的大庄、姚马等村民俗旅游的发展，成为青海民俗旅游的著名品牌。而热贡文化的商业化、产业化发展给同仁地区的非物质文化遗产带来了新的生命力和活力，唐卡、堆绣、雕塑、壁画等传统非遗项目得到了有效的开发和利用，其诸多价值得到了充分展现，经济价值更是成倍增长，热贡非遗项目的知名度与市场价值得到了空前提升，从而形成了同仁地区人人学习热贡艺术、家家制作热贡艺术品的局面。

三十一、中华人民共和国成立后，尤其是十一届三中全会后，土族的作家文学有了较快发展，虽还没有形成自己阵容可观的作家群体，却也拥有了好几位创作风格鲜明、有一定影响的中青年作家、诗人，如鲍义志、祁建青、师延智、阿霞、衣郎、李卓玛等，产生了大量反映本民族和青藏高原生活的文学作品。另一方面，土族的民族艺术得到了空前的重视，土族舞蹈、歌唱、造型艺术等迅速得到恢复，并被注入新的内涵和时代色彩，勃兴起来，而一批依据土族文化资源编排的歌舞剧、大型舞蹈陆续被搬上了舞台，在省内外引起了较大反响，为土族的民族艺术增添了炫目的光彩。

三十二、土族人民在长期的历史发展中，在汉、藏等文化的影响下，形成了深厚多元的宗教信仰。土族的宗教信仰很复杂，除了基本上全民信仰藏传佛教格鲁派外，还信仰道教、萨满教、苯教、儒教、地方神以及藏传佛教中的萨迦派（花教）、宁玛派（红教）、噶举派（白教）等，各种宗教在其历史发展的长河中，相互影响，相互吸收，“你中有我、我中有你”，汇集一体，使土族的宗教信仰呈现出了多源、杂糅、多元等特色。中华人民共和国成立后，土族的宗教活动在“文化大革命”期间曾一度停止，许多僧侣离开寺院还俗，围绕寺院和村庙的一系列活动也基本停止。但自十一届三中全会后，土族的宗教信仰得到全面恢复，宗教活动成为其社会生活的重要组成部分，土族人的生产生活、人生礼仪、传统节庆都离不开信仰活动，信仰因素成为其传统生活和民族文化的精神内核。

三十三、21 世纪以来，由于全球经济一体化和现代化进程快速发展的冲击，土族原有的农耕文明架构下的许多民俗文化事象正在迅速瓦解与消亡，其生存、保护和发展面临着严峻形势。目前，在土族民众生活中仍然在传承的民俗文化有日常生活习俗、人生礼仪、岁时节日习俗、信仰和语言等，其旧日的生产、交通等习俗已基本消亡，而土族的居住、饮食、服饰、人生礼仪和节日习俗也发生了很大变迁。

最后，现阶段土族社会正处在由传统社会向现代社会全面转型的时期，其传统的社会和经济结构发生了重大变迁，其古老而深邃的文化也出现了整合和分化，各种亚文化正在影响和改变着土族社会。社会转型所带来的利益结构的调整，以及不同文化和价值观的碰撞，使得整个土族社会处在经济和社会结构的不断更新及新旧文化的反复重组、调整、适应之中。土族社会转型和文化变迁既依附于国家与时代变化，又有自己局部的民族地域特征，其社会发展过程中包含着整体与局部急剧或缓慢的种种变化，既包括社会前进性的变化，也包括社会在某些方面的停滞与倒退。因此，土族的社会转型与文化变迁是一个漫长而复杂的过程，具有一定的时代阵痛性。社会转型有利于优化土族社会结构、增强社会活力、促进土族社会的现代化发展，但也带来了许多新情况和新问题。辩证地看待土族社会在现阶段的发展状况，土族经济社会发展的实质是一个从贫穷、落后走向富强、民主、文明的过程，是土族传统社会与文化经过调适与重构，迈入现代化的必由之路。

参考文献

1. 费孝通:《乡土中国　生育制度》,北京大学出版社 1998 年版。
2. 费孝通:《江村经济——中国农民的生活》,北京商务出版社 2001 年版。
3. 费孝通:《中华民族多元一体格局》,中央民族大学出版社 1999 年版。
4. 马戎:《民族社会学:社会学族群关系研究》,北京大学出版社 2004 年版。
5. 赵利生:《民族社会学》,民族出版社 2003 年版。
6. 郑杭生:《社会学概论新修》,中国人民大学出版社 2003 年版。
7. 林耀华:《民族学通论》,中央民族大学出版社 1997 年版。
8. 钟敬文:《民俗学概论》,上海文艺出版社 1998 年版。
9. 高永久:《西北少数民族文化专题研究》,民族出版社 2004 年版。
10.《土族简史》编写组、《土族简史》修订本编写组:《土族简史》,民族出版社 2009 年版。
11. 互助土族自治县志编纂委员会:《互助土族自治县县志》,青海人民出版社 1993 年版。
12. 民和回族土族自治县志编纂委员会:《民和县志》,陕西人民出版社 1993 年版。
13. 大通县志编纂委员会:《大通县志》,陕西人民出版社 1993 年版。
14. 《互助土族自治县概况》编写组、《互助土族自治县概况》修订本编写组:《互助土族自治县概况》,民族出版社 2009 年版。
15. 《民和回族土族自治县概况》编写组、《民和回族土族自治县概况》

修订本编写组：《民和回族土族自治县概况》，民族出版社 2009 年版。

16. 《大通回族土族自治县概况》编写组、《大通回族土族自治县概况》修订本编写组：《大通回族土族自治县概况》，民族出版社 2009 年版。

17. 青海省地方志编纂委员会：《青海省志·民族志》，民族出版社 2008 年版。

18. 芈一之、宋挺生、席元麟：《五屯土族地区历史与文化》，青海省社会科学“八五”规划课题 1994 年。

19. 照那斯图：《土族语简志》，民族出版社 1981 年版。

20. 朱世奎：《青海风俗简志》，青海人民出版社 1994 年版。

21. 国家民委民族问题五种丛书编辑委员会青海省编辑组：《青海土族社会历史调查》，青海人民出版社 1985 年版。

22. 郭璟：《土族》，民族出版社 1990 年版。

23. ［比］许让神父：《甘肃土人的婚姻》，费孝通、王同惠合译，辽宁教育出版社 1998 年版。

24. ［比］许让神父：《甘青边界蒙古尔人的起源、历史及社会组织》，李美玲译，青海人民出版社 2007 年版。

25. 郝时远、任一飞：《中国少数民族现状与发展调查研究丛书·互助县土族卷》，民族出版社 2006 年版。

26. 李志农、丁柏峰：《土族——青海互助大庄村调查》（中国民族村寨调查丛书），云南大学出版社 2004 年版。

27. 米海萍、乔生华：《青海土族史料集》，青海人民出版社 2006 年版。

28. 吕建福：《土族史》，中国社会科学出版社 2002 年版。

29. 马光星：《土族文学史》，青海人民出版社 1999 年版。

30. 哈守德、李占忠：《天祝土族》，天祝藏族自治县民族印刷厂 1999 年内部印行。

31. 李克郁、李美玲、李永翎：《土族婚丧文化》，青海人民出版社 2003 年版。

32. 曹娅丽：《土族文化艺术》，中国戏剧出版社 2004 年版。

33. 李克郁、李美玲：《河湟蒙古尔人》，青海人民出版社 2005 年版。
34. 马占山：《土族音乐文化实录》，中国文联出版社 2006 年版。
35. 祁进玉：《群体身份与多元认同——基于三个土族社区的人类学对比研究》，社会科学文献出版社 2008 年版。
36. 鄂崇荣：《土族民间信仰解读——地方性信仰与仪式的宗教人类学研究》，甘肃民族出版社 2008 年版。
37. 文忠祥：《神圣的文化建构——土族民间信仰源流》，人民出版社 2012 年版。
38. 刘成明：《土族撒拉族人口发展与问题研究》，甘肃民族出版社 2011 年版。
39. 张生寅、胡芳、杨军：《中华民族全书·中国土族》，宁夏人民出版社 2012 年版。
40. 宝日乐：《土族、羌族语言及新创文字使用发展研究》，民族出版社 2011 年版。
41. 裴丽丽：《土族文化传承与变迁——以辛家庄和贺尔郡为例的研究》，民族出版社 2010 年版。
42. 彭兆荣：《热贡唐卡考察录》，民族出版社 2012 年版。
43. 王昱：《青海历史文化与旅游开发》，青海人民出版社 2008 年版。
44. 赵宗福：《中国节日志·春节》（青海卷），光明日报出版社 2014 年版。
45. 国家统计局人口统计司、国家民族事务委员会经济司：《中国民族人口资料》（1990 年人口普查数据），中国统计出版社 1994 年版。
46. 国家统计局人口和社会科技统计司、国家民族事务委员会经济发展司：《中国 2010 年人口普查分民族人口资料（上、下）》，民族出版社 2013 年版。
47. 国家统计局人口和就业统计司、国家民族事务委员会经济发展司：《2000 年人口普查中国民族人口资料（上、下）》，民族出版社 2003 年版。
48. 青海省人口普查办公室、青海省统计局：《青海省 2000 年人口普查资料（上、中、下）》，中国统计出版社 2003 年版。

49. 青海省统计局、青海省第六次人口普查办公室：《青海省 2010 年人口普查资料（上、中、下）》，中国统计出版社 2012 年版。

50. 赖国毅、陈超：《SPSS 17 中文版统计分析典型实例精粹》，电子工业出版社 2010 年版。

后　记

本书是在我主持的国家社科基金西部项目《土族社会发展现状调查研究》（批准号：09XMZ024）基础上完成的。犹记得课题刚立项时心头的兴奋与忐忑，以及那份沉甸甸的责任感与使命感。难忘爬山涉水入户调查时乡间道路的曲折与泥泞，与访谈对象从陌生到熟络时的感动与欣喜。也依稀记得研究过程中遇到难关时寝食难安的焦虑与苦恼，以及问题最终解决后的轻松与释然。虽然付出了诸多的努力和艰辛，也有着多年从事土族文化研究的知识积淀，但由于是独立承担和完成所有的调查、研究与撰写工作，本书存在许多不太成熟和不足的地方，需要在以后的工作中继续关注与进一步加深调查与研究。

在本书的调查与撰写过程中，我得到了多方面的热情支持与大力帮助，在此致谢如下：

首先要感谢我的导师赵宗福教授。赵老师是个博学睿智、视野开阔、治学严谨的学者，也是一个视学生为精神传承者、注重对学生多方培养的开明导师。他对学生严格要求，却又从不吝于指点、称赞与提携，他总能按照每个学生的性格特点和研究专长安排相应的研究工作，从而使学生们很快地成长起来，在相关的研究领域大放异彩。由于导师工作调动的关系，我有幸在硕士毕业之后能继续聆听导师的教诲，并参与了导师主持的多个国家级项目，极大地开阔了学术眼界，提高了综合研究能力，为本书的调查与研究工作顺利开展打下了良好的基础。而在本书的提纲讨论、资料搜集、撰写、付梓出版过程中，也得到了导师的大力指导、鼓励和督促。在此，借本书出版之机，诚挚感谢导师十几年的授业之恩、知遇之恩和鞭策之情。

其次要感谢那些协助我调查的大学生、村干部、乡干部和相关的土族政府工作人员，正是借助他们的帮助，我的调查工作最终才得以顺利开展。如青海民族大学的周毛才让、何记寿，青海师范大学的马宏铃、李生菊，互助县的乔志良、董文寿、李贤德、马明珍、王国龙，民和县的吕永存、魁文才、胡渊，同仁县的毛新宁、公巴、旦培，以及互助县民宗委、宣传部、东山乡乡政府，民和县官亭镇镇政府、中川乡乡政府的诸位工作人员等。特别感谢文忠祥教授，他安排在民和三川地区定岗实习的学生帮我完成了9份有关学校的调查问卷。在这里，我还要郑重感谢诸多在农忙之际放下手头的活，不厌其烦地回答我调查问卷上那些烦琐问题的父老乡亲，感谢他们对我的支持与认同、帮助与体贴，他们的善良淳朴、热情好客总让我有种挥之不去的亲切感。

感谢青海省社会科学院的各位领导和同事，在本书的调查与撰写过程中，得到了他们的各种帮助与支持。如孙发平副院长在开题论证时对本书的框架和前瞻性研究提出了中肯建议；鲁顺元研究员在调查问卷设计与经典统计学 SPSS 17 统计方法运用方面给予了无私指导与帮助；刘傲洋副研究员在人口数据统计计算方法方面给予了专业性指导和帮助；刘成明、鄂崇荣、张生寅等同事的相关研究也为本书提供了借鉴和参考。感谢中国社会科学出版社将本书列入出版计划，使其有得以面世的机会。感谢刘艳编辑的耐心与细致，为本书的出版做了很多工作。

感谢艰辛养育我长大的父亲，父亲是从医50多年的老医生，虽已到古稀之年，腿脚不便，仍每天拄着拐杖到诊所坐诊，他对治病救人的坚守与奉献，对事业的执著与热爱无形中熏染着我们子女。感谢分担繁重家务，使我能抽出时间进行调查与研究工作的婆婆，老人家爽朗能干，任劳任怨，为我们的小家庭付出良多，使我和丈夫能心无旁骛地全身心投入工作。感谢十几年来相濡以沫的丈夫，他是土木工程师，工作十分繁忙，却一直无条件地支持我的工作，认可我的每一点努力。感谢与我一起做调查的姐姐，由于我们主持的国家课题有关联性，做田野调查时我们姐妹俩总是相伴而行，相互支持，相互帮助，也彼此从对方那里获益良多。

最后，土族社会发展现状调查与研究是一项时代感很强、涉及面极其广泛的课题，本人虽付出了诸多努力，但因个人学识、能力和经验有限，缺憾、纰漏甚至谬误之处难免，在此敬请学术界同仁和读者们批评指正。

胡芳

2016 年 12 月 20 日